"十三五"国家重点出版物出版规划项目

比较法文丛

何勤华 主编

50

美国海事司法管辖权之变迁研究（1789—1966）

靳匡宇 著

法律出版社
LAW PRESS·CHINA
北京

图书在版编目(CIP)数据

美国海事司法管辖权之变迁研究 ：1789—1966 / 靳匡宇著. -- 北京 ：法律出版社, 2022
(比较法文丛 / 何勤华主编)
ISBN 978 - 7 - 5197 - 6917 - 8

Ⅰ. ①美… Ⅱ. ①靳… Ⅲ. ①海事诉讼特别程序法－管辖权－研究－美国－1789 - 1966 Ⅳ. ①D997.4

中国版本图书馆 CIP 数据核字（2022）第 126598 号

美国海事司法管辖权之变迁研究(1789—1966)
MEIGUO HAISHI SIFA GUANXIAQUAN ZHI BIANQIAN YANJIU (1789 - 1966)

靳匡宇 著

策划编辑 沈小英
责任编辑 沈小英 任 娜 刘雪莲
装帧设计 李 瞻

出版发行 法律出版社
编辑统筹 法治与经济出版分社
责任校对 王 丰 李景美
责任印制 吕亚莉
经 销 新华书店

开本 710 毫米×1000 毫米 1/16
印张 16.75 **字数** 377 千
版本 2022 年 9 月第 1 版
印次 2022 年 9 月第 1 次印刷
印刷 北京虎彩文化传播有限公司

地址:北京市丰台区莲花池西里 7 号(100073)
网址:www.lawpress.com.cn
投稿邮箱:info@lawpress.com.cn
举报盗版邮箱:jbwq@lawpress.com.cn
销售电话:010 - 83938349
客服电话:010 - 83938350
咨询电话:010 - 63939796

书号:ISBN 978 - 7 - 5197 - 6917 - 8
定价:96.00 元

凡购买本社图书,如有印装错误,我社负责退换。电话:010 - 83938349

总　序

1978年改革开放以来，我国在外国法的研究方面取得了重大成就。这方面的系列丛书可谓琳琅满目，其中，影响较大的有：商务印书馆的“汉译世界学术名著丛书”（法学部分，1981年）及“法学译丛”（2004年）、中国大百科全书出版社的“外国法律文库”（1991年）、中国政法大学出版社的“当代法学名著译丛”（1990年）及“美国法律文库”（2001年）、北京大学出版社的“比较法学丛书”（1998年）、中国法制出版社的“西方法哲学文库”（2001年）、清华大学出版社的“比较法学丛书”（2001年）、上海人民出版社的“世界法学名著译丛”（2001年）、北京大学出版社的“外国法与比较法文库”（2008年），等等。

然而，在上述众多的系列丛书中，真正冠以“比较法”字样的丛书还不是很多。20世纪80年代到90年代，我国先后出版了诸如茨威格特和克茨的《比较法总论》（贵州人民出版社1992年版）、勒内·达维德的《当代主要法律体系》（上海译文出版社1984年版）、梅利曼的《大陆法系》（知识出版社1984年版）、大木雅夫的《比较法》（法律出版社1999年版）等比较法方面的经典。但是，出版这些著作大多是一种零星的出版行为，并非系统策划的比较法系列丛书。

众所周知，21世纪的中国已步入法制建设的攻坚阶段。今后，对于外国法的介绍、研究、借鉴将是我国法学研究的一项任务。要顺利完成这一任务，离不开发达的比较法研究。而当下我国比较法著作缺乏出版途径的现状,已制约了比较法研究的繁荣和发展。因此,加强比较法方面的研究和出版,成为我国学界和出版界一项重要工作。

鉴于此,法律出版社高瞻远瞩,勇挑重担,与华东政法大学共同策划、出版"比较法文丛",以期为我国比较法的研究和出版开辟一个新的途径。本文丛以扶植中青年学者,尤其是法学博士、博士后,以为这些法学新秀提供一个出版的平台为目的。为此,特选择一批国内最新且富有特色的比较法著作出版,同时,亦可容纳部分纯粹的外国法方面的译著、专著。

本文丛的主要原则和特色是:在"百花齐放、百家争鸣"的方针指引下,坚持质量第一、宁缺毋滥、不定期出版的原则。具体将体现为以下三点特色:第一,本文丛的著作,应属国内学术界没有涉及的课题,具有填补法学研究空白的特色;第二,本文丛的著作,应是国内学术界都很感兴趣,但还没有系统研究或未及时挖掘的课题;第三,本文丛的著作,应具有比较高的文献史料价值,能为学术界进一步研究提供基础性的资料。我相信,"比较法文丛"的出版,一定会为我国比较法研究的进步与发展做出新的贡献。

本文丛的出版,得到了法律出版社沈小英分社长的全力支持和帮助,也得到了华东政法大学外国法与比较法研究院的建设经费资助。在此,特表示诚挚的谢意。

何勤华

于华政人可居

2010 年 9 月 19 日

前　言

本书研究的对象为美国海事司法管辖权①的变迁。通过对海事司法管辖权自体性早期发展及消亡历程的阐释，指出美国海事司法管辖权的统一性理想及其现实境遇。在殖民地经验、英国先例以及欧陆海事法传统的复合影响下，美国海事司法管辖权总体上经历了一个逐渐扩张的过程，这种扩张具有正当性和必然性。然而受一些传统观念的影响，导致在海事司法管辖权统一性②追求过程中，有超越界限的情形，如在海事侵权管辖权的扩张过程中，由于传统“地点标准”的惯性影响，导致大量单纯发生在水上的欠缺海商事因素的案件被纳入海事司法管辖权范畴，引发了实践中的极大混乱。作为一种司法理念深入海事法官的观念之中，当然也存在新时代下保守的情形，在个别历史时期，一般海事法在水上人身伤害案件中处于缺位状态，以致在后世饱受批评。在美国海事

① 需要强调的是，本书所讨论的美国海事司法管辖权，在概念的内涵和外延上不同于我国海事诉讼管辖权，不涉及层级之间的分工问题，更多地涉及受案范围、运作环境等实体事项。由于司法在美国海事司法管辖权发展中的主导作用，本书中海事司法管辖权，主要指与海事相关的司法管辖权。

② 由于统一性贯穿全篇，属于重要关键词之一，有必要在开篇对其进行界定。本书的统一性属于自体性下的统一性，自然不是要抹平海事司法管辖权和普通管辖权的差别，而是彰显其自成一体性，更凸显其存在特征。统一性的强调不仅没有泯灭其特色，反而使其更具有鲜明性，如海事司法管辖权中的独特关怀等，皆说明了这一点，但侧重点可能不同。本书在文字表述上同时使用统一性和自体性。

司法管辖权的变迁过程中,一般海事法通过司法实践活动承担着引领性功能,立法在后期发挥重要作用。一般海事法由法院运用,具有灵活性和统一性等特点,然而也存在因为规范性要素不足、不确定性较大而被误用等问题。

在内容框架上,本书包括导论、正文,具体章节内容如次。

导论部分阐述本书的写作缘由,对相关文献进行概括梳理,交代研究方法。

本书第一章主要阐述美国革命之前的海事司法管辖权。

第一节主要阐述了美国海事司法管辖权的世界历史背景。海事司法管辖权主要有两条源流,分别是普通法国家中的海事司法管辖权和欧陆国家中海事司法管辖权,它们在不同程度上给美国海事司法管辖权提供了历史资源。本书在介绍一般海事法的历史背景的基础上,分析了海事司法管辖权从海事自体法时代到国家主义时代的演变历程,着重讨论了自体法时代在英国的兴起与消逝以及中世纪海事自体法下的额外保护取向。第二节主要阐述了海事司法管辖权在殖民地新世界中的交锋。首先分析了北美殖民地海事司法管辖权的起源,在殖民地早期呈现出国旗跟着商业走的特点,而后随着英国在殖民地控制力的加强,普通法院和海事法庭延续着在殖民地母国的争斗,其中夹杂着王权和贵族的博弈。由于殖民地处于中心和边缘之间,殖民地海事司法管辖权呈现出一定的离心倾向。第三节首先列举了殖民地海事司法管辖权的典型诉讼形态,其次分析了殖民地海事司法管辖权的统一性特点。最后归纳出殖民地海事司法管辖权中的额外保护取向。

本书第二章主要阐述了美国宪法出台前后新旧传统的缠斗与海事司法管辖权制度的诞生过程。

第一节主要论述了美国在海事司法管辖权的统一性追求及其失落。革命先贤们大胆开展了海事司法管辖权的新实验,开创了美国海事司法管辖权的新时代。通过典型案例,介绍了州海事法庭和上诉法庭之间的博弈和妥协,凸显了管辖权变革的艰难,并对其经验教训进行了总结和检讨。第二节总结了北美殖民地海事司法管辖权对后世的遗产,指出了革命时代的管辖权探索为后世提供了多项制度的历史实践,提示宪法海事管辖条款出台后,海事司法管辖权的发展方向。第三节论述了美国宪法制定之后,海事司法管辖权的法律渊源,指出宪法海事司法条款对海事司法管辖权的统摄性和解释上的开放性,并分析了其对后世海事司法管辖权发展的影响。并通过对诉讼者权利保留条款的阐述,指出其在实质上属于联邦主义下的妥协,为后世海事司法管辖权的实践扩张埋下伏笔。第四节通过回溯两大法系历史中的海事司法管辖权,阐述了海事司法管辖权变迁的观念源流。第五节通过海事管辖事项公法抑或私法的辨析，揭示了海事司法管辖权的内容属性以及必然的时代转向。

本书第三章主要阐述了美国联邦主义体制对海事司法管辖权变迁的影响，具体包含影响和制约两个方面。

第一节首先分析了横向联邦主义之下的国会角色。通过海事司法管辖权在宪法制定之前、南北战争之前、南北战争之后三个历史阶段的变迁再现了国会角色从隐居幕后到走向前台的历程，随后介绍了国会关于海事司法管辖权的重要法规，这些法规均在海事司法管辖权变迁过程中发挥了重要作用。并在此基础上分析了国会和法院之间围绕海事司法管辖权的互动。第二节对纵向联邦主义之下的各州角色进行阐述。指出，州权在海事司法管辖权变迁中承担着多元角色，其不仅是海事司法管辖权扩张的坚定异议者，在某种程度上也是相关救济与权利的提供者，承担着补位的功能。随后对州法在海事司法管辖权中的适用进行分析，通过其适用可以看到州在联邦海事司法管辖权中的深度渗入，并对由此而生的法律冲突及其解决对策进行了简要介绍。

本书第四章主要阐述了一般海事法的价值功能和制度实践。

第一节首先分析了一般海事法的价值功能，即一般海事法的统一性追求和额外保护取向，并阐述了其间的关系。第二节阐述了大陆法视野下的一般海事法以及其对美国海事司法管辖权发展变迁的影响。第三节阐述了一般海事法的法律渊源，列举其四种表现形式，即以奥列隆惯例集为代表的欧陆制定法；航运业的通用形式、术语和惯例；新时代观念和原则的影响；历史立法。第四节阐述了普通法视野下的一般海事法。首先，通过分析普通法在美国海事司法管辖权中的演变，并以伊利案和詹森案为时间分界，阐述了一般海事法在海事司法管辖权变迁中的影响。在此过程中，一般海事法救济和海事司法管辖权持续扩张。第五节主要阐述了联邦法院在海事司法管辖权变迁中的主要角色，其作为一般海事法的掌舵者，与国会和州之间的关系。第六节旨在统一性视野下，对一般海事法在海事司法管辖权变迁中的功能和作用进行评价。

本书第五章主要论述了扩张下的海事司法管辖权及其自体性失落。

第一节主要阐释了美国海事司法管辖权在时空维度的拓展。首先介绍了美国海事司法管辖权中船舶和可航性水域概念的变迁，二者构成了海事司法管辖权变迁的概念基础；其次对美国海事司法管辖权的空间延展进行叙述，意即从“潮汐水域”进发，止于“所有可航水域”，实现了海事司法管辖权通航水域的全覆盖。第二节阐述了海事合同管辖权标准沿革，从最初期的地点标准逐渐回归其本质属性,并进而分析了船舶建造合同、船舶保险合同和海事司法管辖权的关系以及初步合同原则对海事合同管辖权的影响。最后在统一性视野之下作出评价。第三节阐述了海事侵权管辖的标准变革,首先对海事侵权管辖进行了概论,并对严格地点标准的消逝进行了历时性分析。海事司法管辖权在扩张过程中,相关联系标准次第出现。其次,主要对工业时代下人身伤亡的海事法救济进行了阐述。第四节主要关注海事司法管辖权的额外保护取向,首先是一般海事法下的船员权利。美国对船员保护既有继承,也有突破,随着时代的演变,美国海事司法管辖权下船员保护日渐多元化。其次是衡平救济的正式纳入,主要围绕美国法律研究所对1966年合并的评估阐述了管辖权合并下的海事统一性。第五节论述了面向公海的美国海事司法管辖权,通过海事司法管辖权在国际层面的拓展,展现了海事司法管辖权在实践中收缩的另一面相。

本书第六章重估了海事司法管辖权的价值功能。

第一节归纳总结了百年美国海事司法管辖权的价值取向。指出美国海事司法管辖权存在统一性追求和额外保护两大取向,并对二者之间的关系进行了分析。第二节指出美国海事司法管辖权的商业品质和独特性格。通过分析其在商业中的角色,凸显其护佑海商业发展的本质特征,并在此基础上归纳了美国海事司法管辖权的变迁规律。第三节指出在联邦主义背景下一般海事法在实践中的失措、未尽的统一性及其表现形式,进而引申出美国海事司法管辖权所能提供的经验和启示。第四节重估了几个世纪以来美国海事司法管辖权的变迁模式。从自发秩序和主权建构的综合视角,归纳出海事司法管辖权的本质属性和应然方向,并在历史经验辨识的基础上,寻求海事司法管辖权统一性迷局的理论和实践破解之道。

在上述"具体而微式"历史解剖的基础上,再次回归到宏观制度层次上对美国海事司法管辖权予以扫描,进而从自体法的角度对美国海事司法管辖权的扩张进行整体检视。

美国海事司法管辖权价值取向从自体性价值和对船员额外保护两个方面进行定位,对于其功能设置,在很大程度上考虑了海商事联系标准,有其可取之处。虽然在美国海事司法管辖权的演进过程中,基于联邦和州分权,也存在难以把握的抽象化阐释,但总体来看,美国海事司法管辖权通过两个世纪的扩张,基本构建了以实质性海事联系为基础,兼顾统一性价值和弱势群体额外保护的受案范围规则体系,实现了一种"限定的自体性",这种自体性不要求将所有涉海的案件一网打尽,而是采取"有进有退"的灵活策略。

Contents

目　录

导　论

一、研究缘起与研究意义

本书选题处于我国提出大力发展海洋经济、保护海洋生态环境、维护国家海洋权益、建设海洋强国战略思想的背景之下。[①] 在党的十八大指导思想之指引下，第十二届全国人民代表大会第五次会议最高人民法院工作报告适时提出推进海事案件管辖制度改革的目标。本选题主要基于笔者在海事工作时的一些疑问。如针对船员劳务关系的合同，一般属于海事法院的范畴，但对于确认劳动关系、要求补缴社保的案件，管辖权却属于一般法院；进一步搜索相关案例，发现海事司法管辖权异议案件不仅发生在律师和法官之间，也常常发生在法院不同层级之间。

此种冲突在蒋某萍诉皇家加勒比 RCL 邮轮有限公司、浙江省国际合作旅行社有限公司上海分公司海上人身损害责任纠纷一案[②]中可见一斑。此案是我国海事法院作出的第一例邮轮旅客人身损害纠纷判决。[③] 在该案

---

① 参见《坚定不移沿着中国特色社会主义道路前进　为全面建成小康社会而奋斗——在中国共产党第十八次全国代表大会上的报告》(2012 年 11 月 8 日)第八部分第(一)节，"提高海洋资源开发能力，发展海洋经济，保护海洋生态环境，坚决维护国家海洋权益，建设海洋强国"。

② 参见上海海事法院民事判决书，(2017)沪 72 民初 136 号。

③ 参见孙思琪：《邮轮旅客人身损害纠纷的司法实践——基于我国海事法院首例判决展开》，载《青海师范大学学报(哲学社会科学版)》2019 年第 1 期。

的适格审理法院问题上,学界不无争议。学者指出,海事相关性应是海上人身损害的实质性要件,本案不应归属于海上人身损害纠纷。我国设立海事法院是为适应海商事发展的需要,有效行使司法管辖权,及时审理海事、海商案件,是海事司法管辖权的根本目标。此外,海事纠纷常常涉及货物特性、货物积载、船舶构造、航海技术等专业事项,具有较强的专业性和技术性。如果海事法院不当介入不具有海事因素的案件,将会违背设立专门法院的制度初衷。

因此,上述案件由于缺乏海事因素的介入,不属于海上人身损害纠纷案件,其本质上是一起普通人身损害案件,不应纳入海事司法管辖权的受理范围。海事法院管辖此类案件不利于有效行使审判权。然而,在王某瑾诉歌诗达邮轮有限公司健康权纠纷一案中,①旅客基于和上案类似的原因摔倒,虽因重复起诉由法院裁定驳回起诉,但相关系列案件均与海事法管辖权无涉。② 实践中适用的不一致,事实上折射出管辖权范围的不周延性,应当厘清"海事案件"内涵之标准,明确海事法院"三审合一"的管辖权范围,从而更好地发挥国际海事司法中心的引领作用。③

以上案例只是一个缩影。事实上,海事法院和普通法院之间在管辖权争议方面的案例不少,极大地影响了海事法的实践适用。我国海事法重实用轻理论的传统,已经引起海商法学者的警觉,他们开始提倡大海法观念,将海事纳入民商事的大框架之中,这体现了海商法学界的理论追求。实务中纷纭复杂的问题,需要理论的深入研究,其中,法史学界依托其比较法资源,若能够将其正确适用于相关研究之中,必能起到良好功效。

针对海事司法管辖权争议,需要思考,在海事司法管辖权和普通管辖权之间,是否有一条泾渭分明的界线?如果没有,是否可能有?如果有,决定这条界线的因素是什么?是高屋建瓴式的上层设计,还是基于水陆不同的自然性质?在进行高层设计时,如何契合自然规律,最大限度降低制度成本?如何利用好历史上形成的海事共同法资源,淡化当下海事法略显机械的教义学色彩?当然针对普通法系的自然生发的性质来讲,大陆法系更多地呈现建构性色彩。但是我们知道,当下的世界,呈现大陆法系和普通法系融合的趋势。

---

① 参见上海市黄浦区人民法院民事裁定书,(2017)沪0101民初10592号。

② 具体管辖法院分别是上海市黄浦区人民法院及上海市静安区人民法院。

③ 参见郭萍:《厘清海事司法管辖范围 助推国际海事司法中心建设》,载《人民法治》2017年第5期。

二、国内外研究现状综述

(一)国内研究

国内学者在相关问题上的研究相对较少。在殖民地海事法庭对美国海事司法管辖权的具体影响方面,上海海事大学周杰副教授在《中国海商法研究》上发表了《背叛与延续——革命前后的美国海事司法》一文,对美国海事司法管辖权的殖民地源流进行了较为详尽的叙述。作者认为,殖民地附属海事法庭在总体上是压迫性法庭,为革命者所否定,但其殖民地海事司法管辖权与宪法制定之后的海事司法管辖权依然有所连接,如在海事法庭没有陪审团这一问题上。这主要是由于海事法的专业性所致。其论点并没有清晰展现出殖民地海事法庭陪审团经验对后世影响的脉络,尤其在革命时期陪审团的教训问题上,尚付之阙如。周杰副教授还在《海大法律评论》发表了《美国法律史视野下的海事法》。在该文中,他从法律史的角度,对美国海事司法管辖权在美国宪法制定之后的发展进行了论述,并指出当下的美国海事司法管辖权仍然处在统一性的努力之中。

在 1993 年,吉林大学法学院韦经建教授发表了《中美两国海事管辖权的性质及其适用范围的比较研究》,这是笔者所见少数几篇专题讨论美国海事司法管辖权的文章之一。

(二)国外研究

由于美国无专门海事法院,因此美国海事法学界针对美国海事司法的研究不多。但与其相关的研究并不少,只是稍显芜杂。百年海事司法管辖权发展史在一般海事法的护佑之下,经历从偏向公法到基本私法化的转变,呈现出削弱州权、加强联邦权的取向,在限缩和扩张之间屡有反复,但总体呈现扩张的态势。

1. 美国殖民地海事司法管辖权研究

美国学者关于殖民地海事司法与美国宪法制定之后海事司法之间的关系的看法经历了一个否定之否定的过程,早期学者对殖民地司法管辖权经验基本持否定的态度。近年来,部分学者进行了大量比较研究。

关于殖民地海事法庭管辖权起源的研究并无专著,其内容散见于部分针对殖民地海事法庭的研究之中。海伦·J. 柯伦普(Helen J. Crump)在其著作《十七世纪殖民时期的海事司法管辖权》①中较早对北美殖民地海事司法管辖权的起源进

① See Helen J. Crump, *Colonial Admiralty Jurisdiction in the Seventeenth Century*, Longmans, Green and Company, 1931.

行了代表性研究。其认为,在斯图亚特王朝和荷兰联合省在北海渔业上进行激烈竞争的时代,北大西洋渔业已经被几个国家的船只频繁光顾,人们对捕鱼权和海洋以及陆地的管辖权产生了极大的兴趣。在这些权力授予中,人们开始尝试在殖民地建立附属海事法庭,因为只有专业管理海洋的法庭才能有效保护捕鱼权和开展贸易垄断。这些人试图在种植园里设立附属海事法庭,以加强对贸易和渔业的垄断,这是殖民地附属海事法庭的最早动力源。以此为发端,海事司法管辖权几经波折,逐渐在殖民地生根发芽并稳定下来。莎莉·恩格尔·梅里(Sally Engle Merry)在其论文《殖民地法及其不确定性》[①]中阐述了海事司法管辖权在起源过程中的特点,其实也暗含了殖民地海事司法管辖权"国旗跟着商业走"的江湖气质。

马修·P. 哈林顿(Matthew P. Harrington)在其论著《殖民地附属海事法庭的遗产》[②]中全面叙述了殖民地时期附属海事法庭一度腹背受敌的艰难历程。L. 基宁·罗斯(L. Kinvin Wroth)更是在《马萨诸塞附属海事法庭和联邦海事司法管辖权》[③]中绘声绘色阐述了在马萨诸塞州曾经发生的激烈冲突。多萝西·S. 托尔(Dorothy S. Towle)在《罗德岛附属海事法庭记录》[④]中选取罗德岛殖民地做样本,介绍了业主殖民地对附属海事法庭的态度及其中的"缠斗",全面地论述关于海事法庭和普通法庭之间的管辖权冲突,生动地再现了附属法庭在刑事管辖权上的困境和弱势心态。

早期的研究者在回顾殖民地海事司法历史时,偏重于宏大叙事,不注意历史的细节。后来的研究者经过爬梳史料,认真反思发现,殖民地附属海事法庭存在被遮蔽的现象。相关的文章著作较多,其中欧文·C. 萨伦西(Erwin C. Surrency)的《美国殖民地的法庭》[⑤]是前者的代表,认为殖民地附属海事法庭在历史上扮演了不光彩的角色。马修·P. 哈林顿在其论著《殖民地附属海事法庭的遗

---

① See Sally Engle Merry, *Colonial Law and Its Uncertainties*, 28 Law & Hist. Rev. 1067 (2010).

② See Matthew P. Harrington, *The Legacy of the Colonial Vice-Admiralty Courts* (*Part* Ⅰ), 26 J. Mar. L. & Com. (1995).

③ See L. Kinvin Wroth, *The Massachusetts Vice Admiralty Court and the Federal Admiralty Jurisdiction*, 6 Am. J. Legal Hist. 250 (1962).

④ See C. Andrews, *Introduction to D. Towle*, ed., *Records of the Vice-Admiralty Court of Rhode Island* (Washington, D. C., 1936).

⑤ See Erwin C. Surrency, *Courts in the American Colonies*, 11 Am. J. Legal Hist. 347 (1967).

产》[①]中对上述偏见进行了有力的拨乱反正。其重点分析了产生这种误解的几种历史原因。首先,殖民地人们被剥夺了陪审团审判所谓的"英国人的权利";其次,法庭法官的工资和案件相关,容易导致定罪倾向;最后,海事法庭以"probable reason"(可能理由)为根据,涉嫌为关税人员脱罪,剥夺了被捕获船舶向普通法法庭寻求救济的权利。

针对殖民地海事法庭的辩护,成为美国历史学界的一个新转向,这和时代背景以及史料的逐渐被重视有关。T. 巴罗(T. Barrow)经过研究发现,过去的历史并没有真实再现附属海事法庭的面貌。殖民地海事法庭并没有忠实执行来自英国的指令,其帮凶的角色存在被夸大的嫌疑,相反,其和殖民地普通法法庭存在一定程度的协作关系,共同促进了海商业的繁荣发展。学者的研究颠覆了海事法庭主要作为压迫者的传统认识,多萝西·S. 托尔经过研究认为,殖民地附属海事法庭作为船员"监护人"的角色得到了有效的贯彻。一个不争的事实是,殖民地海事法庭在实际中备受船员们的欢迎。史书上屡见不鲜的对附属海事法庭的厌恶,更多是意识形态上的,是反抗殖民地母国的政治需要。

卡尔·厄布洛德(Carl Ubbelohde)教授在其1960年的著作《附属海事法庭和美国革命》[②]中对殖民地附属海事法院进行了全面的辩护。认为,无论是当代人还是建国一代,人们对殖民地海事司法管辖权的认识多停留在事实和虚构之间,相当一部分判断与其说是基于事实,不如说是建立在虚幻的图像之上。当然这一部分归因于人们对事物的认识水平,但更关键的是那些爱国者的宣传策略。海事司法管辖权的范围是殖民地海事司法备受诟病的四大原因之一,在财税案件接受海事法庭管辖之后,海事案件的比例呈明显下降趋势。甚至有些反对者认为,海事司法管辖权已经不再重要。但事实上,海事法庭的海事司法管辖权一直存在,且作为商人和船员保护者的角色一直重要。教授指出,海事司法管辖权对哈利法克斯和随后的四大上诉法院管辖权,很大程度上只具有理论上的影响,很多相关的作品都建立在想象的基础之上。

此外,文章指出,在英国人眼中,依靠海事法庭执行帝国政策并没有违背英国法传统,虽然作者借英国人之口讲出,但明显是其本人的看法,这种叙事策略从一

---

① See Matthew P. Harrington, *The Legacy of the Colonial Vice-Admiralty Courts* (*Part I*), 26 J. Mar. L. & Com. 581 (1995).

② See Carl Ubbelohde, *Vice-Admiralty Courts and the American Revolution*, University of North Carolina Press, 2012.

个侧面说明了翻案需要非凡的勇气。作者还认为,海事司法之所以遭受恶评,不在于其本身,而在于不适宜的帝国政策。对于美国人来讲,这种切割显然是难以接受的,值得商榷。不过卡尔·厄布洛德教授的"翻案作品"非常重要,为后来研究者真正辨析美国海事司法殖民地起源奠定了知识基础。美国《宪法》制定之后,海事司法收归联邦,这是一个在联邦党人看来理所当然的问题,根据他们的说辞,在当时并没有遭到什么有力的反对,之所以如此,显然在革命时期就已经达成基本的共识。哈林顿·普特南(Harrington Putnam)在其1925年的论文《联邦法院是如何获得海事司法管辖权的》①中说明了美国《宪法》制定之后海事司法这看似"轻松的一跃"显然是经过革命时期"长时间爬行"的结果,其对邦联时期相关海事司法管辖权邦联化的努力进行了详尽的介绍。

2. 美国建国早期海事司法管辖权研究

对于建国时期的美国国父们是如何看待海事司法管辖权的,美国学界一直存在针锋相对的争论,至今未能达成一致意见。威廉·R. 卡斯托(William R. Casto)在其论文《关于联邦海事司法管辖权起源的补充说明》②中认为,美国国父们之所以在联邦层面上设置海事司法管辖权,主要是公法方面的考虑,捕获一类的案件成为最主要的关切;虽然后来,海事司法管辖权主要在私法领域(捕获案件只在理论上存在),但是这并不在建国国父们的考虑之中。没有证据表明,建国先贤们曾经从私人民事诉讼的角度考虑海事诉讼。乔森纳·M. 加托夫(Jonathan M. Gutoff)教授在其《联邦海事司法管辖权的原初理解与私法渊源:对卡托教授的回答》③论文中进行了回应,其认为当时的建国一代们事实上是以私人诉讼的角度为出发点的。

在海事司法管辖权和美国革命的关系上,传统观点认为,附属海事法庭是美国革命的主要原因。然而,卡尔·厄布洛德教授在其1960年的著作《附属海事法庭和美国革命》④中通过对法庭运作的深入研究,得出了不同的结论,认为只是相对次要的原因。显然,北美殖民地附属海事法庭有更为丰富的面貌。海事司法管

① See Harrington Putnam, *How the Federal Courts were Given Admiralty Jurisdiction*, 10 Cornell L. Q. 460 (1914 - 1925).

② See William R. Casto, *Additional Light on the Origins of Federal Admiraty Jurisdiction*, 31 J. Mar. L. & Com. 143 (2000).

③ See Jonathan M. Gutoff, *Original Understandings and the Private Law Origins of the Federal Admiralty Jurisdiction: A Reply to Professor Casto*,30 J. Mar. L. & Com. 361 (1999).

④ See Carl Ubbelohde, *Vice-Admiralty Courts and the American Revolution*, University of North Carolina Press(2012).

辖权授予条款出台的时代是一个探索的时代,更多的声音不是通过学者而是通过实务法官(法官充当了学者的角色)传递出来。大卫·保罗·奥尔森(David Paul Olson)在其《海事非正常死亡:一般海事法统一的新基础》①论文中指出,让人更为困惑的是《1789 年司法条例》(1789 *Judiciary Act*)②中的保留条款,该条款将"在任何情况下,在普通法有能力给予原告救济的情况下,诉讼当事人依然享有接受普通法救济的权利",这为以后联邦权和州权在海事事项上的冲突埋下了伏笔。亨利·J. 布吉尼翁(Henry J. Bourguignon)教授的《第一个联邦法庭》③对附属海事上诉法庭进行阐述,展现了联邦和州斗争的历史景观。

关于联邦权和州权在海事司法管辖权问题上的合作和冲突,杰弗里·L. 文特(Geoffrey L. Wendt)在其论文《一般海事法下萦绕在雇主惩罚性赔偿责任下的不确定之雾》④中有全面的阐述。根据保留条款,州法院对海事对人的诉讼拥有共同管辖权。在海事司法管辖权范围内的一些纠纷中,州法律发挥着重要作用。州法庭救济除被允许补充或填补联邦海事法的空白外,在法院认为其适用不会对普通海商法造成实质性损害的情况下,有时会被允许补充普通海商法。虽然良好的合作是制度之愿景,但由于相关规定的模糊性和开放性,加上州权和联邦权之间的张力,导致两者之间出现很多冲突,有时候甚至达到剑拔弩张的地步。

早在 1789 年,彼得·蓬索(Peter Du Ponceau) 就表达出海事司法管辖权扩张的需求,就像许多年后的约瑟夫·斯托里(Joseph Story,以下简称斯托里)法官一样,寻求更多的私人海事争端方面的联邦管辖权,并认为英国先例是一个不受欢迎的障碍,并对爱德华科克关于管辖权的限定给予了批判。然而,斯托里法官之所以在海事司法管辖权历史上画下浓重一笔,主要归功于普通法影响之下基层法院的实践。大卫·R. 欧文(David R. Owen)指出,1799 年任职的马里兰地区法院法官温切斯特的意见打破了英国的先例,将海事司法管辖权拓展到一些在陆地上签订的合同,这无疑影响了斯托里法官在德罗维奥诉博伊特(De Lovio v. Boit)案⑤中的意见。

---

① See David Paul Olson, *A New Foundation for Uniformity in the General Maritime Law*, 16 S. D. L. Rev. 117 (1971).

② See 28 U. S. C. A. § 41.

③ See Henry J. Bourguignon, *The First Federal Court, the Federal Appellate Prize Court of the American Revolution 1775 – 1787*, The American Philosophical Society, 1977.

④ See Geoffrey L. Wendt, *The Fog of Uncertainty Enshrouding Employer Punitive Damage Liability under General Maritime Law*, 2 Malabu: Maritime L. Bull. [i](2010).

⑤ See DeLovio v. Boit, 2 Gall. 398 (1815).

杰弗里·L.文特(Geoffrey L. Wendt)在其论文《一般海事法下萦绕在雇主惩罚性赔偿责任下的不确定之雾》中指出,纵观整个海事司法历史,最高法院一直认为联邦法院释明一般海事法的权力源于美国《宪法》第3条第2款。在《宪法》被批准之前,一般海事法已经在海洋国家的法律和国际法中走向成熟。一般海事法在殖民地也得到普遍地奉行,所以最高法院一直坚称一般海事法是宪法制定者的本意,同时声称一般海事法并非一成不变,而是动态和发展的。毫无疑问,这种动态发展的主动权在相当程度上属于最高法院,且采取了普通法法庭的方式。

3. 美国海事司法管辖权发展时期研究

威廉·台特雷(William Tetley)在其论文《一般海事法——马里蒂马法》①中认为,在20世纪的国际贸易中依然有商人习惯法,在美国表现为"一般海事法"的形式,最早可追溯至12世纪。美国的法律冲突理论,在其最新的"目的论"阐释中,转向以"共同法"的理论来解决侵权冲突问题。该论断把每一个冲突问题留给联邦最高法院的自由裁量权,由联邦最高法院来解决跨州司法问题。这种"共同法"支持弱者的正义,以结果为导向,往往是在没有明确的法律、规则和传统的情况下确定的。

当然,一般海事法并非是任意而为的。杰弗里·L.文特指出,借助一般海事法,当事人对法律的期望反而更有可能实现,据此,他们可以更好地规划自己的行为,因为一般海事法规则是由长期确立的海事原则和惯例所指导的,而不是完全依靠法官关于公平的主观信念。无论联邦法院在制定一般海事法规则时向何处寻求指导,它们都应该始终仔细考虑足以正当化海事司法管辖权宪法授予条款的相关政策和原则,其中,规则一致性以及海上商业保护的需求是海事司法管辖权正当化的必然要求。正是在这种海事领域中的"共同法"亦即"一般海事法"助力之下,海事司法管辖权延展着自己的扩张之路。

海事侵权管辖权的扩张所依循的更多是经验主义的进路,在许多判例中可以窥见其轨迹。1875年,布拉德利法官(Justice Bradley)在洛托沃纳案②中创立了海事一致性理论,为海事司法管辖权扩张奠定了更有力的理论基础。他指出,有一件事毋庸置疑,美利坚合众国《宪法》必须是指在全国范围内统一实行的法律制度。联邦海事法规则不应该交由州法处置,否则会破坏宪法的均匀性和一致性

① See William Tetley, *The General Maritime Law-the Lex Maritima*, 20 Syracuse J. Int'l L. & Com. 105 (1994).

② See The Lottawanna, 88 U.S. 558 (1874).

目标。

1917 年,美国南太平洋公司诉詹森(Southern Pac. Co. v. Jensen)案(以下简称詹森案)①为上述理论提供了实践范例,该案可能是美国最高法院(United States Supreme Court)作出的最具争议的海事裁决。在本案中,最高法院宣布,一项州工人赔偿法案违反宪法,从而创立了联邦海事一致性理论。该理论简明地指出,当州法的标准与一般海事法的标准相冲突时,州法在海事诉讼中是无效的。这表明,美国海事侵权管辖权在"一般海事法"的指导之下,有从州向联邦加强的趋势。真正对海事一致性理论带来实质影响的是 1970 年最高法院在莫莱格尼诉国家海洋管线公司案②中的裁决。在本案中,联邦最高法院禁止在海上不当死亡诉讼中继续使用州法,并依据一般海事法为不当死亡设立联邦诉讼理由。

海事司法管辖权主要包括侵权管辖和合同管辖,捕获案件管辖权只在理论意义上存在。马修 · P. 哈林顿在《殖民地附属海事法庭的遗产》中指出,当下联邦地区法院的海事司法管辖权,主要依赖于殖民地海事法庭的经验。今日的海事法庭拥有广泛的管辖权,并非是建国先贤们起草《宪法》第 3 条时的本意,主要包括海事侵权、海事合同、海事救助以及海事留置权案件。在殖民地时代,更多是海员工资案件,侵权案件的记载较少,关于现代海事侵权管辖的文献较多。

亨利 · 比林斯 · 布朗(Henry Billings Brown) 在其论文《侵权案件中的海事司法管辖权》③中对海事侵权管辖权进行论述,在侵权管辖的发展征程中,联邦普通法和一般海事法无疑充当了海事司法管辖权开疆拓土的有力工具,这种开拓伴随无数的争议。此外,海事司法管辖权呈现和普通法管辖权合流的趋势,但是其

---

① See Southern Pac. Co. v. Jensen, 244 U. S. 205 (1917). 案件发生在 1914 年 8 月 15 日,汽船"埃尔奥连特"(El Oriente)停泊在曼哈顿 49 号泊位,南部太平洋公司的员工正在卸货,当一个装卸工尝试操作将载满木头的电动货车退向船舶的升降口时,不幸发生了,装卸工当场死亡,死者的遗孀根据纽约工人赔偿条例在州法院起诉,最终获得了法院的胜诉判决,并得到了上诉部和上诉法院的支持。南部太平洋公司对结果不满,上诉到最高法院,诉称州法院的判决违反了宪法的第 3 条第 2 款,根据该规定,此类案件的管辖权应该属于联邦法院,南部太平洋公司的律师主张,审判庭应该适用由联邦海事法庭界定和解释的一般海事法,而非州法。联邦最高法院于 1916 年发出调卷令,麦克雷诺法官代表最高法院于一年后发表了法庭意见,否定了下级法院的裁决,该意见认为,"当不存在一些有适用效力的法规时,由最高法院接受并认可的一般海事法被认为是我们国家法的一部分,可以适用到海事司法管辖权之中"。

② See Moragne v. States Marine Lines, Inc., 398 U. S. 380 (1970).

③ See Henry Billings Brown, *Jurisdiction of the Admiralty in Cases of Tort*, 9 Colum. L. Rev. 1 (1909).

特色依然不减。在联邦地区法院,海事案件的比例下降,其他类型案件增多。大卫·R. 欧文在马里兰州联邦地区法院纪念文章中提出,当时的联邦地区法院最初是作为海事法庭存在的,绝大部分案件是海事案件。1989 年,地区法院受理的海事案件已经不足两成,显然与 1966 年海事诉讼程序和民事诉讼程序合并有关,但海事案件依然具有鲜明的特点。

三、概念辨析及主题限定

(一)概念辨析

1. 本书所称的自体性,即海事法的自成一体性。由于海事司法管辖权的依据主要是海事法,所以海事司法管辖权也具有自成一体性的特点。自体性概念主要源于我国海事法,这在相应的词典中并没有明确的定义,但被一些海商法学者所运用。曹兴国在《海商法自体性研究》中对海事自体性进行了界定。根据其归纳,自体性一般包括习惯的起源性、规范的统一性和运作的独立性。本书认为,虽然这一概念并没有出现在美国海事法之中,但循名责实,美国海事法自然无法脱离上述特点。在美国海事法文献中,"统一性"的字眼随处可见,这事实上是海事法自体性的重要特征。鉴于其较强的概括性和简洁性,本书予以采用。

2. 本书所称海事司法管辖权,美国州普通法院具有一部分案件的管辖权。这是不是海事司法管辖权要探讨的内容?笔者认为,如果州法院运用的是联邦海事法,应该认为属于海事司法管辖权的运用,如果运用的是州法,则不应该视为海事司法管辖权的运用,而是对海事司法管辖权的僭越。这也是本书讨论法律适用的原因,在一定意义上,州法院的法律适用影响海事司法管辖权的范围。

3. 本书中的美国海事司法管辖权,在人们的一般认识中,管辖权通常涉及某个案件是否被纳入法院管辖的问题。一般某个案件被纳入管辖权,具体的救济都是确定的,这是制定法传统的必然推论。然而在英美法系国家,当一个案件被纳入法院管辖权,在如何救济的问题上,仍然有司法作为的空间,这也是本书将权利救济纳入海事司法管辖权范畴的原因,也是船员保护可以被讨论的基础。本书主要从实体意义上分析美国海事司法管辖权,主要涉及其运作范围和外部环境问题。在我国语境之中,尤其是在涉及法院层级等海事诉讼管辖权问题之时,大多指的是程序意义上的管辖权,但如果在一个总括的意义上,更多指的是海事司法管辖权的范围和相关内容等实体事项。当然,实体法和程序法之间并无清晰的界限,在许多情形之下呈现彼此纠缠的状态。所以并不奇怪,在美国海事法中,实体法和管辖权法之间常常陷入混淆不明的境况,所以本书不可避免地涉及海事司法管辖权的程序事项。

(二)主题限定

本书选题涉及海事自体法,并在自体性视野下观察美国海事司法管辖权的变迁。

1. 概念辨析

欲研究海事司法管辖权,必须对管辖权的概念有所认识。我们生活在一个充斥着管辖权的世界。然而何谓管辖权?在许多人的心目中,管辖权代表着一种将万千人事笼罩在其中的不容置疑的权力。它如同空气一般,常常不被看见,它似乎随着国家而来,源自邈远不可追忆的年代,超凡脱俗,亘古不变。与其抽象性定义不同,管辖权其实有着入世的寻常外观,如影随形地伴随着每一个人的一生。同时,它有着错综复杂的面目,在其千百年的演进博弈中,充满着限缩和扩张,变异和改良。或者作为一种话语策略,或者作为一种法律规范,管辖权无时无刻不深度介入人类秩序的营建与维持中,履行着自己的使命。管辖权不仅在人类生活中占据重要意义,指导人们如何顺法或逆法行事(作为一种改良法律的途径),也在法理学等思想领域为人类打开一扇窗户,教我们如何与法相处,如何创设并参与法律关系。①

"管辖权"一词来自拉丁语"ius dicere",在拉丁语中,"ius dicere"有说出法律的意思。因此,管辖权是一种宣告法律的实践,②彼得·拉什认为,管辖权首先意味着以法律的名义宣示力量和权威,其次才是法律所要表达的具体事实以及作用的对象。③ 柯克认为,管辖权是针对当事人冠以相关事项进行裁断的权力,管辖权是针对公开事项进行裁断的权利,以必要性为原则。我们从上述定义可以看出,首先,管辖权意味着权威;其次,管辖权是一种宣示法律的行为。柯克的上述定义来自中世纪法学家阿佐,当然,他并没有止步于此,而是赋予了管辖权"施行公义"的含义,此种定义揭示了权威之中暗含的悖论,凸显了道德思考的矛盾本质。管辖权并非仅仅宣示既存的法律,在某些情况下,它通过为法律加冕,构建法律自身。在这种意义上,我们可以将管辖权看作法律中的元问题,因为正是管辖权决定了什么可以真正被视为法律。管辖权有很多参与法律的方式,其中最重要

---

① See Shaunnagh Dorsett and Shaun McVeigh, *Jurisdiction*, Newyork: Routledge, 2012, p. 4.

② Ibid.

③ See Coke. E., *Thefourth Part of the Institutes of the Laws of England: Concerning the Jurisdiction of Courts*, London: W. Lee and D. Parkman, 1644, Preface.

的是,它不仅提供了一种法律的形式构造,而且为我们呈现出法律的习惯形态。① 管辖权并不是一个描述性概念,它在事实上创造某些东西。②

管辖权从何而来?这个问题涉及管辖权的基础。支撑管辖权存在的合法性依据必然是一种足以让人顺从的权威,分为具体的权威和抽象的权威。比如国旗和地图,就是一种非常具体的表达权威的形式,其呈现出一种实际形态,法律的抽象形式隐而不显。在近代早期,权威常常以一种具体的方式被表达,那个时候,民族国家尚未出现,国家和民族一类宏大抽象的概念尚未形成,权威还没有符号化,必须借助于一些具体的事物表达出来。这种依赖于事物象征的管辖权,没有符号化,就代表了其不具有很强的传播力,这也说明了早期英国海事司法管辖权在殖民地的命运,其中心和边缘的复杂关系导致其之间存在很大的疏离,也为殖民地另起炉灶和海事司法管辖权再生埋下伏笔。

2. 美国司法海事司法管辖权的变迁

本书的具体研究对象是美国联邦司法中的海事司法管辖权。

何为美国海事司法管辖权调整的对象?根据 1884 年联邦最高法院的看法,"所有海事司法管辖权都直接或间接地涉及航海活动。船舶及其航行,由此产生的犯罪、侵权和合同,构成了海事司法管辖权的对象"。③ 实事求是地讲,在美国海事司法管辖权的实践中,由于受到历史先例的影响,存在一些不合常情的地方,比如,船舶买卖和船舶建造合同不属于海事司法管辖权的范围,但涉及船舶建造的产品责任诉讼却属于海事法庭管辖。事实上,美国海事司法管辖权的变迁过程,也是对先例扬弃的过程,尊重历史又不局限于历史,在相关的海事司法管辖权标准上,存在越来越抽象的趋势,这无疑给联邦法院在管辖权扩张上带来了方便,但同时也极大地妨碍了法律的确定性,权力不受制约地自由裁量难免会让州权的捍卫者胆战心惊,以至于出现将管辖权测试标准回归到初期阶段的呼声,这无疑是值得我们警惕的。

美国海事司法管辖权在历史上总体上呈现出扩张的态势,体现在侵权、合同、船员保护、人身伤亡损害等各个领域,其背后是对海事法统一性的认知和追求。为了实现海事法的统一性目标,法庭通过一般海事法先占州法的方式,竭力规避在联邦法和州法之间造成的分裂。然而联邦主义分权体制之下,统一性话语和海

① See Shaunnagh Dorsett and Shaun McVeigh, *Jurisdiction*, Newyork: Routledge, 2012, p. 5.

② Ibid.

③ See U. S. v. Burlington & Henderson Ferry Co., 21 red. 331, 334 (1884).

事司法管辖权实践产生了极大的背离。完美意义上的统一性注定是一种理想。在这种内在悖论之中，法院在调整海事司法管辖权范围和救济方式的过程中出现操作性不强、适用混乱的问题，招致了许多批评，甚至出现回归原初时代的呼声。为了纾解这种困境，因应时代的新发展，需要重估海事法的统一性要求，归正其变革之路。

四、研究方法及难点

（一）研究方法

1. 历史分析方法

海事司法管辖权的演进是一个历史过程，在这一过程中必然有着一定的规律性。研究美国海事司法管辖权变迁的重要方法之一就是历史分析的方法，以该方法寻找美国海事司法管辖权在漫长的历史中发生、发展、嬗变的规律和内在特质。

2. 价值分析方法

价值分析方法就是通过认识和评价社会现象的价值属性，从而揭示、批判或确证一定社会价值和理想的方法。[①] 价值分析方法可以使人们认识和发现法律现象背后所体现的价值。美国海事司法管辖权在一般海事法的主导之下，得到不断发展，最终获得从点到面的巨大拓展，整个过程都包含着价值判断和取舍。

3. 案例分析方法

案例分析是通过已经生效的案件，分析相关诉讼主体对法律的态度和作用。本书从海事司法管辖权的发展史中选取若干具有代表性的案例，剖析海事司法管辖权发展过程中的策略变化、相关标准的演变以及联邦制下各方对海事司法管辖权态度的转变过程。

（二）难点

1. 难点及化解

首先在于文化的可了解程度。诚然，对普通法的深入了解可以最大程度消解这一缺陷，然而这对于初涉普通法的笔者而言，确实有点艰难。普通法的特点之一是它具有实用性和合理性。按民法体系严格的概念、演绎推理培训出来的法律人士在接受英国人那一套时常常会有很大的，甚至是不可逾越的文化障碍。普通法遵循先例的传统一定程度上解释了其对逻辑的漠视和对历史的偏好。这种偏

---

① 参见刘远辉：《论法律方法与法学方法——中国人民大学朱力宇教授学术讲座记录》，载《广东培正学院论丛》2019年第2期。

好可以从法官在个案中的意见中可以看出,该意见指出,法院所达成的结论除了原始英国法律史以外没有什么其他正当的理由,而这段英国法律史和美国海上死亡救济法的现实相去甚远。[①]

其次美国海事司法管辖权自身,似乎也是普通法课题中的最神秘晦涩者之一。关于海事司法管辖权[②]流变,霍姆斯大法官(Justice Holmes)曾经感叹地说,“在海事司法管辖权范围这一事项上,并不存在明确的原则和精确的历史”,[③]在西森诉鲁比(Sisson v. Ruby)案中,大法官斯卡利亚(Justice Scalia)不无揶揄地说,“除了合同涉及船舶(本质上属于海事性质)之外,企图只划上一根原则之线就可以将某类合同加上海事标签的徒劳行为只能引发人们的嘲笑”。[④] 这启示我们,不要企图为这种流变寻找一种清晰的发展迹线,笔者只能勉告自己,我们并非只能无所作为,我们依然可以在判决前例和学者论著中找到海事司法管辖权运行的草蛇灰线。

初看之下,美国在联邦制下,似乎也无统一性问题可言,但事实上,海事属于联邦专属管辖事项,何况本书所提的统一性当然不是同质性的大一统,而是一种有条件的统一性。事实上,在相关判例之中,有些法官走得更远,比如麦克唐纳法官(Judge Macdonald),特别强调联邦一般海事法的至高无上性,断然否定州法适用的可能。虽然更多是一种话语,但是笔者认为,统一性根植于古老的海法传统之中,是自发秩序在国家主权时代的呼声。此外,美国的统一性声音也更多地体现在法庭少数意见之中,说明统一的声音一度很微弱。这也进一步说明,统一性永远在过程之中,人们一直看到的是一种相对的统一性。

海事法的统一性是否有特异性?如果统一性要求是法律的内在属性,那么单独强调海事法的统一性就有画蛇添足之嫌。不可否认,所有部门法都存在相对统一性的要求。但是统一性只可能是一个选项,其存在常常受到客观条件的极大限制,我国立法权下放各个设区的市,就是基于广袤土地上多样化的需求。以工商为例,虽然有统一的国家法规,但在具体救济方面,却有明显的地方性色彩。相较

---

① See Moragne v. States Marine Lines, Inc., 398 U.S. 380 (1970).

② admiralty, marine 和 maritime 三个词有一定区别,在宪法文本中有 admiralty 和 maritime 作为定语的管辖权表述,二者在侧重上有所区别,admiralty 似多偏重于私法场合,maritime 多用于海上等场合。

③ See Kenneth H. Volk, *Parsing the Admiralty Clause: Jurisdiction of Marine Insurance Transactions*, 66 Tul. L. Rev. 257 (1991–1992).

④ See Sisson v. Ruby, 497 U.S. 358, 110 S.Ct. 2892, 111 L.Ed.2d 292 (1990).

之下,海事法的地方性色彩就弱化许多。很难想象,大部分船舶可以将其活动局限于一个行政区域之内,所以说,海事法的统一性是其显著特征。这也是美国海事司法管辖权追求统一性的内在动因。

众所周知,统一性是海事法自体性的一个重要方面,海事标的天生的流动性使其缺少地方性色彩。在美国海事司法管辖权发展历史上,统一性话语长期占据主导地位,但在联邦主义和普通法的特殊体制之下,管辖权变迁实践和人们的愿景发生了较大的背离。因此,本书所讨论的统一性并不是结果意义上的,而是一个动态的过程。诚然,这种统一性追求常常带来更大的混乱,但不可否认人们努力追求海事法自身规律的良好初衷。统一性虽然是许多法规和判决的目标,但从来不曾完成,统一性和多样性一直映现在美国海事司法管辖权发展的图景之中。

2. 本书创新之处

首先,美国海事司法管辖权总体上经历了一个逐渐扩张的过程,这种扩张具有正当性和必然性。然而由于一些传统观念的影响,导致扩张过程中有超越界限的情形,比如在海事侵权管辖权的扩张过程中,由于传统"地点标准"的惯性影响,导致大量单纯发生在海上的欠缺海商事因素的案件被纳入海事司法管辖权范畴,导致了实践中的极大混乱。在我国当下,也存在类似于美国扩张海事司法管辖权的需要和隐忧。

其次,美国海事司法管辖权的发展历程体现了人道主义色彩,如"海事法庭是船员的监护人",就作为一种司法理念深入海事法官的观念之中,当然也存在新时代下保守的情形,例如,在有名的哈里斯堡案(The Harrisburg)①中,一般海事法在进步时代的水上人身伤害案件中处于缺位状态,以至于在后世饱受批评。

再次,在美国海事司法管辖权的变迁过程中,一般海事法承担着引领性功能,立法在后期发挥了重要作用。一般海事法由法院运用,具有灵活性和统一性等优点,然而也存在规范性要素不足、不确定性较大等问题。

最后,海事法领域的联邦统一性和州自治性之争实质上是联邦和州之间的利益之争,统一性的限度在于决策者在国家利益和州利益之间进行的价值比较。应该说州和联邦天生就是对立的角色,似乎不存在统一的可能性,但是一般海事法通过法院的运用,充当了协调性角色。统一性并非同质化的大一统,而是在尊重地方性的基础上的统一性,唯有尊重地方性,统一性才能在建立在共识的土壤之上。此外,结合美国海事司法管辖权制度变迁历程,分析其特征。关于此点,尚未

① See Harrisburg, 119 U. S. 199, 7 S. Ct. 140, 30 L. Ed. 358(1886).

见有相关主题的研究成果,亦是本书的创新点之一。

虽然有以上自以为还能自圆其说的说辞,但笔者在面对这个似乎有些遥远的问题时,对其现实意义还是不免忐忑,不记得有多少次深陷于追寻意义的枯槁之中。在经过对中外资料的艰难爬梳之后,终于深信这个论题还是植根于现实中的真问题的,虽然解决之路遥远,但至少能够提供一些有益的启示。

第一章　从殖民地走来:革命之前的海事司法管辖权

作为一种能有效彰显文明演进程度的制度形式,[①]海事司法管辖权存在于各文明国家的历史制度实践之中。其能在充满着压制和敌意的过往中延续至今,说明了海事司法管辖权之于海商事发展的重要性。[②] 在中世纪和16 世纪的最后几年里,新大陆的发现使世界贸易成为可能,英帝国成为世界的主要贸易通道。[③] 作为英国海事法庭在北美殖民地的变型,早期的附属海事法庭虽不无政治色彩,但基于海商事发展的需要,随着北美殖民地人民独立意识的苏醒和高涨,附属海事法庭开始被赋予了特别的政治意涵,并进而成为殖民地人民愤恨所及的靶向。北美殖民地附属海事法庭在执行其保护性职能的同时,被沾染了一层压迫性色彩。在殖民地张力场之中,附属海事法庭在主动和被动之中履行着自己的历史使命。美国革命为新国家提供了一个重新定义其法律和政府的机

---

① See Theodore M. Etting, *Admiralty Jurisdiction in America*, Philadelphia:Rees Welsh & Co. ,1879,p.7.

② See C. W. O'Hare, *Admiralty Jurisdiction* (*Part I*), 6 Monash U. L. Rev. 91(1979),p.91.

③ See Frederic Rockwell Sanborn, *Origins of the Early English Maritime and Commercial Law*, The Century Co. New York, 1930, Foreword. xii.

会,[①]在革命的汹涌潮流之中,旧时代坚硬的东西作为历史的负担被一扫而尽,为走向更民主的模式廓清了足量的制度空间。

当宪法的远见卓识和司法事业将管辖权从历史的束缚中抽离出来时,海事司法管辖权在美国兴盛起来。[②] 当然,那些作为障碍的东西似乎烟消云散了,但是其得失却留存在人们的记忆之中,成为后来制度损益的基础。事实上,揆诸历史与现实,两个世纪以来,美国海事司法管辖权经历了变迁与成长。历史烟尘已散,但其遗泽深远,从比较法视角考察海事司法管辖权,不仅引人入胜,而且极具意义。[③] 为真正了解当今重大制度原则的确切内涵,需要回溯到历史深处,认识潜藏在制度表层之下的多元动因。可惜的是,大量宝贵的文献不曾得到时间之神的厚爱,消散在战争、火灾以及漫不经意的管理之中。[④] 庆幸的是,我们依然没有完全失去回望过去的机会。

第一节 介入神秘的海洋:海事司法管辖权的历史背景

欲认识美国海事司法管辖权,有必要对其发生的世界历史背景进行考察,对海事法在人类历史上的沿革进行了解是其中重要一环。几千年来,在神秘莫测的海洋面前,海事司法管辖权从无到有,从弱到强,从极具自治色彩到沾染主权属性,从习惯依赖到国家建构,经历了艰辛曲折的过程。

一、从海事自体法时代到国家主义时代

在人类海事法历史上,曾经有过一个让当下海事群体神往的海事共同法时代,在这一时期,商人自发秩序得到充分孕育,可谓海商业的“自我管理”时期。随着民族国家的出现,海事司法管辖权开始表现出明显的政治性格。从总体来看,海事司法管辖权经历了一个从自体性饱满到国家主义主导的阶段。

---

① See Erwin C. Surrency, *The Transition from Colonialism to Independence*, 46 Am. J. Legal Hist. 55(2004).

② See C. W. O'Hare, *Admiralty Jurisdiction* (*Part* I), 6 Monash U. L. Rev. 91(1979).

③ See Theodore M. Etting, *Admiralty Jurisdiction in America*, Philadelphia: Rees Welsh & Co., 1879, p. 7.

④ See Albert J. Harno, *Law Enforcement in Colonial New York: A Review*, 43 Mich. L. Rev. 591(1944).

(一)海事司法管辖权的自体性时代

海商业具有悠久的历史,航海的起源早已湮没在历史的迷雾之中,[①]其源头年代已经"渺不可追"。但可以确定的是,在特洛伊和亚历山大的年代,开放不羁的海洋气质和锐意进取的商业精神已经随着语言传播到地中海沿岸各地。雅典时代的人们可以接触到所有国外思想文化潮流,其商人和海员是这些潮流的推波助澜者。[②] 驻扎在各个港口的雅典领事,可能是人类干预海洋征程早期最引人瞩目的公共实践者。在罗马时代,大部分的海岸城市都建有码头设施。[③] 我们今天对罗马法庭的历史知之甚少,但幸运的是,其司法过程却几乎保持未变,其内容被《罗德岛海法》幸运地保存了下来。罗马法能够历时千年经久不衰,与它注重实际的特征是分不开的。[④] 这种法律实用精神让他们远离商业,但其武力征服下的希腊、埃及以及其他国家的贸易却依然按照原来轨道运行,征服者似乎乐见大量来自殖民地的宝物源源不断流入朱庇特神庙所在的罗马城。成立海事法庭的需求在小范围内被商人深切感知,并借重了以前领事法庭的既有经验。当时的海事司法管辖权非常广泛,根据令状记录,包括了非陆上的一切事务。从海事司法管辖权的历史发展来看,在其诞生的最早期,其与陆上法庭有着泾渭分明的界限。据古罗马《学说汇纂》记载,安东尼皇帝曾说:"朕诚为陆上之主,但海法乃海上之主"[⑤],由此可见,贵为尘世之王的统治者亦承认以《罗德岛海法》为代表的早期海法典在海上的权威。这个时代,海事法庭以一些商人在航海中长期形成的惯例为依归,并不受普通法或民法支配。[⑥]

(二)海事司法管辖权的国家主义时代

在海事法庭变迁的诸多动因之中,政府的介入是至关重要的因素,由于捕获案件的大量出现,需要海事法庭承担相应职能,相对和平环境之下的海商案件和

---

① 参见[英]菲利普·德·索萨:《极简海洋文明史——航海和世界历史5000年》,施诚、张珉璐译,中信出版集团2016年版,第25页。

② 参见[英]阿诺德·汤恩比:《历史研究》,刘北成、郭小凌译,上海人民出版社2005年版,第97页。

③ 参见[英]菲利普·德·索萨:《极简海洋文明史——航海和世界历史5000年》,施诚、张珉璐译,中信出版集团2016年版,第65页。

④ 参见周枏:《罗马法原论》(上册),商务印书馆2009年版,第10页。

⑤ 参见[美]孟罗·斯密:《欧陆法律发达史》,姚梅镇译,中国政法大学出版社1999年版,第221页。

⑥ 需要注意的是,海事司法管辖权的自体性,不宜从其本体理解,并非从海事司法管辖权的设立机构层面而言,而是从海事司法管辖权的法律适用层面而言的。

雇佣案件的井喷,也促成了海事法庭的出现和海事法[①]的发展。近代,民族国家在欧洲纷纷建立,国家主权的概念开始深化,国家主导的立法开始逐渐取代过去自然形成的跨越国界的习惯法,[②]海事司法管辖权放之四海而皆准的普适性逐渐被民族性和国家性取代。随着商品经济的发展,商业和航运分离,国家制定统一海商法的经济基础业已形成。各个国家均从自己国族利益出发,来规划涉及本国的海事法庭的发展。资本主义初期阶段的开拓进取品质也大大刺激了海商业的迅猛发展,发源于英国的工业革命进一步加快了海运市场的独立化进程。在这样的时代环境之下,大量具有本国特色的海商法典或单行海事法规被制定出来,海商法历史进入国内化时期。其中,法国路易十四于 1681 年颁布《海事条例》(ordonance de la marine),作为欧洲第一部综合性海商法典,其包罗广泛,具体包括船舶、船员、运输契约、国家对海岸和港湾渔业的管理、海事司法等,其私法部分构成了《法国商法典》第二编"海商"部分的基础。这种进程逐渐扩张到其他海运国家。必须承认,虽然国家法使海商法更加系统化、科学化,但在一定程度上,是建立在牺牲了海商法的独立性的基础上。此外近代学科的细分使独立的、自成一体的广义海商法被肢解,以至于西方航运发达国家特别是大陆法系国家的纯海事、海商案件呈萎缩趋势。[③] 当欧陆的一些海事法原则漂洋过海来到英伦三岛,又被怀抱雄心的殖民者带到北美殖民地时,也不免遭受全新时代形势的波及,进而影响美国《宪法》制定后的海事司法管辖权实践。

二、海事司法管辖权在英国的兴起与衰退

(一)海事司法管辖权在英国的兴起

英格兰与世隔绝的地理环境造就了其历史的独特性,但其并不是一个被一条没有法律的、充满咸水的海沟所包围,与欧洲隔绝的岛屿。事实上,海是英国人用来和大陆邻居进行贸易(葡萄酒和羊毛)和战争(必须有什么东西把所有的马和

---

① 今天常用的"海事法"一词,指的是整个法律的一部分,主要涉及船舶使用引起的法律关系。但在较早时期,海事法的范围要大得多。不仅涉及现代海事法,而且还涉及现代商法的一些分支的原始形态,也包含今天所采用的国际法的萌芽,在更大的意义上,早期的海事法类似现在的国际私法(在某种程度上是公共的国际法律)。See Frederic Rockwell Sanborn, *Origins of the Early English Maritime and Commercial Law*, The Century Co. New York, 1930, Foreword. xiii.

② 参见司玉琢:《保障海洋发展战略 改革完善中国特色的海事司法管辖权制度》,载《中国海商法研究》2015 年第 2 期。

③ 同上。

人都带到英吉利海峡对岸)的桥梁或媒介,它几乎被视为王国的一部分。[①] 在诺曼征服之后,关于涉海事件的管辖实践就先于海事司法管辖权存在了。霍尔兹沃思著作里提到过一些拥有涉水事务管辖权的海港城镇,[②]但这种管辖权以一种非正式的形式存在,海上事务的重要性远没有得以凸显。

一般认为,英国早期的海商法产生于当地港口城镇的风俗习惯,没有更大的地区吸引力。在这个时期,英格兰法律重点关注的是土地,近在眼前的土地才是财富的基础,没有人瞩目遥远神秘的海洋。[③] "海军上将"(admiral)一词起源于东方,被地中海各国海军采用,大约在 14 世纪初传到英国。[④] 最初以一名舰队司令的面目出现,拥有名目繁多的战队舰队船员和其他人的管理惩戒权。作为一种制度,其被描述为"中世纪动物园内最稀有的鸟类,一种在理论建立之前就在实践中建立起来的制度"。[⑤] 在 14 世纪上半叶,海军上将并没有听审的司法职能。在这个时期,有数位海军上将,分别在北海、西海、南海,或者五港负责一支舰队。这一职位一直掌握在封建贵族手中,并从中产生了一位负责法律事务的海军中将(vice admiral)。受英国在斯路易斯战役中获胜的激励,[⑥]爱德华三世于 1340 年创建海事高等法院,该法院是第一个专门的海事法庭。[⑦]

这似乎并不让人意外,因为爱德华三世本人,是一个典型的骑士英雄,他的两项最伟大的胜利,不是骑着战马得来的,而是在船上取得的。爱德华三世宣称对

---

① See Timothy J. Runyan, *The Rolls of Oleron and the Admiralty Court in Fourteenth Century England*, 19 Am. J. Legal Hist. 95(1975).

② See William Searle Holdsworth, *Sir*; *Arthur L Goodhart*; *Harold Greville Hanbury*; *John McDonald Burke*, 1 A History of English Law, London: Methuen 531(1903).

③ See Damien J. Cremean, *The Early History of Admiralty Jurisdiction*, 28 Austl. & N. Z. Mar. L. J. 16(2014).

④ Holdsworth's Hist. of English Law I, 313. 转引自 John Barker Waite, *Admiralty Jurisdiction and State Waters*, 11 Mich. L. Rev. 580 (1912 – 1913)。

⑤ See F. L. Cheyette, *The Sovereign and the Pirates*, 1322, 45 Speculum 50(1970).

⑥ 毫无疑问,爱德华在斯路易斯战役中的胜利意义重大。然而,人们很容易把马斯登在维多利亚时代所写的描述,看作受帝国观念影响的描述。

⑦ 达米安·吉·克里明(Damien J. Cremean)认为,只能确定最早的海事法庭出现在 14 世纪,也可能更早,无论如何,海事法庭都是最古老的制度之一。在英国海军的历史上,没有哪一年比 1340 年更值得纪念的了,当时爱德华三世获得法国国王的头衔和武器,决定用武力维护其对法国王位的要求。See Sir Travers Twiss QC, Black Book of the Admirahy (1871 – 1876) (Professional Books, 1985 reprint) Vol. 1, xxxi; L H Laing, *Historic Origins of Admiralty Jurisdiction in England*, 45 Michigan LR (1946).

海洋拥有主权,被国会[①]承认为"海洋之王"。他还制作了一枚金币,上面印有他的肖像,并将其叠加在一艘船上——陆上和海上都是君主。[②] 法庭由国王任命的海军上将统辖,并配备一名助理法官负责审理案件。1361 年,国王会议赋予该海事法庭广泛的权力,即海上发生的重罪、非法侵入和伤害应由海事法庭根据海事法进行审判,而不是根据普通法由国王法庭进行审判。相关记录显示,因为海事法庭的管辖权,地方的诉讼程序一度被搁置,因为海军上将及其助理法官对海事法庭的管辖权过于热忱,以至于长驱直入港口法庭和普通法庭的领域。需要特别指出的是,早在航海者和商人到达英国之前,海事法的基本原则在中世纪的大陆法庭上就得到普遍的接受。由于海事法在其传入英国时已发展到相对完善的程度,因此其独立于发展中的英国普通法。这段历史在斯图亚特时期,海事高等法院与普通法法院之间的管辖权冲突中发挥了重要作用。[③]

(二)海事司法管辖权在英国的衰退

早在中世纪末期,普通法法院已经显现出对商业管辖权的兴趣,在 16 世纪末期,其开始对异军突起的对手们提出压制性要求,质疑海事法庭是否有权审理发生在水上的所有违法行为。由于海洋到达陆地后并不会完全停止,而是与河流和小溪相连,所以"在海上"或"在水上"的意思相当模糊,这给海事法庭的扩张带来可乘之机。[④] 当然,海事法庭在对内河航道的管辖上并非毫无克制,只是在一定程度上有所介入。正是由于这样的原因,普通法法院反对定义不清但又显而易见的海事司法管辖权。为了遏制他们的扩张,以及抵制欧陆民法影响力的扩散,一系列法律被制定出来,将海事管辖范围限制在沿海领域。[⑤] 1389 年颁布的一项法令进一步加强了对海事法院的限制。[⑥] 然而,在同一时间,领地被削减的海事法

① 需要指出的是,为保持一致性,无论在英国、殖民地邦联时期,还是美国宪法制定时期等场合下,本书统一使用"国会"的概念。事实上,"国会"和"议会"是两种不同的翻译,在历史文献中,两者皆随处可见。

② See Timothy J. Runyan, *The Rolls of Oleron and the Admiralty Court in Fourteenth Century England*, 19 Am. J. Legal Hist. 95(1975).

③ See Charles S. Cumming, *The English High Court of Admiralty*, 17 Tul. Mar. L. J. 209(1993) p. 210.

④ See Timothy J. Runyan, *The Rolls of Oleron and the Admiralty Court in Fourteenth Century England*, 19 Am. J. Legal Hist. 95(1975).

⑤ See E. S. Roscoe, Admiralty Jurisdiction and Practice, London: Stevens and sons, 1920, p. 6 – 8.

⑥ 该法案要求海军上将"从今以后,不得干涉国内的任何事务,只负责海上的事务",于 1391 年进一步规定,"各种各样的合同,申诉和争议,以及其他发生于县域之内的事情,无论水陆,海事法庭都不享有管辖权"。

庭也有斩获，即取得了对相关海上案件的刑事管辖权。

的确，在1575年达成了暂时休战的协议后，在海事法庭的要求之下，普通法法官作出了几项让步。受17世纪宪法冲突以及爱德华·科克的影响，普通法法院否定了1575年协议的有效性，开始对海事法庭进行新一轮打压，并成功赢得了对英国海事司法管辖权的优势，导致海事法庭1611年的正式抗议，他们列出一长串的"委屈清单"。普通法法庭将合同管辖权悉数收入囊中，通过使用法律拟制的方式来推定普通法法庭对海事合同具有管辖权，即所有合同都是在陆地上书写或订立，因此不受海事法庭管辖。然而在很长一段时间内，无人理会这些失势者的不满。直到1632年，查理一世和他的顾问才开始采取措施来补救这些申诉。措施的核心在于授予海事法庭以共同管辖权。这大概是美国共同管辖权的英国法起源。需要指出的是，海事法庭被授予共同管辖权的范围是有限的，具体包括：(1)在海上或海外订立的合同；(2)运费、船员工资、违反国外航行租船合同案件；(3)建造、修理、打捞或提供船舶所需物品，并只能以对物诉讼的形式提出。

1632年的协议还赋予海事法庭调查和排除通航河流中的障碍的管辖权，以及受理自海洋上溯第一座桥梁之下发生的合同和侵权诉讼。此外，在上述诉讼中，海事法庭还被赋予了向当事人发出人身保护令的权力。由于1648年的法令，海事法庭享有更大的司法权，但之后，情况发生了大逆转，甚至1632年的协议也没有得到遵守。很明确的是，17世纪晚期，附属海事法院法官和法庭开始接受来自英国高等海事法庭的委任状，这就是后来北美殖民地海事法庭委任状的原型。[①] 在英国，500年的司法对抗和立法干预在很大程度上侵蚀了司法管辖权，使其成为普通法法庭的"应声虫"。17世纪末至18世纪初，为重拾昔日的辉煌，首席大法官霍尔特开始引进并企图同化普通法的原则，学说的加盟对于管辖权的重新回归起到重要作用。在18世纪后半叶，曼斯菲尔德勋爵通过完成对捕获案件的创造性成果，为海事法庭贡献了再度分庭抗礼的资本。[②]

三、中世纪海事自体法下的额外保护取向

(一)中世纪海法与海事司法管辖权

在美国海事司法管辖权案件中，其中引用这些古代法典者，占据了较大比重。

---

① See Henry J. Bourguignon, *The First Federal Court, the Federal Appellate Prize Court of the American Revolution 1775 – 1787*, The American Philosophical Society, 1977, p. 9.

② See Frederic Rockwell Sanborn, *Origins of the Early English Maritime and Commercial Law*, The Century Co. New York, 1930, Foreword, xiii.

《奥列隆惯例集》(*The Rules of Oleron*)[①]是由奥列隆法院在海事争端中作出的判决组成的,它的判决是根据大多数海员熟悉的习惯作出的。该法典在14世纪已经被广泛理解,船员已经被置于该法典的保护和规制之下,涉及航行过程中的方方面面。

《奥列隆惯例集》特别提供了相关船舶当事各方成员彼此之间以及与商人和船主之间关系的资料。船长在海上担任裁判者,但他也受到一些限制。船长决定船员之间的纠纷和罪行,但如果他自己卷入争吵,则由船员来决定案件。船长可以把一个人从船上放下去,并且对所有对他说谎的人处以八便士的罚款,[②]船长若向人说谎,就必多赔一倍。[③] 体罚是允许的,但是可以控制。在正常情况下船长不允许殴打船员,但是,船员必须忍受拳头或手掌的第一击。[④] 此外,《奥列隆惯例集》也有一定的民主性,如规定"开航前必须征求海员的意见,以确定天气是否适合开航。船长违背船员的意愿而航行,那么如果暴风雨对船造成损害,他就要承担所有的损失"。[⑤] 此外,关于对患病船员保护的问题成为美国一般海事法相关雇主责任的基础,"每当水手在航行中生病或受伤时,他由一名船上的年轻水手陪同上岸,并雇一名护士来照料他。保留他的工资和相当于船上食物质量的食物津贴。当然,如果水手因醉酒或斗殴而丧失行为能力,船长不负任何责任"。[⑥]

(二)海事司法管辖权中的船员保护

根据相关资料,商人、海员和其他利益相关人,很乐意求助海事法庭来保护他们的权利。[⑦] 船员在中世纪的这些权利并没有随着时空的转换而消失,而是一直延展到北美殖民地时期。[⑧] 在对船员提供保护方面,海事法庭具有普通法法院无法比拟的优势,其优势在于,海员可以在海事法庭提起集体诉讼,[⑨]此类案件频繁

---

① The Rules of Oleron 有不同的英文翻译,有译作奥内隆法典的,有译作奥列隆惯例集的,不管作何种翻译,其指向是一致的。

② 参见王彦:《奥列隆惯例集》,载《中国海商法研究》2016年第3期。

③ 同上。

④ 同上。

⑤ 同上。

⑥ 同上。

⑦ See Matthew P. Harrington, *The Legacy of the Colonial Vice-Admiralty Courts* (*Part I*), 26 J. Mar. L. & Com 582(1995).

⑧ See David R. Owen & Michael C. Tolley, *Courts of Admiralty in Colonial America, the Maryland Experience, 1634 – 1776*, Carolina Academic Press, 1995, p. 11.

⑨ See A. Browne, *A Compendious View of the Civil Law and of the Law of Admiralty*, London J. Butterworth, 1802, p. 155.

出现在马里兰殖民地的海事法庭上。此外，船员也从海事法庭便捷的审判和对物诉讼中受益。当船舶及其销售所得不足以满足所有诉求时，船员在分配上享有优先偿付的权利。① 在海事法庭中，理智和效率最佳结合的范例在于"运费是工资之母"的实践惯例，以及将运费和工资放在同一个诉讼程序中进行判决的法庭实践，至于案件到底是如何发生的，常常在所不问。②

从今天的视角来看，以上规定显然在一定程度上侵犯了货主的权利（虽然其拖欠货款），但我们仍能从中看到，传统海事法庭对船员给予的关怀。当然，船员的权利是以其义务为条件的，船员让渡了一定的自由。即便是在充满自由精神的古老法典中，我们都可以看到类似的规定，当船员有弃船风险时，船主可以暂扣船员的工资，直到航次结束。③ 由于18世纪海盗的猖獗，禁止船长向船员支付超过一半的工资，扣留部分甚至全部工资成为很常见的事情。在某些情况下，船员甚至超过两年没有领取到工资。④ 这样的情况潜藏着道德风险，成为船主驱逐船员侵吞船员工资的一个手段。因此，在研究海事法庭对船员的保护时，不可不察当时严酷的情况。

第二节　新世界中的交锋：重商主义时代下的管辖权历程

一、国旗跟着商业走：北美殖民地海事司法管辖权的初生

（一）殖民地海事司法管辖权的黎明时代

在1340年至1357年间，英国出现海事法庭。⑤ 由于和自身国家利益密切相

① See David R. Owen & Michael C. Tolley, *Courts of Admiralty in Colonial America, the Maryland Experience, 1634 – 1776*, Carolina Academic Press, 1995, p. 3.

② 例如，当乔纳斯·卡特与威廉号和约翰号的其他水手为了工资起诉他们的主人罗林斯船长，罗林斯声称，罗伯特·卢埃林依然欠着运费，所以没有足够的钱给海员。法院随后将卢埃林招来，并命令他从运费中支取255英镑给船员，通过这样的方式，罗林斯就能和船员们和解了。See George F. Steckley, *Instance Cases at Admiralty in 1657: A Court Packed Up with Sailors*, 7 J. Legal Hist. 68 (1986).

③ See Charles R. Clee, *Desertion and the Freedom of the Seaman*, 13 Int'l Lab. Rev. 649(1926).

④ Ibid.

⑤ See RG Marsden, *Select Pleas in the Court of Admiralty*, London Selden Society, Vol. 1. n 4, xiv (1894). 关于高等海事法庭建立的时间，存在有不同意见。有观点认为，马斯登博士的主张并没有强有力的依据，即海事法庭高等法院可以"相当肯定"地追溯到1340年至1357年的说法值得商榷。它当时已经存在（当然是在1357年），但似乎可以追溯到更早的时期。它肯定可以追溯到14世纪初（如果不是在12世纪末），芒福德士官（Serjeant Mutford）指出，它甚至可以追溯到12世纪早期。See Damien J. Cremean, *The Early History of Admiralty Jurisdiction*, 28 Austl. & N. Z. Mar. L. J. 16(2014).

关,海事法庭颇受国王重视,在潮汐所及水域之内,海事法官[①]成为"代表国王的司法官员"。[②] 海事法庭十分明晓自己的地位,急于挟王权之威开疆拓土,自然受到普通法法庭的敌视,纵观其随后的发展历程,可谓在王权的消长之中颠簸沉浮。[③] 但上述来自母国的海事法庭在什么时候延伸至北美殖民地,并没有统一的说法。比较明确的是,在捕鱼业及其他相关海上商业兴起的热潮之下,在国内捉襟见肘的海事法庭开始有机会在殖民地重树权威。海事法庭在殖民地的创生,与其说是权力的有意规划,不如说是自然演进的结果。人类的制度演进,很多时候并非基于理性的建构,而常常是由社会的一些人在生存欲求的推动下无意识达成的。其中的缘由不难推测,因为他们在行将窒息的生存中呼吸到了全新的空气,在蛮荒的自由之地上看到了挣脱命运枷锁的好机会。附属海事法庭虽然从本质上并非新事物,但它毕竟带着不羁的海洋气质,它凭商业而生,因漂流四海的生意人而成。[④]

17 世纪的人们在谈及北美殖民地话题时,总是谈到附属海事法庭。其中,理查德惠特伯恩爵士提及一个于 17 世纪初期建立在纽芬兰的海事法庭。[⑤] 一名叫乔治的作家则记叙了一位于 1622 年驻扎在北美海岸的副海军上将。17 世纪上半叶,大量移民的涌入让殖民地开始变得欣欣向荣,母国的法律和制度理念也随同移民一道来到百废待兴的新大陆。尽管新环境或个人意愿在新定居点的制度发展中至为关键,但英格兰的法律及其宪法依然是其基础。[⑥] 在一个新生的聚合体之中,司法是必要的,但往往是粗鲁和初步的。马斯洛的需求理论同样适用于初来殖民地的人们,在可以饱腹之前,法律的精致性自然不是主要追求,以至于当时

---

① 早期是海军上将,但在其行政职能之外在事实上承担着海上司法的职责。这一时期,其刑事管辖权包括海盗行为以及在公海和"河流靠海的第一座桥下面"的船只上的谋杀和故意杀伤罪行。

② See Theodore F. T. Plucknett, *A Concise History of the Common Law*, Little, Brown. 1956, p. 661.

③ 在王权最为强大的都铎王朝时代,海事法庭的管辖权范围最大,包括租船合同,因疏忽而造成的货物损坏,在国外签订的合同、汇票、保险,共同海损,运费、货物不交付、航行过失,以及违反适航性保证等行为,这是其他时代的海事法庭望尘莫及的。

④ See Sally Engle Merry, *Colonial Law and Its Uncertainties*, 28 Law & Hist. Rev. 1067(2010).

⑤ 这显然指的是 1615 年于纽芬兰成立的附属海事法庭,这是当时作为专利权人的渔业商人为维护垄断权益和解决纠纷谋求建立的海事法庭。值得注意的是,该法庭设置了陪审团。See Steven L. Snell, *Courts of Admiralty and the Common Law*, Origins of the American Experiment in Concurrent Jurisdiction, Carolina Academic Press, 2007, p. 132.

⑥ See Helen J. Crump, *Colonial Admiralty Jurisdiction in the Seventeenth Century*, Longmans, Green and Company, 1931, p. 24.

的法律呈现出粗放型的特点。新大陆的早期移民很快在母国法律基础之上,营建出初步的秩序。专门海事法庭是海商事发展到一定高级阶段的产物,显然超出了这些新移民的需求范畴,在殖民地商业和陆上并无明显技术性区分的情况之下,专门海事法庭亦无必要。总之,在早期殖民者看来,在海事案件的解决方面,普通法庭(通常是国会)就已足够,专门海事法庭并非第一位考虑。①

创建海事法庭的动力主要来自地主阶级、商人和船长阶层的勇敢先驱者。他们早早就在伊丽莎白时期的海洋探险中赚足了经验,获得特许状,在其授权范围内组织政府和行使管辖权,并借此获得控制种植园的贸易和渔业的权利。这是斯图亚特王朝和荷兰联合省在北海渔业上进行激烈竞争的时代。作为人们最喜欢的投机活动,北大西洋渔业已经被几个国家的船只频繁光顾,人们对捕鱼权和海洋以及陆地的管辖权产生了极大的兴趣。在这些权力授予中,人们开始尝试在殖民地建立附属海事法庭,因为只有一个管理海洋的法庭才能有效保护捕鱼权和开展贸易垄断。这些投机者很可能非常熟悉英国海岸上的海军中将,他们对海事法庭之于商业发展的工具意义有深刻的认知,个别人甚至有特别的经验。如费迪南多乔治爵士曾与南德文郡和康沃尔郡的副海军将领合作,而且他自己也可能行使过副海军中将的权力。费迪南多乔治爵士对北美的殖民事业颇有兴趣,并曾协助制定 1619 年宪章,其中包含海事司法管辖权的授予。总之,这些人试图在种植园里设立附属海事法庭,以加强对贸易和渔业的垄断,这是殖民地附属海事法庭创建的最早动力源。②

(二)殖民地海事司法管辖权的探索

正是在以上动力的激发下,纽芬兰于 1615 年开始设立附属海事法庭的最早尝试,这个法庭设立的目的是解决当地渔民之间的争端,尽管它也被看作殖民地垄断贸易的保护者。③ 但毁灭的力量随之而来,英国本土西部港口的船队在纽芬兰附近海域捕鱼上百年,自然不能容忍新的闯入者。三年之后,西部港口联盟向国会递交了一份请愿书,抱怨纽芬兰附属海事法庭的活动。通过更进一步的努力,西部港口联盟迫使国会支持其权力诉求,剥夺了纽芬兰附属海事法庭在渔业

---

① See Steven L. Snell, *Courts of Admiralty and the Common Law*, Origins of the American Experiment in Concurrent Jurisdiction, Carolina Academic Press, 2007, p. 129.

② See Helen J. Crump, *Colonial Admiralty Jurisdiction in the Seventeenth Century*, Green and Company, 1931, p. 27.

③ See Matthew P. Harrington, *The Legacy of the Colonial Vice-Admiralty Courts (Part I)*, 26 J. Mar. L. & Com 589(1995).

生产活动方面的管辖权。1635 年,约翰·梅森(John Mason)被任命为新英格兰地区的海军上将,再一次开启了建立附属海事法庭的征程,但其去世后迫使这一计划搁浅,17 世纪 40 年代的英国内战彻底终结了该计划的生命。在 1639 年在马里兰殖民地,领主曾经向殖民地国会提交建立专门海事法庭的议案,但未获通过。之后,殖民地国会赋予殖民地普通法院以相关海事案件的管辖权,并于 1643 年审理了第一件海事案件。①

当然,问题并非如此简单,与其说内战是海事法庭的刽子手,不如说是海事法庭的催生者。内战似乎吸引了一切,殖民地渔业和商业抽离了贪婪的权力之手,反而越发兴盛。如前文所述,新大陆的早期开发者限于经验和水平,尚不能深刻意识专门海事法庭的意义,根据在母国的历史经验,加之受压迫者的放大想象,或许建立起来的只是作为压迫机器的专制堡垒。显然,这不代表在新大陆之上没有海事司法管辖权。只不过是普通法院为了履行相应的职能。例如,在马萨诸塞,海事案件由普通法法庭根据普通法规则进行审理,疑难复杂案件则由负责审查宣誓证人证言的委员会提交仲裁。涉及外国人的案件通常适用陪审团,并由州长和两名法官审理。在纽约,海事案件管辖权通常属于市长法庭。② 参差多态的海事司法管辖权,在事实上承担了保障海商事的职能。

随着时间的推移,殖民者和英国国内关于附属海事法庭的立场开始转变,这在一定程度上与查理二世在 1660 年的复辟有关,但根本在于海商贸易发展以及 17 世纪兴起的重商主义思潮。③ 1650 年,普通法法庭应对海事案件时的捉襟见肘促使马萨诸塞综合法庭意识到制定海事法典的必要性。④ 英国朝野对北美殖民地的战略价值有了更深刻的认知。正是基于这种考虑,1651 年《航海条例》(The Navigation Acts)出台。该条例将北美殖民地完全置于英国的利益之下,企图通过禁止在北美发展大部分制造业,并要求外国进口商品通过英国港口转运的方式牢固控制殖民地的经济命脉。但此条例的执行效果大可存疑,在实践中存在大量逃

---

① 专门的海事法庭直到 1694 年才建立起来,这个时候马里兰殖民地已经从业主殖民地转变为皇家殖民地。See Steven L. Snell, *Courts of Admiralty and the Common Law*, Origins of the American Experiment in Concurrent Jurisdiction, Carolina Academic Press, 2007, p. 132.

② See R. Morris, *Select Cases of the Mayor's Court of New York, 1674 – 1784*, American Historical Association, 1935, p. 566 – 736.

③ 在英国内战期间,波士顿已经跃变为繁荣的港口城市,与帝国的各个港口均有贸易往来。

④ 该法典未如愿制定,于 1668 年第二次制定时方告成功。

避关税的情形。在此期间，殖民地纷纷推出自己的海商制定法。[①] 以马萨诸塞州为例，在 1668 年，其在经历 1650 年第一次挫败后，终于制定了第一部海事法典。[②]

随着海商业的发展，海事案件越发专业化，马萨诸塞州殖民地综合法院逐渐将海事案件交付给特别法院，其中“助理法院”把自己定位为“海事法院”。在大多数情况下，海事法院都没有陪审团，他们运用一般海事法、1668 年海事法典以及关于它所决定的问题的常识进行审理。“海事法院”审理船员工资、造船合同、船舶买卖合同，以及违反租船合同相关的案件，所有这些在英国均不属于海事法庭管辖的案件。[③] 在是否使用陪审团方面，除违反《航海条例》案件外，一般适用陪审团。1692 年，在马萨诸塞州，人们对海事法庭流露出强烈的抵抗情绪，这种情绪受两种力量的支持，一是对安德罗和达德利时代严苛统治的回忆，二是英国抵抗作为特权法庭的海事法庭侵蚀普通法庭的历史传统。在这种情况下，普通法法院顺势成为老“海事法庭”相关管辖权的自然继承者。由此可见，在所有殖民地之中，马萨诸塞州海事法庭最为弱势。

专门的法庭也逐渐零星建立了起来。1674 年，马萨诸塞州综合法庭逐渐将海事案件交付给特别法庭审理，[④]其中包括把自己定位为“海事法庭”的“助理法庭”。[⑤] 1684 年，在宾夕法尼亚殖民地，殖民地国会授权在紧急案件中可以启用海事法庭。1689 年，纽约殖民地总督委任了海事法官。如果以上属于各殖民地的零星举动的话，为专门海事法庭立下奠基之功的当属爱德华 · 伦道夫（Edward

---

① 殖民地制定法十分丰富，据说仅纽约国会立法在 1776 年已经填满了 5 卷。See Robert A. Emery, *What Happened to Colonial Statutes: New York as an Example*, 25 Legal Reference Services Q. 129(2006).

② 制定该法典是一项高度技术性的工作，涵盖了船主、商人、船长、海员和船只之间的各种关系。这个法典主要参考了杰拉德马林斯的《商事法》，该书于 1622 年首次在伦敦出版，本书关于汉萨城镇法的介绍成为法典条款的重要来源。

③ 在这里，存在“名”与“实”的问题，因为辅助法院没有海事法庭之名，却行海事法庭之实。然而在英国，这些案件属于普通法庭管辖，这是否就说明，在审理这类案子的情况下，普通法庭实质是海事法庭呢，抑或有无陪审团是两者最重要的区别。考虑到在殖民地期间的一些例外，可见附属海事法庭的复杂性。

④ 法庭在大多数情况下都没有陪审团，主要运用一般海事法、1668 年海事法典以及一般常识作为裁判依据。这个“实质上的海事法庭”主要审理船员工资、造船合同、船舶买卖合同以及违反租船合同案件，所有这些案件在英国不属于海事法庭管辖的管辖范围，一般不适用陪审团，但是在《航海条例》案件中，却存在陪审团的适用，这刺激了英国寻求新的手段保障《航海条例》的实施，也成了海事法庭发展的契机。

⑤ See D. Owen & M. Tolley, *Courts of Admiralty in Colonial America: The Maryland Experience 1634 – 1776*, American Journal of Legal History, Volume 40, Issue 3, 1995, Foreword xii.

Randolph)。作为航海条例的坚定支持者,在陪审团面前遭受过许多挫折的爱德华·伦道夫不无悲哀地确信,在殖民地普通法法庭上,航海条例是不可能得到真正执行的。[①] 为了寻求破解之道,其对策是再一次建立曾经引发不满风潮的马萨诸塞州皇家海事法庭。

与之相对应,无王时期的国会接管了对殖民地的管辖权,并自1651年开始出台了一系列航海条例,[②]这些条例是英国本位的,将殖民地作为其附属性销售市场。[③] 其中1696年的新贸易条例规定了全新的规制条款。该条例规定,违反贸易条例的行为可以"在任何国王设在威斯敏斯特的法庭、在爱尔兰的法庭或设置在殖民地种植园的皇家海事法庭审理"。该条款确立了北美殖民地附属海事法庭存在的合法性基础。爱德华·伦道夫显然以此为依据,为自己的海事法庭系统设想背书。最终,他圆满完成了计划。于是,作为王室代表的专门海事法庭正式出现在新大陆之上。

这与英国的做法截然不同。在英国,违反贸易条例的行为的管辖权专属于配备陪审团的财税法院。事实上,在早些时候,在马萨诸塞州,正如我们所见,在"海事法庭"中审理的一些违法行为适用陪审团。1696年的新贸易条例的新条款意味着,如果殖民地建有海事法庭,那么所有这些案件都可以在海事法庭审理。尽管殖民地总督通常被委任为海军中将,并有权设立附属海事法庭,但迄今为止,这些权力的行使一直寥落。爱德华·伦道夫通过一个新的海事法庭系统来满足1696年的新贸易条例所创造的机会,该系统涵盖了所有在美洲的英国财产,将在王室的权力授予下由皇家海军大臣们建立。

殖民地海事法庭对捕获案件的管辖权未必是其背负恶名的最大理由,其在殖民地的出现似乎有些被动和偶然。殖民地早期的捕获活动并不是一种海事事业。所有在战争中获得的捕获品都应该被带到英格兰,在高等法院进行审判,但事实证明这是不可行的,甚至是危险的,在很多情况下几乎是不可能的,这个问题于1689年秋天就引起重视。最初的筹划是设立"报复法庭",但未付诸实施,也有一些建立海事法院的宣称,也未见相关的海事法庭记录佐证。海事法院第一次走向

---

① 参见靳匡宇:《明与暗的缠斗:北美殖民地时期的附属海事法庭》,载《大连海事大学学报(社会科学版)》2019年第1期。

② 事实上,在1621年国会就出台法令禁止弗吉尼亚的烟草出口到英国港口,主要基于防止抽逃关税的考虑。1624年国会为保护本土捕鲸行业禁止殖民地鲸鱼进口。

③ 也有不同看法,认为主要是和一些欧陆强国对抗的应急之举,事实上,考虑到当时重商主义甚嚣尘上的态势,这种不同看法不具有说服力。

台前是在 1702 年西班牙战争时期,安妮女王任命其配偶乔治王子为英国海军上将。乔治王子曾经要求赋予其设立海事法院的权力,但未见授予的记录。

由此可见,很可能在 1708 年法案通过之前,殖民地捕获案件的管辖权都是在没有得到英国特别授权的情况下行使的。无论是乔治王子还是英格兰当局,都不太了解情况,他们更关心的不是审判的地点和使用的方法,而是对奖金、罚款和罚没物的处理。在这些案件之中,相对于案件在何处审理,女王和海事法庭更关心可以获取的份额。其间,海事法院备受困扰,据闻殖民地总督涉嫌侵吞挪用来自捕获品售卖的价款。虽然几家殖民地总督断然否认,但并非所有的殖民地总督都有道德上的自觉。①

二、穿越艰难时代:北美殖民地海事司法管辖权的发展

在北美殖民地,海事司法管辖权并非面对单一的敌人,有两股力量包围在海事法庭周围,分别是业主殖民地和普通法法院。殖民地海事法庭在腹背受敌之时,既有斗争又有妥协,既有独立又有融入,可谓是“有艰难有洒脱”。

在英国,海事法庭经历了最早期的风光之后,开始遭受来自各方的无情碾压。一开始,这种敌意是海事法庭对民法的依赖的结果,后来受到攻击,是因为它与国王和特权政府紧密地联系在一起。② 当然,我们还可以举出更务实的理由,例如当时,英国所有法院的法官和官员的薪酬,主要依靠他们的额外津贴,这些都取决于他们的业务范围。③ 因此,在某种程度上,他们是彼此的竞争对手。这种困境同样存在于北美殖民地。此外,在北美殖民地,海事法庭管辖财税案件,在此类案件中没有陪审团,不同于英国本土的财税法庭,这种看似双重标准的做法导致许多殖民者抱怨被剥夺了“英国人的权利”,更是催生了许多义愤填膺的反对者。

在 18 世纪,对陪审团在没收行为上的抱怨变得普遍起来。④ 其结果是,殖民地海事法庭成为殖民英国人关于权利和自由广泛辩论的中心。大约在 18 世纪早期,海事法庭管辖权和实践构成了许多关于英国统治的抱怨的主题。更重要的

---

① See Dorothy S. , Editor Towle, *Records of the Vice-Admiralty Court of Rhode Island, 1716 - 1752*, The American Historical Association, 1936, p. 35 - 37.

② See Matthew P. Harrington, *The Legacy of the Colonial Vice-Admiralty Courts* (*Part Ⅰ*), 26 J. Mar. L. & Com 581(1995).

③ See Theophilus Parsons, *Treaties on Maritime Law*, Little Brown, 1859, p. 507.

④ See L. Kinvin Wroth, *The Massachusetts Vice Admiralty Court and the Federal Admiralty Jurisdiction*, 6 Am. J. Legal Hist. 257(1962).

是,许多敦促殖民地反抗的人将海事法庭塑造成英国国王压迫人民的一个鲜活例证。当时的著名人物约翰亚当斯、斯蒂芬霍普金斯和其他人甚至上纲上线,强烈抱怨说,在海事法庭上拒绝陪审团是对英国宪法的公然违反。由此可见,当时的海事法庭处境之艰难。

(一)和殖民地政府的冲突

海事法庭遍布整个帝国。按照最初的设置目标,他们只服务于一个目的,即解决商人和海员之间的争端。在法印战争结束时,共有 11 个海事法庭在英属北美殖民地运作。每个法庭都服务于某一地区。其中的一些海事法庭拥有几个殖民地辖区,而宾夕法尼亚是个少有的例外。这些法庭的运作与普通法庭不同。他们没有使用陪审团制度,法官听取了所有的证据和证词,就可以据此作出裁决。在殖民地历史的大部分时间里,这些法庭只被商业事务占据。法官是由当地居民任命的,薪酬由所服务殖民地的国库支付。在法印战争期间,他们的管辖范围扩大到对被英国扣押的敌船进行审判,并据此处置被扣押敌船的物品。当英国决定加强对贸易和航海法案的执行时,法庭的权力进一步扩大,包括强制执行海关和走私的刑事指控。

在许多情况下,海事法庭和普通法庭的管辖权是重叠的。海关官员和商人可以在他们认为最有利的地方采取行动。从被指控者的角度来看,这显然是不公正的。他们认为,缺乏陪审团的审判是对他们的"宪法"权利的侵犯。然而,在实践中,所有法官都是从当地人中选任出来的。1764 年,根据货币法的一项条款,在加拿大新斯科舍省的哈法斯市建立了一个"超级"的附属海事法庭。这个法庭从佛罗里达到纽芬兰有管辖权,法官直接从英格兰派来。新法庭并没有取代原有法庭的管辖权。更确切地说,这个法庭的功能在于,可以在官员们觉得地方法庭可能会对他们作出不利裁决的时候使用。

海事法庭奉行有罪推定的司法理念,在那个时代中,这似乎并无太多值得苛责之处。不难发现,殖民地附属海事法庭承担着众多司法行政功能,在自发实践中逐渐建立起一种广泛的司法权威,相对于其备受压制的母国兄弟法庭,其在殖民地辽阔天地中有着更多"海阔凭鱼跃"的自主性。它有着更少的制定法桎梏,主要依赖航运惯例和习惯常识,在僵硬的制定法面前,航运惯例是更灵活有力的武器。

殖民地是一个机会之地,人们普遍具备应对并热爱意外事件的能力,海事法庭也不例外,在许多新鲜事物上,殖民地附属海事法庭相对于其母国海事法庭有着更宽阔的视野,在许多事务上,他都要拥抱实践,以检验一下实力,随着事权的扩充，其地位也随之水涨船高。但这种后来者居上的进取姿态，是以业主殖民地的主权[①]和普通法法庭的失落为代价的，这使它不可避免地成为业主殖民地和普通法法庭的敌人。相对于其母国法庭在普通法法庭的压迫之下节节败退，殖民地海事法庭在其最大敌人业主殖民地面前也曾屡遭败绩。海事法庭在英国历史上是和王权捆绑在一起的，其颓势和宪治时代王权的式微密切相关。但是在大西洋另一边的殖民地，海事法庭更多地代表着王权的利益，这也是它一度风光无二的缘由。

在附属海事法庭和普通法法庭未曾激烈碰撞之时，其与殖民地政府的冲突就已经显现了。处理好和殖民地政府的关系，是殖民地附属海事法庭顺畅运行的前提。业主殖民地特许状中包含的司法权力授予条款让殖民地附属海事法庭的合法性地位产生动摇。这些权力授予是否包括海事司法管辖权，各方各执一词，莫衷一是。附属海事法庭自然倾向于提交给国王的法律官员来作决定。答案总是否定的，这显然为某些殖民地业主所不满。一些殖民地业主要求向他们的总督授予和皇家殖民地总督同样的权力，以在领地内设立附属海事法庭，然而这一要求也被拒绝了。[②] 维权不成之下，业主殖民地和公司特许殖民地开始绕开来自英国的权威，寻求自力救济，尽量将海事司法管辖权限制在可控的范围，以最大化自己的既得权力。

18 世纪前 25 年，激烈的冲突屡次发生，范围包括巴哈马、罗德岛，根据问题的性质变化各异，其中在宾夕法尼亚州的冲突尤其强烈。其中，只有康涅狄格州在它殖民生涯的大部分时间里得偿所愿，其他殖民地在经过一番痛苦挣扎之后，纷纷在其境内承认了皇家海事法庭的合法性。罗德岛处于波士顿附属海事法庭管辖之下，引起关注的是其殖民地在 1695 年通过并于 1704 年被王室禁止的海事法的有效性、州长发布官方私掠证的权利以及波士顿海事法庭执行官在殖民地担任海关船舶稽查员的资格。

在宾夕法尼亚州，争议在于附属海事法庭是否拥有在本州辖境之内水域管辖的权力，显然这属于“依法抗争”。宾夕法尼亚州企图限制附属海事法庭行使其管辖权的界限，他们指控附属海事法庭法官违反普通法的管辖权，在没有陪审团

---

① 北美殖民地最初建立时分 4 种类型：公司特许殖民地、业主殖民地、英王直辖殖民地与自治殖民地。在于海事法庭的碰撞中，业主殖民地属于斗争风暴的中心。

② See Dorothy S. , Editor Towle, *Records of the Vice-Admiralty Court of Rhode Island, 1716 – 1752*, The American Historical Association, 1936, p. 63.

的情况之下将不具备海事性质的案件付诸审判,并将可能出现的所有非法贸易案件提交普通法法庭。在这里,普通法法庭成为业主殖民地政府压制附属海事法庭的政治工具。当然,宾夕法尼亚州的争辩并不服人,反对的声音十分响亮。首席检察官爱德华·诺西(Edward Notsey)认为,宾夕法尼亚州没有权利建立自己的海事法庭,在该州水域上的捕获案件并没有侵犯殖民地业主的权利。

此外,在1728~1730年,在北卡罗来纳州也展开了两种司法管辖区之间的长期斗争,在此期间,类似25年前在宾夕法尼亚州的冲突,附属海事法庭和总督及首席法官的关系变得异常紧张。布灵顿总督在1731年公然宣布,在他上任伊始,发现本州的海事法庭几乎没有受到限制,他把各种各样的生意都拉到自己的手里,以一种非常特别的方式进行着,在人们中引起了"普遍的不满和骚动"。"法庭中的绅士们"自诩权威压过最高法庭。一个来自英国权威机构的调查,揭露了约瑟夫·莫顿法官拒绝业主法官的主张、无视普通法法庭的命令并剥夺殖民地人民普通法上天赋人权的劣迹。针对首席法官克里斯托弗·盖尔发布的一系列禁例,莫顿法官进行了针锋相对的反击,主张克里斯托弗·盖尔不是国王任命的法官,不具有限制海事法庭司法管辖的权力。① 可以想见,莫顿法官处于一种尴尬的境地之中。

更为夸张的是,在一起案件中,执行官在执行波特法官的命令时遭到了船长的反对。他威胁说,如果执行官上船,他就会开枪。② 在伊登顿,反对波特的呼声非常强烈,以至于在1月7日,有人要谋杀他的传闻甚嚣尘上。为了安全起见,波特"在其法官座位上竖起了模拟人像",③可见当时矛盾之激烈,环境之凶险。显然,上述事例话语中潜藏着偏见,这与美国历史学家对附属海事法庭的叙述立场有很大关系。宾夕法尼亚州罗伯特·托利法官、北卡罗来纳州爱德蒙·波特法官、南卡罗来纳州的约瑟夫·莫顿法官和巴哈马群岛的托马斯·沃克法官都在这场殖民地大冲突中成为腹背受敌的角色。

---

① 相关的冲突案例之一:1726年6月18日,北卡罗来纳州医药从业者乔治艾伦因为从维吉尼亚州进口的一箱药品损坏,在海事法庭对"萨拉和玛丽"船船主塞缪尔·诺西提起诉讼。首席大法官盖尔发出禁令,以损害并非发生海上为由否定海事法庭的管辖权。法官埃德蒙波特接到传票后,在休庭两小时之后,命令审判继续进行,尽管有禁令,塞缪尔·诺西依然被判有罪,并被判处支付赔偿金。塞缪尔·诺西拒绝付款,法庭下令执行官扣押这艘船,并于1728年10月执行终结。

② 波特法官没有屈服,下令逮捕该船长,并关进监狱。

③ See Dorothy S., Editor Towle, *Records of the Vice-Admiralty Court of Rhode Island, 1716 - 1752*, The American Historical Association, 1936, p. 65.

(二)和普通法法庭的冲突

相对于殖民地政府,普通法法庭是附属海事法庭更加难以忽视的挑战者。我们在揭示其激烈碰撞之前,需要考察下其早期的携手共进。18 世纪早期的国会法案并未完全将 1696 年法案晦涩难懂的弊端根除,但也不无妥协举措,亦即赋予了附属海事法庭和殖民地普通法法庭对相关事项的并行管辖权。一般认为,在 1704 年之后,违反贸易法案的行为在普通法庭审理,还是在海事法庭审理,是可以选择的行为。在殖民时期,虽然其程度难以确知,但并行管辖权成为一种现实的存在,普通法法庭审判中也处理了一些并行管辖权事项,尽管为什么这样做不得而知,但可以断定,两种法庭在某种程度上存在合作关系。① 根据既有资料,并行管辖深入人心,极少受到被告的质疑。②

看似风平浪静的新大陆,实际上暴风雨即将来临。肇因似乎在于,英国国会授予美国附属海事法庭管辖权的范围和新颖性③使其与普通法法庭的受众渐渐缩减。除我们通常所理解的权力褊狭之外,很大程度上是由于权力边界的模糊性和不确定性。在 1696 年法案通过六年之后,贸易委员会也不得不询问新的海事法庭是否确实拥有比"在英格兰允许或通常行使"更广泛的权力,以及内河上航行船只的审判是在附属海事法庭还是在海事法庭一类的问题。④ 作为权力中枢的贸易委员会都不知道这些问题的答案,就很难期望殖民地中的任何一个人可以作出更好的判断。⑤ 除了界限不清导致的权利冲突,新大陆人民源自母国的权利信念,对天赋人权的追求,对欧陆法律及其法庭的隔阂,共同构成了两种法庭冲突

---

① 这种合作体现在,在(起诉人认为)存在并行管辖权的情况之下,法官通常主动将明显不属于自己管辖范围的案件移交给普通法法庭。如当一个水手控告船长或大副虐待时,船主控告船长非法占有船舶时,都被告知他必须以普通法的方式起诉这艘船的收益。当然,是否有效的合作大可存疑,在一部分海事案件中,被告在审判开始时总是提出管辖权问题,但常常被法官驳回,暂时看不到支持的案例,除了在马里兰州的一个案件中,法官支持了被告的请求,但理由却是只有在纽约的附属海事法庭才可以审理。所以,从普通法法庭的角度看,诉讼中的这种合作在很大程度上是一个形式的问题。See Dorothy S. , Editor Towle, *Records of the Vice-Admiralty Court of Rhode Island, 1716 – 1752*, The American Historical Association,1936, p. 68.

② See Dorothy S. , Editor Towle, *Records of the Vice-Admiralty Court of Rhode Island, 1716 – 1752*, The American Historical Association,1936,p. 66.

③ 在这一点上,与英国本土的冲突不同,在英国普通法法庭和海事法庭之间的冲突实质上是王权和国会之争,在美国缺少这一背景,所以烈度相对英国要舒缓得多。

④ See Dorothy S. , Editor Towle, *Records of the Vice-Admiralty Court of Rhode Island, 1716 – 1752*, The American Historical Association,1936,p. 66.

⑤ Ibid.

的心理动因。在美国宪法海事司法条款制定之前,英国著名法学家布莱克斯通的普通法著作《英国法释义》已经在美国印行,[①]在殖民地十分畅销,普通法观念已经深入殖民地民众心中。

1705 年至 1706 年,海事法庭和普通法庭之间的碰撞正式开始。两种法庭在渔业争议及漂流鲸鱼管辖权方面存在不同观点。普通法庭对上述案件的管辖权由来已久。发生于 18 世纪初期的一个鲸鱼所有权归属案件突出反映了普通法法庭和海事法庭之间的势不两立。在 1710 年,当一只漂流鲸漂移到巴恩斯特布尔海滩上时,海事法庭法官拜菲尔德当即命令副法官约翰奥蒂斯在波士顿附属海事法庭处理此事。显然,他认为这个问题非常重要,并准备与之斗争,但普通法法庭并没有考虑退让。于是上级法院的法官立即向巴恩斯特布尔县的治安官发出禁令,暂停了海事法庭的相关诉讼,并要求在 3 月最后一个星期二在普利茅斯举行的上级法院会议上归还令状。拜菲尔德去了距离 50 英里的普利茅斯,并亲自提出了他的答辩,以维护海事法院的管辖权。当然,这样做可能弊大于利,而对于上级法院法官来说,其觉得兹事体大,需要时间考虑双方的请求,于是推迟了听讯进程。一年,然后又一年,拜菲尔德充分感受到普通法程序的乏味,以及普通法对王室陛下财物所造成的侮辱和损害。

在风雨飘摇的时代背景之下,附属海事法庭竭力争先,却惜不如愿,在两个法庭之间的第一次会遇中以落败告终。[②] 普通法法庭确立了自己的优越地位,尤其是经过 1725 年的罗宾逊案后,权势可谓如日中天。罗宾逊案涉及一起海上捕获案件。1726 年 1 月 25 日,在海事法庭决定对相关被扣押的财产分发之时,上诉法官签发令状,开始是暂时禁止令状,进而是永久禁止令状,终结了财产分发进程。海事法庭自然难以服命,遂向高等法庭提起申诉。高等法庭彭里斯在其报告中提出了倾向于海事法庭的意见,他认为上诉法庭在本案中并不具有开出禁止令状的权力,并进一步提请枢密院处断,最终由其理事会中上诉委员会办理,可惜并没有相关的明确结论留存下来。

在案件的审理过程中,孟席斯对普通法法庭的专横颇为不平,并发布了一些责备的言论,他说:“在这个国家,要让一个陪审团完成国王正义的审判是不可能的。”[③]

---

① 参见何勤华等:《法律移植论》,北京大学出版社 2008 年版,第 59 页。

② See Dorothy S. , Editor Towle, *Records of the Vice-Admiralty Court of Rhode Island, 1716 – 1752*, The American Historical Association,1936, p. 71 – 73.

③ Ibid.

总检察长约克似乎不以为然，在听闻了前者的批评之后，他在报告中说，因为不能期望任何陪审团会定罪船只，而回报老英格兰。海关官员也不愿进行扣押，因为这显然要由陪审团定罪。[①] 站在普通法法庭一边的英国众议院议员自然不肯善罢甘休，他们抨击道，“这是一种不公正的，可耻的反思，是对忠实的英国臣民卑鄙和有害的歪曲”。[②] 孟席斯的结局也颇为耐人寻味，他因此失去了国会席位，却因为对海事司法管辖权的贡献被授予了一笔养老金。[③] 笔者认为，这恰恰说明两种法庭的力量之对峙。

值得注意的是，彭莱斯对殖民地形势的判断也让人印象深刻。他指出，普通法庭法官们利用海事法庭的困境作为自己的优势，此处困境指的是海事法庭法官收入如此之低，以至于几乎不够让一个人“离开监狱”。[④] 他还说，“普通法庭企图用禁止令状将海事法庭用力折断，好像要下定决心让其完全沉没，所幸海事法庭的快速和高效足以让自己保持在漂浮状态，但是却难以修复自己，找回昔日的荣光”。[⑤] 或许彭莱斯的言论太过悲观，但确定的是，作为王冠的护卫者是出力不讨好的事情。彭莱斯并不祈求海事法庭的境遇能够得到改进，就像过去不曾办到一样。但还是建议总督能够保障海事法庭的管辖权。但是总督回复说，如果取消了上级普通法庭的禁止令状发布权，就相当于取消了普通法庭的管辖权，这是要不得的。如果海事法庭觉得自己受到了侵犯，完全可以在国内申诉。这似乎是海事法庭的至暗时刻，但下一刻会不会是光明时代呢？

在斗争的旋涡之中，附属海事法庭也有着强大的支持力量，其境遇胜于母国的兄弟法庭。首先是国会法案的决定性影响，利用海事法庭执行航海条例的机遇；其次是王室检察官的推波助澜；再次是被委任状赋予的法官权威；最后是海关官员对殖民地陪审团极大的不信任。以上诸种因素联合加强了附属海事法庭的地位，赋予了它令行禁止的气概，并安然度过云诡波谲的殖民地时期。当然附属海事法庭的地位是经过长期的斗争争取到的。普通法法庭有很多追随者，后来曾

---

① 事实上，不但陪审团在定罪上不甚积极，一般的捕获人也并非总是汲汲于此，执行航行法案时产生的许多问题都源于这样一个事实，即英国王室在传统上依赖于一个告密系统。告密者会得到奖励，他们会和国王分享捕获带来罚款。为了激发海关官员的热情，甚至将其待遇和罚款挂钩。然而，普遍存在的事实是，告密者通常要么不起诉，要么漫不经心。

② See Dorothy S. , Editor Towle, *Records of the Vice-Admiralty Court of Rhode Island, 1716 - 1752*, The American Historical Association, 1936, p. 74.

③ Ibid.

④ Ibid.

⑤ Ibid.

担任海事法庭法官的罗杰在1699年热烈地呼吁,在海事法庭中也应该适用陪审团,针对部分发生在海上部分发生在河上的案件,普通法庭具有管辖权,并激烈反对海事法庭对陆上以及可眺望对岸的河流的管辖权。以至于其后来接替的宾州托利前法官对他的任命深恶痛绝,并表达自己的不可思议之情,认为他不值得这一位置。当然罗杰法官并非没有对海事法庭的辩护之词,他同意在某些特定情况下,规则可以作宽松的解释,他认为,一旦案子经过海事法庭审理,无论在程序或实体上多么错误,普通法法庭都无权予以纠正,这种改判权专属于英国上诉法庭。

1720年左右,一名叫理查德韦斯特的普通法律师认为,法庭之间管辖权冲突唯一的补救办法在于通过国会法案限制海事司法管辖权的行使范围。① 当然,这并没有真正发生。殖民地海事法庭的状况引起人们对其履职能力的怀疑,有识之士们寻求各方包括国会有力举措的推出。但多年过去,似乎进展不大,以至于人们逐渐接受了现实。1763年,迫于快速转变的财政条件,国会开始尝试有所作为。当时的北美殖民地暗流涌动,形同弃儿。母国的枢密院惑于时势,威风不在,财政部门和海事法庭效率低下,对诸种事务漠不关心,贸易委员会缺少权威,财政状况不佳,国会对殖民地不感兴趣。② 似乎一丝风吹草动对政府来说都是一种或可致命的挑战,③人们好像都对时势洞若观火,但是却看不到任何建设性努力,其根源在于一个固执的信念:先例是不宜改变的。尚堪乐观的是,危机常常孕育着机会。对于作为机会之地的北美新大陆,更是如此。新希望就在前方,只是时人看不清罢了。

三、在中心和边缘之间:北美殖民地海事司法管辖权的离心倾向

和一般的主权区域不同,北美殖民地在事实上有着特殊的地位。即便当时的英国将北美视为自己主权的延伸,但去国万里的君主更多地止于概念的层次上,这显然让殖民地人民感觉隔阂。北美殖民地和英帝国关于主权的理论和实践具有不同的阐释,二者之间的纠纷属于殖民地自治政府和"不在家的家长"的管辖权之争,可以用地方自治和宗主国中央集权加以区别。④ 难以想象,在这种特殊

---

① See Dorothy S., Editor Towle, *Records of the Vice-Admiralty Court of Rhode Island, 1716 – 1752*, The American Historical Association, 1936, p. 68.

② Ibid.

③ 事实上,在一定程度上促成了美国革命的发生。

④ 参见[美]沃浓·路易·帕灵顿:《美国思想史(1620—1920)》,陈永国、李增译,吉林人民出版社2002年版,第161页。

的外部环境之下,还有机构能够完全保持其本色,而不受些许同化。惑于美国学界长期以来关于殖民地时期海事法庭的主流叙事,人们对海事法庭的刻板印象导致难以对其作出客观评价。海事法庭作为船员监护者的形象在有意无意中被遮蔽。公允而论,真实的附属海事法庭有着更为丰富的面相。

(一)延伸政治意志:色彩中立的代理人

1.海商业政策的忠实执行者

(1)重商主义时代的航海法案

北美殖民地时期是重商主义思想笼罩的时代。自现代经济思想诞生以来,重商主义就享有坏名声。人们看待重商主义就像现代化学家和物理学家看待炼金术一样。① 然而,如果置身于那个特殊的年代,不难发现,相对于经济效率,国家安全是更重要的考量。正是在这种背景之下,作为重商主义重要呈现形式的航海法案也被郑重推出,并进而影响到附属海事法庭在北美殖民地的实践。在北美殖民地,绝大部分经济活动在某种意义上和海相关,在波士顿、费城和纽约,有大约1/4的男性劳动力依靠海事活动维生。② 由于其在海商业案件中的专业性,涉及航海条例的案件被委之于附属海事法庭。在革命时期的殖民地,附属海事法庭在人们心目中扮演的是革命反派的角色。这种敌对情绪来自附属海事法庭拥有违反贸易法案行为的管辖权,并在没有陪审团的情况下进行审判,给人以"为虎作伥"的印象。③ 事实上,历史的真相更可能是,在捕获问题和常规海事实务方面,海事法庭是备受欢迎的法庭,没有任何真正的抱怨是针对附属海事法庭在裁决案件中的传统角色提出的。④ 但当人们的目光转向违反航海法案的案件时,好感顿然消失无踪。回肠荡气的独立宣言发出了对海事法庭最有感染力的指控。该指控剑指附属海事法庭,指责相关法令将个人送到遥远的土地上接受无陪审团的审判。

(2)航海法案与附属海事法庭

指摘固然发人深思,却有未能找准靶向之嫌。事实上,航海条例对商人不仅无害,而且有利,根据一位殖民地研究者的观察,殖民地商人之所以对附属海事法

---

① See Steven L. Snell, *Courts of Admiralty and the Common Law*, *Origins of the American Experiment in Concurrent Jurisdiction*, Carolina Academic Press, 2007, p. 137.

② Ibid., p. 129.

③ See Erwin C. Surrency, *Courts in the American Colonies*, 11 Am. J. Legal Hist. 347 (1967).

④ See Matthew P. Harrington, *The Legacy of the Colonial Vice-Admiralty Courts* (*Part Ⅱ*), 27 J. Mar. L. & Com, 1996, p. 338.

庭抱有复杂的情感,更多地应该从经济以外的因素考量。这虽然难以为心怀经济决定一切理念的人们所理解,但那时候的殖民地商人确实更信奉自由贸易的价值。虽然航海条例在事实上给予了他们一定的垄断地位,但他们认为,与西印度群岛的贸易是自由贸易之要求。为什么商人轻利而好义呢?一个大胆的解释是,当时普通法法庭和海事法庭之间的争斗实质上是普通法和制定法在美国的斗争。[①] 而只有普通法才能为这片充满希望的新大陆带来自由的空气,这也是那些商人们所信奉的。此外,有论者通过研究表明,航海法案执行案件在殖民地海事法庭中占比并不高,船员工资案件才是附属海事法庭中的荦荦大者。[②] 综上可以得出结论,海事法庭的政治性有被人为夸大的嫌疑。

2. 附属海事法庭的弱政治色彩

(1)作为纠纷解决者的附属海事法庭

殖民地海事诉讼伴随海商业的发展而生,据说著名的"五月花"号船就曾在1626年卷入了一件关于鲸鱼的争端。[③] 该案件在伦敦审理,随着案件的增多,将案件送往伦敦在时间和经济上并不合理,地方法庭的建立成为应时之需。附属海事法庭的建立正是基于解决海商事发展相应争端的需要。[④] 殖民地上的许多涉海事务,自然属海事法庭管辖。但最早的海事法庭处理的是一般海商事案件,随后是捕获案件,[⑤]航海条例案件还在其后。为什么赋予海事法庭在殖民地的相应权力?基于不同的立场,有着不同的说辞。和独立宣言中的义愤言辞对立,塞缪尔·约翰逊在其小册子《税收无暴政》中认为,"之所以将权力赋予海事法庭并将权威加诸于海事法官,是法规执行的必要,是为了制止更大的恶"。[⑥] 事实上,无

---

① See John Doyleong, *The Nature and Significance of the Conflict between Common Law and Vice Admiralty Courts in Massachusetts 1705 – 1730*, Presented in Partial Fulfillment of the Requirements for the Degree Master of Arts, 1954.

② See Steven L. Snell, *Courts of Admiralty and the Common Law, Origins of the American Experiment in Concurrent Jurisdiction*, Carolina Academic Press, 2007, p. 152.

③ See R. G. Marsden, *The High Court of Admiralty in Relation to National History, Commerce, and the Colonisation of America—A. D. 1550 – 1650*, 16 Transactions of the Royal Historical Society 69 (1902). 由于殖民地相关政府机构的缺乏,上述案件只能在伦敦进行审理。

④ 航海条例被后世的研究者赋予了浓重的政治色彩,这未必符合当时的情景。事实上,航海条例是当时重商主义下的自然产物,归根结底还是一种经济政策。

⑤ See Steven L. Snell, *Courts of Admiralty and the Common Law, Origins of the American Experiment in Concurrent Jurisdiction*, Carolina Academic Press, 2007, p. 129.

⑥ See Samuel Johnson, *Taxation no Tyranny: An Answer to the Resolutions and Address of the American Congress*, T. Cadell, 1775, p. 63.

论是殖民者还是掌权者,都并不关注附属海事法庭的政治意识形态,务实才是首要的关切。[①] 英国建立海事法庭除为促成海事私法的制定以及部分捕获案件的解决外,更多的是为了保证商业的顺利进行,而非通过扬此抑彼,制造敏感点去激发和政治对手的争斗。[②] 殖民地母国的关心在于,争端能否得到迅速解决。如果对英国的初心报以上述"同情之理解",就要承认其失策之处,他们似乎忘记了两个法庭在英国的仇怨,这种仇怨将会跨越大西洋,使"等闲平地起波澜"。

(2)航海条例与附属海事法庭

如上所述,航海条例的执行,并不损害殖民地商人的经济利益。美国经济史协会(Economic History Association)于 1995 年对 178 名会员进行了随机调查,89%的经济学家和历史学家普遍认为,"《航海法案》的贸易限制给(美国)殖民者带来的成本很小"。[③] 甚至在某些时候,海事法庭未必是航海条例的忠实执行者。和殖民地人们的情绪相反,英国本土许多人对附属海事法庭在航海法案方面的执行懈怠颇有微词。从他们的角度出发,忠实执行国会意志是附属海事法庭具备合法性的基础。但事实让他们大失所望。美国殖民者违反航海条例而不受惩罚的情况大量发生,人们似乎习惯于附属海事法庭在执行航海条例方面的形同虚设。[④] 殖民地犬牙交错的海岸并不利于案件的查处,即使偶有捕获,附属海事法庭在很多情况下让起诉者不能如愿。被告有种种办法可以逃避被追究,如通过普通法法庭的禁止令来终结海事法庭的行动。此外,商人也拥有事后救济的机会,如在违法查处的情形下,他们可以提起普通法诉讼。

(二)与中心的疏离:独特的殖民地面孔

1. 殖民地自由空气下的海事法庭

(1)孤悬海外的英国法庭

北美殖民地从起始缔造政治秩序时就将殖民地视为一片上帝恩典所赐的自由之地,一个美丽的新世界,可以在其上开始全新的自由政治实验。[⑤] 加之殖民

---

① See Steven L. Snell, *Courts of Admiralty and the Common Law, Origins of the American Experiment in Concurrent Jurisdiction*, Carolina Academic Press, 2007, p. 129.

② Ibid.

③ See Whaples & Robert, *Where Is There Consensus Among American Economic Historians? The Results of a Survey on Forty Propositions*, 55 the Journal of Economic History 139(1995).

④ See Thomas C. Barrow, *Trade and Empire: The British Customs Service in Colonial America, 1660 – 1775*, Cambridge: Harvard University Press, 1967, p. 62 – 63.

⑤ 参见柯岚、毕竟悦主编:《美国建国时期法政文献选编》,毕竟悦等编译,清华大学出版社 2016 年版,第 13 页。

地距离宗主国较远且英国秉持“有益的忽略”政策,海事司法管辖权的发展呈现出与母国的不同之处,其中之一表现为诉讼程序的偏移。至少从职责意义上,殖民地海事法庭执行着母国重要的政治使命,且要向枢密院或者高等海事法庭上诉。但是事实上,殖民地海事法庭在很多方面已经和母国的海事司法管辖权表现出明显的不同,且由于远隔重洋,上诉体制在大部分案件中处于虚置的状态。以捕获案件为例,对于英国律师而言,捕获法律是清楚明了的,相关的程序被认真地遵循,然而在殖民地附属海事法庭的背景之下,律师却不像母国的法庭一样谙熟母国的相关程序。

(2)海事法庭的粗糙形态

可以说,就整个殖民地而言,海事司法管辖权呈现出粗糙的特征,缺少完整的架构,远在英国的上诉管辖权很难对其达成有效的整合效果,导致殖民地附属海事法庭处于一种极端不统一的状态。直到独立战争前后的一段时期,法官们多由未接受专门训练的地方行政官组成,他们在立法的指导下,凭着自己的天赋和悟性主持审判活动,统一性都不具备坚实的基础。直到大多数殖民地都进行独立战争,对法官的训练才被认为是十分必要的整改而被列入议事日程①。一些法官被送往英国培训,这应该是殖民地整合程度不足的结果。这只是许多不同中的几个片段。殖民地附属海事法庭在统一性方面无疑处于一种放任的状态。由于英国政府采取“善意忽略”的政策,这种统一性和自治性的冲突在很大程度上被遮蔽。直到革命前夕,在相关国会法案的授权之下,殖民地海事法庭在费城、波士顿、哈利法特、查斯顿等地方建立了四个附属海事法庭,拥有海事案件的上诉管辖权,不必再向英国本土上诉,并在波士顿建立了一个类似于最高层级的殖民地商业委员会。一个完整的殖民地附属海事法庭架构终于建立起来了。但为时已晚,多年来的忽略和懒政导致英国在附属海事法庭上的政治化努力注定归于失败。

2. 殖民地海事法庭和母国的疏离

(1)较为宽松的管辖权规则

殖民地海事法庭具有相当的权宜性。在殖民地时期,一个特定的行为或某一事件是否发生在陆地上或水面上,是否发生在一州的界限之内,是一个复杂的问题。根据英国的先例,诉讼的一部分涉及海上事务,因此超出了附属海事法庭的管辖范围。但为了更好地满足诉讼当事人的需要,部分殖民地海事法庭经常撇开

① 参见[美]罗斯科·庞德:《普通法的精神》,唐前宏、廖湘文、高雪原译,法律出版社2001年版,第79页。

理查德二世法规[①]中的地理限制。[②] 例如,在一郡之内水域中,部分殖民地也有着不同于英国本土的做法,赋予海事法庭以管辖权。对殖民地商人而言,通行于英国本土的上述法规限制毫无意义,主体事项(subject matter)而非地点(locality)决定着管辖权。[③] 诚然,在殖民地和在英国一样,捕获案件中有针对利益相关方的告示或通知,但美国和牙买加海事法庭在其他诉讼程序方面差别甚大。具体而言,包括以下内容:首先,北美殖民地捕获者起诉的方式高度程式化,和普通法诉讼相差无几,并和非捕获私法类案件不存在区分,这和英国本土的实践显然有别。[④] 其次,另外一个和英国本土相比的更重大区别是,在殖民地的某些证据适用不受英国本土承认,在英国高等海事法院,根据相关的捕获法令,在捕获案件中被承认的证据仅仅是在被捕获船上发现的文件以及基于船上主要人员交叉询问的预审结果。[⑤] 正是因为实践操作中的显著区别,殖民地法庭接受的证据经常被英国高等法庭否定。

(2)殖民地的混合程序

在北美殖民地,大量案件由普通法法庭和海事法庭并行管辖。和今日诉讼当事人依据实体法选择法院不同,那时候的当事人重视程序带来的优势和便利,[⑥] 故海事法庭所能提供的程序便利性,事实上让海事法庭扩大了管辖权的覆盖面。例如,在交叉询问方面,在大量提交到母国上诉的案件中,律师们不认可交叉询问的价值,尤其是对捕获者进行的交叉询问,这说明了这种交叉询问在实践中大量存在着,且受法庭认可。对不同殖民地海事法庭案例的全面研究表明,由一方主导的交叉询问显然占据主导地位。[⑦] 在船上文件证据方面,殖民地法官也有灵活的做法,如认可在被捕获船以外的其他船上发现的证据文件,允许文件在不同时段分别提交等。[⑧] 即便在北美殖民地内部,相关的程序适用也不相同,如当时属

---

① 13Rich. II, c. 5(1389); 15Rich. II, c. 3(1391).

② See Steven L. Snell, *Courts of Admiralty and the Common Law, Origins of the American Experiment in Concurrent Jurisdiction*, Carolina Academic Press, 2007, p. 130.

③ Ibid., p. 131.

④ See Henry J. Bourguignon, *The First Federal Court: The Federal Appellate Prize Court of the American Revolution, 1775 – 1787*, Amer Philosophical Society, 1977, p. 141.

⑤ See Report of the Law Officers of the Crown, in Marsden, Law of the Sea 2, p. 351.

⑥ See Steven L. Snell, *Courts of Admiralty and the Common Law, Origins of the American Experiment in Concurrent Jurisdiction*, Carolina Academic Press, 2007, p. 130.

⑦ Ibid., p. 145.

⑧ Ibid.

于北美殖民地的一部分的牙买加殖民地,有着一套独特的地方程序,在这里,所有的起诉由代理检察长提起,捕获者被视为相关人。① 总之,殖民地附属海事法庭缺少民法专业人士的辅助,很大程度上依赖于实践经验和基本常识,且律师们大多来自普通法法庭,这导致了殖民地海事司法管辖权呈现出普通法和民法相混合的特点。

第三节　统一性的基因:殖民地海事司法管辖权的运行形态

附属海事法庭因海而生,具有顽强的生命力。其在腹背受敌的艰难时代,依然保持着相当程度的独立性。在殖民地母国深陷敌意的日子里,海事法庭在外国人中却很受欢迎,因为其诉讼程序类似民法法系国家,外国人常常不安于由本国人组成陪审团的普通法法庭。此外,本国商人也喜欢海事法庭,因为在这个法庭之上有提起对物诉讼的可能。② 在机构衰亡层出不穷的情况之下,海事法庭能在其悠久的历史中一直保持挺立不倒。

一、殖民地海事司法管辖权的典型诉讼形态

(一)殖民地海事司法管辖权的诉讼程序

殖民地海事法庭一开始就拥有许多不同于其母国的特点。在英国,许多海事律师深受民法影响,但是在殖民地却因为民法人才匮乏,许多殖民地海事律师同时兼有普通法律师身份,这也决定了殖民地海事法庭程序和普通法程序的相对趋同性。但这并非说明海事法庭程序已经融入普通法程序之中,事实上,附属海事法庭继承了其母国海事法庭的许多特点,并在这一点上和普通法法庭迥然有别。

海事司法管辖权常常开始于当事人或其律师对船舶和货物发起诉讼;结合具体情况,海事法官发出具体令状;根据令状的授权,海事执行官前往现场,将涉案船舶或货物予以扣押,以防止可能发生的逃避管辖的行为。对物诉讼是常见的形式。这种情况下,船或货物构成被告。如果涉及对人诉讼,当事人必须参与诉讼

---

① See Steven L. Snell, *Courts of Admiralty and the Common Law, Origins of the American Experiment in Concurrent Jurisdiction*, Carolina Academic Press, 2007, p. 143.

② 衡平法庭也有提起对物诉讼的可能性,但相对于海事法庭,其程序拖沓缓慢,抵消了其本来的优势。

进程。海事诉讼一般要经过三次开庭审理,对案件实体进行审理,庭审结束之后,法庭会进行公告程序,要求主张对船舶或货物具有权利的人在规定的时间内进行申报。这种公告是对世的。在规定时限内,如果无人主张,法庭也不能直接宣判,而是继续进行三次公开催告,以充分保障利益相关人的合法权益。上诉程序结束之后,诉讼原告人才被允许申请无被告人参与的审判。缺席审判通常持续四天之久。而后,海事法庭将会结合案情作出判决。如果这时候依然没有利益相关人出现,起诉人将会依据判决拥有其所主张的权益。

案件进入到执行阶段,海事执行官拍卖涉案船舶或货物,将拍卖费用的一部分留作法庭费用,其他的如数交给起诉人。如果在执行阶段,利益相关人加入进来,法庭通常会准许其依据证据提出诉求,并另行确定日期延续原来的审理。一般情况下,证人会受到法庭法官或书记官的亲自检查并将结果作为呈堂证据。综上所述,当事人起诉、对人诉讼下的被告人答辩以及证据公示等体现在整个诉讼程序之中。在具体法庭操作上,律师为己方当事人进行口头辩护,形式多样的证人证词也会被宣读。上述活动结束,法官会宣布休庭片刻,并在随后的开庭中宣布判决。判决通常很简短,个别时候法官会为自己的判决提供理由,但和普通法法庭判决有别,鲜见有长篇大论出现。

在附属海事法庭上诉问题上,各主体看法并不一致。在殖民地早期,上诉机构一般是位于英国的枢密院,上诉案件由枢密院转交给其下设的商业殖民事务委员会处理。捕获案件的上诉期限一般在判决作出的两周之内。为了防止滥用上诉权利,海事法庭常常要求上诉人提供担保。我们怀疑,这种上诉权利的限制有现实意义。鉴于殖民地孤悬海外,远离英国本土,巨大的履行成本让上诉权的救济意义大为削减,以致在具体的做法上,可能会有灵活变通。在部分案件中,附属海事法庭会将殖民地皇家总督作为上诉机构的替代者。在某些情况下,不排除直接在母国重开审判的可能性。后来,枢密院认为自己不是最合适的上诉机构,开始主张殖民地海事案件应该上诉到高等海事法庭。再后来,枢密院基于某种现实的考虑,再度收回了上诉管辖权,完全绕开了殖民地上诉法庭。其反复无常大大增加了诉讼的成本,更是增加了殖民地人们对海事法庭的愤怒。①

在经历早期的风光之后,海事司法管辖权开始长期受到普通法法院的压制。然而这种压制并不是依靠一纸法令直接促成的,而是一个借助禁止令状所展开的

---

① See Matthew P. Harrington, *The Legacy of the Colonial Vice-Admiralty Courts* (*Part Ⅱ*), 27 J. Mar. L. & Com 325(1996).

渐进过程。事实上,禁止令状的直接依据是爱德华三世时期出台的针对海事司法管辖权的限制性法规。所以在一定意义上,海事法庭和普通法法庭之间的管辖权之争事实上是制定法和国王专利令状之间的竞争。一般认为,在北美殖民地,海事法庭拥有相对于母国较大的自由度。但这并不排除局部做法上的极端性。例如,在马萨诸塞殖民地,普通法法庭向海事法庭发布禁止令状的例子并不鲜见,其他殖民地想来也不会例外。

英国似乎存在一项法律规则,亦即在存疑的情况下,举证责任在海事法庭。这就涉及禁止令状的适用问题。① 1728 年,前文所述败诉之后被扣船的塞缪尔·诺西(Samuel Northey)向埃弗拉德总督提交的请愿书,显然是基于这一规则。虽然经常存在有关海军法庭管辖权的争议,但普通法法官一般都会确定禁止令状的适用,并在发布禁止令后,海事法庭会暂停诉讼程序。如果相关支持者不满意,则该事项应该提交给上一级法庭,如果他们认为这些事项不在海事法庭的管辖范围内,禁令仍然有效,但如果提出相反的主张,那么就会给予协商令状,并由海事法庭继续进行诉讼程序。

禁止令状一般应该由上一级法庭作出。② 在当事人申请的前提下,无论在什么时候,只要禁止令状发布权力人认为,诉讼事项在法庭的权限之外,涉及土地而非大海,或当他确信诉讼以不公平和不合理的方式进行,就有发布禁止令状的权力。③ 虽然如此,普通法法庭也并非全无边界感,如在罗德岛,1733 年 3 月 23 日,上级法庭的法官拒绝向海事法庭发布禁止令状,他宣称,在案件中"看不到授予任何禁令的必要"。当然,面对普通法法庭的禁止令状,海事法庭并不总是俯首帖耳,尤其在海事法庭自恃实力渐增之时。但这种时候并不多见,禁止令状一般情况下是被遵守的。因为在几乎所有的殖民地中,普通法法庭都更为强大,尤其在马萨诸塞州,其不仅强大,而且独立专断。

令状具体可以分为以下几种类型。第一种类型是首发令状,这是一种禁止海事法庭程序进行的令状。这种令状虽然有首发之名,但也许是整个诉讼程序唯一的令状。作为普通法法庭支持申请人诉求的权利令状,通常是在海事法官拒绝被告诉求的情况下颁发的。如果利益相关人持有异议,普通法法官可以命令双方律

---

① 对海事法庭发布的禁止令状出现在爱德华·科克时代,科克掀起了压制海事法庭的新高潮,采取种种举措阻止它审理某些案件,并取得成功。

② 但是在罗德岛州,这种禁止令很多时候由州长和国会,或者州长单独发出。

③ See Dorothy S., Editor Towle, *Records of the Vice-Admiralty Court of Rhode Island, 1716 - 1752*, The American Historical Association, 1936, p. 69.

师到庭,倾听各方说法,进行实体裁断。需要继续维持令状效力时,首发令状将继续产生效力。当否决请愿人诉求时,普通法法庭将颁布咨询令状,这是第二种令状形式。在此令状之下,海事法庭的诉讼程序恢复如初。此外,在普通法院和海事法庭的互动实践中,还有第三种令状形式,即永久令状。顾名思义,永久令状将产生持久的效力,和咨询令状不可能存在同一个法庭诉讼程序之中。永久令状一般比较简洁,避免了英国式的冗长和不稳定性,在紧急情况和压力下较有效率。第四种令状形式是临时令状。主要存在于当事人正在赴庭途中,或者其他暂未满足的条件,导致诉讼适当延期而海事法庭不愿意延期的情况之下。

在殖民地时期,禁止令状偶然见诸案件记录之中,一般不在一般海事案件中出现,而是作为商人在财税案件中的武器。① 与其说禁止令状是普通法庭压制海事法庭的一个工具,不如说是二者相沟通的一个渠道。禁止令状的散布很不均匀,在某些殖民地运用较为广泛,但部分殖民地并没有提供多少实例。② 令状后来呈现衰微之势,和海事法庭的相对地位上升有关。③ 正如人们所预料的那样,普通法法庭和海事法庭的冲突在马萨诸塞州达到了最高点,在那里,长期弥漫着对皇家官员和机构的仇恨情绪,并且随着爱德华·伦道夫及其政府的活动得到了加强和加深。当地的普通法法庭在附属海事法庭开疆拓土之前,已达到完全控制殖民地司法的程度。马萨诸塞州为陪审团和普通法进行了漫长而艰苦的斗争,没有哪个殖民地如此频繁地使用令状,也没有哪个殖民地的海事法庭法官如同在这个古老的清教徒联合体中一般痛苦。禁止令状并非总是普通法院压制海事法院的工具,很多时候这种禁令根据当事人的申请提起,普通法法院并非总是鼓励,这在客观上起到了明晰边界的作用。值得注意的是,在美国宪法制定之后,也规定了联邦最高法院发布禁止令状的权力,再一次印证了历史传统在现实中的力量。有人认为,这是由于国会对海事法院所拥有的即决权力不信任,所以就禁止令状作出了具体规定。④

---

① See Steven L. Snell, *Courts of Admiralty and the Common Law, Origins of the American Experiment in Concurrent Jurisdiction*, Carolina Academic Press, 2007, p. 131.

② 比如宾夕法尼亚州在1727年之后几乎没有提供任何实例。

③ 在1763年著名的斯科勒诉邓恩(Scollay v. Dunn)案中,在海上被捕的船长邓恩最终被赎回,在他回来的时候,他起诉了店主斯科勒,要求赔偿赎金。在这种情况下,法庭发布了禁令状,当然以现在的观点,令状被认为是错误的。在当下,海事法庭对所有涉及个人和货物的海事合同都拥有明确的管辖权。

④ See Phillips, *Unite States Supreme Court Practice*, Oxford University Press, 1887, p. 423.

(二)殖民地海事司法管辖权的受案范围

殖民地附属海事法庭的受案范围和母国有所不同,这和英国对殖民地的具体定位以及殖民地承担的具体功能有关。虽然随着时代的演进呈现一定变化,但其受案范围主要包括如下几种案件类型。

1. 传统海商事案件

我们知道,海事法庭呈现明显的"国旗随着商业走"的特点,海事法庭是由海商业的发展催生的。传统海事案件是海事法庭存在的基础,是其生命根基之所在。和现代海事法庭类似,附属海事法庭在传统海商事方面的管辖权主要分为两种类型,即海事合同管辖权和海事侵权管辖权。在物质尚不发达时,处于生存层面的工资案件为数众多。海事案件大部分涉及船员工资诉讼,在此类诉讼中,双方各执一词,极大地考验着海事法庭的智慧。除船员工资案件占据较大部分外,货损案件、海上救助案件、租船契约案件和船舶抵押借贷案件也构成海事司法管辖事项的重要组成部分。在北美殖民地附属海事法庭案件中,海事侵权案件并不多见。其原因在于,在那个时代,现代意义上的侵权案件常常被作为刑事案件受到审判,相关诉讼请求并不属于附属海事法庭的受理范畴。

2. 海上捕获案件

在一个海上武装力量付之阙如的时代,私人船舶无疑可以填补国防的空白,承担准军事力量的功能。与上述传统案件相比,将捕获案件管辖权交给附属海事法庭更多是政治考量的结果,相较于陆上普通法庭,海事法庭显然也更适宜承担这一功能。① 不难理解,海上捕获是一种利益均沾的私掠游戏,英国皇室通过颁发劫掠令状将其合法化,并通过有条件地施加激励,使英国王室、私掠者和商人们分享私掠成果。私掠船捕获一艘敌船,会将它拖至就近的港口,由附属海事法庭予以裁决。在殖民地附属海事法庭中,捕获案件常常以对人诉讼的方式提起。

虽然附属海事法庭沾染了较多的普通法色彩,但也在很多方面借鉴了大陆法系法庭的做法。如果被告对海上捕获的合法性提出异议,海事法庭会认真考虑其诉求,并对其证据进行核查。殖民地在证据方面的认定似乎较母国更为灵活。英国本土海事法庭只认可船上证书和交叉询问的效力,殖民地海事法庭却不拘于此,承认非船上证明文件及单方陈述的法律效力。此外,在殖民地母国,捕获案件程序由国会法令严格限定,且常是战时临时授予,具有过渡性。但在殖民地则不同,海事法庭和普通法法庭在捕获案件上共享一套程序。由此可见,附属海事法

① 据统计,在1702年至1763年,捕获案件中有1/3由附属海事法庭管辖。

庭在某种程度上展现出特立独行的一面。

3. 财税案件

从殖民地母国英国的角度,其设立附属海事法庭的重要动力之一在于为航海条例保驾护航。最初的选择并非一定是附属海事法庭,然而殖民地的早期移民并不能站在英国角度考虑问题,导致陪审团成为航海条例执行过程中的重要障碍。与英国此类案件一般在有陪审团参与的财税法庭进行大不相同,北美殖民地放弃了财税法庭的建制,改由一般无陪审团的附属海事法庭承担这一职能,这样更为高效,也更容易控制。当然,这也导致了传统上为海商业服务的海事法庭蒙受了恶名。关于此类案件,其基本程序与捕获案件并无二致。值得注意的是,在关税官员因为不慎而错误起诉的情况下,被起诉方可以向普通法法庭起诉要求关税官员为其错误行为赔偿损失。①

4. 其他案件

除上述三种类型案件外,还有一部分案件的管辖权也为附属海事法庭所拥有。主要包括滥伐林木案件和鲸鱼归属案件。在北美殖民地,某种类型的林木常常被赋予特殊意义,专门供应皇家海军,符合要求的林木常常被挂上专门号牌,不经特别允许,不得随意砍伐,此类案件被纳入附属海事法庭的受案范围。如前所述,捕鱼活动是北美殖民地尤其是北大西洋地区最早从事的商业活动,一时间成为大英帝国无数人竞相追逐的"举国性作业",王室税收在相当程度上也依赖于此。在北美殖民地沿岸,渔场遍布,如新芬兰殖民地,曾经拥有世界上最大的渔场之一。在鲸鱼归属权案件中,国王依据传统有权利领有一定比例的价值。作为皇家特权法院在殖民地的司法代表,附属海事法庭自然对此类案件的管辖当仁不让。

二、殖民地海事司法管辖权的统一性特点

(一)程序简洁高效

海事法庭具有灵活性,证据的可采性较强,这是显而易见的,而且也被绝大多数人的实际需要所证明。在对待程序以及证据问题上,殖民地追求简单,因为殖民地的法律人缺乏良好的训练,因而不欣赏带有高度技术性特点的英国做法——

---

① 但是如果海事法庭法官为船舶起诉提供了"可能原因"(probable cause),被告船方就失去了向普通法庭寻求救济的权利。

弹性取代了僵化,实质优先于形式。① 海事法庭的案件广布四海,需要最快的效率,这是一个众所周知的事实,为了实现这一点,勒欣顿爵士曾经对海事法庭的特点作如下解释:(1)习惯做法;(2)案件具有全球性;(3)证人获得十分困难,因为当事人往往是变动不居的,往往漂流在海洋之上;(4)诉讼的延迟往往会造成巨大的费用;(5)相对于陪审团,法官更值得信任。② 商人重视效率甚于公正,在某种程度上可以说,效率就是商人眼中公正的体现形式之一,海事法庭有着不同于普通法的简洁形式,自然符合商人的需要,在事实上也备受商人青睐。

在具体程序设计上,海事法庭也常常更契合实际,能减少当事人讼累,相对于普通法在集团诉讼上的拒斥,海事法庭允许集团诉讼,这对船员集体维权极具意义,同时明显地提高了诉讼效率。此外,海事法庭对于船只共有案件,并不拘泥于船舶所有人一致同意,而是充分考虑可行性,只需要大部分人同意就行,克服了普通法庭没有共有人一致同意、航运贸易便无从实施的弊端。显然该制度有力地促进了海商事的发展。海事法庭对效率的追求也筑牢了海商业活动迅速开展的基础,成为海商业贸易的催化剂。作为民主表现形式的陪审团一般不存在于海事法庭的程序之中,这有利于法官发挥自己的专业性,对于效率优先的海商业也极其必要。海事法庭在其漫长的历史中经常蒙受特权帮凶的恶名,然而这并不能概括其核心的职能。其服务于海商业的专业性质,让其和特权保持着相当距离,并成为海商业文明的积极守护者。

(二)世界性

毫无疑问,船舶常常流转于国家之间的口岸之间,海事具有明显的国际化特点,③海运从概念上来讲,也不属于国内法的范畴。这决定了海事法超越了国家主义,具有鲜明的自体性特点。殖民主义强调开拓,在陌生的土地上,探索意味着摆脱先例和传统的束缚。殖民地法律也不例外,神秘的新大陆隐藏着巨大的不确定性,要求早期移民随时寻求应对之策,对意外强大的处置能力构成了殖民地人们形同天赋的保护色。这些因素共同决定了母国传统和殖民地现实之间存在的巨大断裂。

海上贸易是殖民者与外界沟通的窗口,他们很容易适应海上的一切,我们有

---

① 参见[美]腓特烈·坎平:《盎克鲁——美利坚法律史》,屈文生译,法律出版社 2010 年版,第 41 页。

② See Gordon W. Paulsen, *Historical Overview of the Development of Uniformity in International Maritime Law*, 57 Tul. L. Rev. 1065 (1982 - 1983).

③ 按照今日部分高等院校学科划分,海事法属于国际私法的一部分。

理由类推，神秘莫测的新大陆和不可预知的海洋存在某种相似之处。在英帝国主权观念之下，殖民地被视为英帝国在北美的地理扩展。这种观念之深，从和苏格兰及爱尔兰的比较中可见一斑，虽然两者距离英格兰更近，但在每一次立法时，都要单独强调对其的适用，但北美殖民地却不如此，被视为当然适用的地域。① 在一般情况下，英国高等海事法庭的相关做法依然被殖民地附属海事法庭遵循。值得注意的是，作为统一性的象征，银橹标志为英国国内海事法庭和殖民地海事法庭所共有。②

（三）具有衡平法特点

从比较的角度看，一个地区法庭裁决曾经表示："海事法庭，就所有在它管辖范围内的问题而言，是一个衡平法庭。它的手脚不至于被普通法的严格和技术规则束缚住，而是通过类似衡平管辖权一样博大而自由的法庭原则实现公平的审判。"③这一原则进一步说明海事法庭是一个衡平法庭。天生的商业性格赋予海事法庭特别的效率，使它能够以务实和高效的方式处理相关的涉海实务。其灵活的程序设置，有利于激发法官们的探索精神，有利于人道主义理念在个案中的安置，在额外保护理念之下，各种解决问题的方法被创造出来，裁判更具有实践性和可接受性。

在考虑海事法庭是否具有衡平法特点方面，不可过分强调具体制度的层面，而更应该着眼于原则的高度。在海事法庭实践方面，斯托维尔说，海事法庭当然不会掠衡平法庭之美。毫无疑问的是，它以自然正义的基础为原则，并依据衡平法的原则行使管辖权。④ 事实上，海事法庭并不采取衡平法中的由两名证人或一名证人作证的具体规则。关于衡平原则应用于海事法庭的最佳例证是，在因疏忽而发生碰撞的情况之下（特别是如果两艘船都有过错的话），海事法庭的判决通常会按照衡平原则作出，根据比例原则将损失分配给责任各方。⑤

三、殖民地海事司法管辖权中的额外保护取向

殖民地海事司法管辖权的另外一个特点在于其对海员的扶助倾向，在数不清

---

① See Gordon W. Paulsen, *Historical Overview of the Development of Uniformity in International Maritime Law*, 57 Tul. L. Rev. 1065 (1982－1983).

② Ibid.

③ Byron K. Elliott & William F. Elliott, *Treatise on the Law of Evidence (1904－1905)*, The Bobbs-Merrill Cop, p. 590－591.

④ Ibid.

⑤ Ibid.

的工资案例中,现代的人们可以一窥殖民地海事法庭对这些群体的同情。有论者不无夸张地说,即便在证据最不利于船员的案件中,也很少见到船员败诉。[①] 但确有足够的事实证明,附属海事法庭在胁迫和压迫方面所扮演的角色被过度强调了。[②] 其积极施予额外保护的一面却在有意无意中被忽略了。

海事法官权限很大,他对遭难水手给予特别的关怀,但也不过分偏袒,对船员懈怠职责的行为绝不容忍。在一个法律尚未能成为普遍信仰的时代,船员可能是可怜的被压迫者,也可能是懒惰的破坏约定者。海事法官考虑他们孤独无援的实际处境,秉持正义理念,不拘于僵硬法条,将他们从一切居高临下的压迫中解救出来。上述不无平衡色彩的处置,在很大程度上促进了海商业的发展。

根据法庭记录,在一起案件中一艘来自鹿特丹的船只"爱情联合号"轮,运载142根鳄骨前往宾夕法尼亚州,由于船上口粮短缺,导致超过一半的乘客死亡,其余人在遭遇地狱般的经历之后侥幸逃脱。波士顿海事法庭法官拜菲尔德,在听断案件后,对不人道的船长进行了严厉的罚款,并严厉谴责了更加不人道的船员,并让被乘客指控涉嫌人身攻击的大副为其野蛮行为付出沉重代价。[③] 在另一起判决[④]中,法官指出,正确的做法是通过"海事声明"的方式向巴巴多斯海事法庭申请进行官方调查[⑤],在该案中,虽然法律并不强制要求调查,但海事法官并没有放弃救济,而是借鉴世界通行航运国家的惯例,予以变通处理,体现了殖民地海事法官的灵活性和人道主义品质。

当然,海事法官在履行职责时也并非没有边界,以正义为理念,总能将同情心抒发得恰当好处。在神秘叵测的大海之上,沉船事故有较大概率出现在一个船员的职业生涯里。海事司法实践中出现的针对船主、货主、船长及船员的诉讼,法庭通常能不偏不倚,公平裁决。假如船员们在船舶脱浅方面有所协助,或者夺回被

---

① See John Doyleong, *The Nature and Significance of the Conflict between Common Law and Vice Admiralty Courts in Massachusetts 1705 – 1730*, Presented in Partial Fulfillment of the Requirements for the Degree Master of Arts, 1954, p. 42.

② Dorothy S., Editor Towle, *Records of the Vice-Admiralty Court of Rhode Island, 1716 – 1752*, The American Historical Association, 1936, p. 59.

③ See Records of Admiralty, Massachusetts, II, 106 – 107b. Publications, Colonial Society of Massachusetts. I. 113 – 114.

④ 一艘从马德拉岛驶往波士顿的船被海盗捕获,但被允许保留一部分货物。不幸的是,由于风暴的影响,船舶停靠巴巴多斯群岛,在那里它不得不出售部分库存以进行改装。在船舶抵达波士顿时,收货人起诉船长没有交付完整的货物。

⑤ 在当下海事实践中,当船舶发生事故时,船主可以要求海事管理机构出具海事声明,以为以后的争讼解决和银行理赔提供证明。

捕获船货,其有资格得到奖励。但是对于懒惰、醉酒以及在危急场合下冷漠的水手,法庭并不宽待。当一艘船搁浅或触礁,法庭就会开展调查。① 以沉船事故为例,在船舶沉没案件中,法官会积极介入案件的处理中,用专业知识为惊慌失措的水手们重启航程。法官颁发委任令状,②对失事船舶情况进行全面检查,探摸其方位和受损情况,并评估其损害程度。假如船舶损害严重,已经没有航运价值,就会被转入司法拍卖程序。在认真调查的基础上,海事法官为那些亟须进行保赔的船长和船员们提供海事证明。此外,海事法官在破产清算中也承担着重要的功能,并介入流程的每一个环节之中。毫无疑问,在整个殖民时期,当出现通过协议无法解决的困难时,为了避免个人力量的局限性,商人、船长和海员一般会寻求海事法庭的帮助。③

特别要指出的是,海事法庭对船员的保护并不只体现在这些道义呼吁上,而是通过效果显现了出来。无论是在英国,还是在北美殖民地,船员工资案件都构成了非公法案件中的相当大一部分。④ 例如,在北美殖民地时期的马里兰殖民地,凡是由海员提起的工资诉讼案件,无一例外都是胜诉的结果。⑤ 这种善待船员的传统对后世产生了深远影响,也是海事司法管辖权获得支持的重要缘由之一。

---

① 殖民地海事法庭法官并不是单一裁判者的角色,在很多情况下承担着类似当前海事行政执法的功能,如在我国,当船舶发生事故时,通常是海事局事故调查人员第一时间深入现场进行调查。以当今的标准来看,附属海事法庭法官同时兼具海事执法人员的角色。

② 有时是根据州长或地方国会的指示,授权一个专门委员会。

③ See Dorothy S., Editor Towle, *Records of the Vice-Admiralty Court of Rhode Island, 1716 - 1752*, The American Historical Association, 1936, p. 62.

④ See George F. Steckley, *Instance Cases at Admiralty in 1657: A Court Packed Up with Sailors*, 7 J. Legal Hist. 68(1986).

⑤ See David R. Owen & Michael C. Tolley, *Courts of Admiralty in Colonial America, the Maryland Experience, 1634 - 1776*, Carolina Academic Press, 1995, p. 11.

第二章　旧制度的缠斗与美国海事司法管辖权的产生

读过《联邦党人文集》的人应该对联邦党人和反联邦党人在许多议题上的对立意见印象深刻。[①] 其中有一个议题，似乎连汉密尔顿眼中刻薄的反联邦党人都无法反驳，此议题即汉密尔顿就海事司法管辖权所作出的观察。他不无轻侮地认为，“迄今为止，对州权威最顽固的崇拜者还不曾表现出一种排斥联邦海事司法管辖权的倾向。海事管辖案件关涉国际法，通常影响到外国人的权利，其管辖权设置主要基于公众和平的考虑”。[②] 这种乐观的推论似乎给我们一个印象，即海事司法管辖权似乎天生“产权清晰”，是一个隔绝于争议的和谐表率。[③] 遗憾的是，这是一个浅薄的观察。当然，汉密尔顿并没有向人们刻意隐瞒什么，他只是站在美国宪法制定的门槛之上，以一种静态的眼光往海事司法管辖权的天空凝望，自然难以窥见全貌。在这里，我们最好记住斯托里法官的忠告：切莫

---

① 参见靳匡宇、丁净玉：《从蓝水到棕水：美国早期联邦海事司法管辖权的嬗变与省思》，载《大连海事大学学报（社会科学版）》2019年第6期。

② See The Federalist No. 80, at 478 (Alexander Hamilton) (C. Rossiter ed. 1961).

③ 当然，最近有人认为，海事司法管辖权的联邦归属并非意在统一性，汉密尔顿只是从外交的角度出发，当时的联邦党人至少没有考虑到私法案件中的统一性要求。See David J. Bederman, Uniformity, *Delegation and the Dormant Admiralty Clause*, 28 J. Mar. L. & Com. 1 (1997).

天生如此天真想象，认为海事法庭当下所获得的有限权利是不经奋争而轻易得来的。[①] 诚哉斯言，美国海事司法管辖权走过的征程绝非一帆风顺，其在两个世纪的扩张中充满着力量的复杂博弈和思想的激烈碰撞。

第一节 不尽成功的海事司法管辖权统一实践

传统制度的解体可能会导致社会心理上的涣散和沉沦颓废，而这种涣散和沉沦颓废又反过来形成对新的认同和忠诚的要求。[②] 诚然，在松散的邦联之下，各殖民地商业贸易事实上处于割据状态。[③] 但正是在这种看似一盘散沙的状态之中，革命的火种被点燃，海事司法管辖权也开始走向时代的前台。一位史学家注意到，和多数挣工资者具有较低政治意识不同，商船船员对他们的法律和社会地位的“自觉而激进”的反抗正在发展，并提到他们中间的“前政治”或“潜政治”意识，[④]很难想象其不对海事司法管辖权构成影响。作为因海商业而起的海事法庭，其变革自然备受依赖海商业而发展的北美新大陆的期待。

一、变革前夕殖民地海事司法管辖权的危机

(一) 变革前夕的殖民地附属海事法庭

几番起伏之后，附属海事法庭一度迎来了自己的尊严时刻，但很快被证明是梦幻泡影。随着 7 年战争的到来，表面上的平静被彻底打破，违反航行条例行为被上升到叛国罪的高度。雪上加霜的是，巨额的军事开支也迫使国会强化对违反航海法案行为的打击力度。诸种原因之叠加，倒逼附属海事法庭进行自我更新。后来推出的 1764 年蔗糖法案首先对海事法庭改革作出安排。该法案要求船舶出口商提供担保，以确保这些货物先运到英国。然而，该法案最臭名昭著的条款规定，由那些因涉嫌违反海关规定而被扣押的船只的商人承担没有参与走私的证明

---

① See DeLovio v. Boit, 2 Gall. 398 (1815).

② 参见[美]塞缪尔·P. 亨廷顿：《变化社会中的政治秩序》，王冠华、刘为等译，上海世纪出版集团 2008 年版，第 29 页。

③ 比如，在这一时期，船舶沿着波多马克河从弗吉尼亚出发到达马里兰，就需要交纳一笔不菲的赋税。See Gordon W. Paulsen, *Historical Overview of the Development of Uniformity in International Maritime Law*, 57 Tul. L. Rev. 1065 (1982–1983).

④ 参见[英]R. C. 西蒙斯：《美国早期史——从殖民地建立到独立》，朱绛、常绍民等译，商务印书馆 1994 年版，第 416 页。

责任。这样,即使船东成功收回船舶,附属海事法庭法官也被允许以“可能原因”证明扣押的合法性,从而防止船东在普通法法庭提起非法扣押的损害赔偿。

此外,该法案还扩大了海事法庭对商贸案件的管辖权。以上诸种不适,导致殖民地民众对附属海事法庭的敌意再次出现,其理由在于陪审团审判的权利被剥夺。无论殖民地人民抱怨的真实动因为何,蔗糖法案确实容易落人口实,这是因为该法案的明确规定,将殖民地人民置于一种二等公民的地位。此外,该法案在哈利法克斯设立了一个全新的附属海事法庭,对贸易案件拥有共同管辖权,这条规定使许多涉诉的当事人不得不屈服于官员们的恣意,艰难跋涉于诉讼的长途之上。

随着1765年印花税法案的通过,海事法庭的管辖权,特别是哈利法克斯法庭的管辖权进一步得到扩充,这个法案与传统的海上商业活动几乎没有关系,它要求将印花税贴在各种法律文件上,属于海事法庭传统管辖权的全新延伸。基于众意汹汹,印花税法案很快被废除,但国会不甘于此,随后通过1766年系列法案,继续加强其计划。唐森德税法企图消解人们对哈利法克斯海事法庭的质疑,它设立了4个地区海事法庭,同时对各自辖区的附属海事法庭拥有共同管辖权和上诉管辖权。唐森德税法并没有让附属海事法庭变得受人欢迎。附属海事法庭执行航海法案的工具属性总是难以让人释怀。以至于后来的第二任美国总统约翰亚当斯认为,使用附属海事法庭,而不是财政法庭来审理贸易案件,给美国人带来了不公平的负担,剥夺了他们被陪审团审判的权利,并斥之为“一种耻辱的烙印”。①

尽管如此,附属海事法庭展现的也并非都是让人憎恶的一面,其在海商事发展的保障方面仍具有不可否认的价值。诚然,在1765年往后的年代,贸易案件在很大程度上占据了海事法庭案件的多数,但海事法庭的管辖对象仍然囊括了许多传统海事案件,如为数众多的船员工资案件,以及其他种类繁多的案件。从这个意义上看,附属海事法庭依然是海商业发展能够顺利进行的机构保障。正是因为其复杂的面相,附属海事法庭带给人们的是纠结复杂的感情。

上述关于殖民地时期海事司法管辖权的讨论,所呈现出的是殖民地附属海事法庭积极面,并不能说明其在整体上的合法性。虽然相对全面地呈现海事司法管辖权在殖民地时代的精神面貌,然而单单根据这一现实,并不能说明海事司法管辖权不是制造革命的原因,也并不能说明它不是一个备受憎恶的制度。有论者指

① See John Adams, *Admiralty Notebook*, in microfilms of the Papers of John Adams, pt. III, reel 184.

出，殖民地产生的不平等意识对殖民地政治意识有初期影响的证据很不足。① 但该不平等意识却直接影响到对殖民地经验的继承问题。探讨美国建国者对海事司法管辖权的真实态度，可以进一步还原殖民地海事司法管辖权的真实面貌。

（二）殖民地海事司法管辖权和变革之关系

经济史的挖掘也有助于我们理解殖民地海事法庭管辖之下财税案件对殖民地民众的影响程度。这些从不同侧面对变革成因的反思，无一不表明建国者并没有从内心深处将海事司法管辖权看为一种邪恶的制度。海事司法管辖权在变革进程的发起中不过承担了一个副属性的角色。海事法庭在敌对方的阵营之中，充满着压迫性的邪恶面貌与其说是历史的真实，不如说是变革者的策略。但无论如何，时代的空气中充满了积极进取的精神，这无疑是海事司法管辖权发生变革的良好环境。

时代涤荡了它所欲摧毁的一切，殖民地附属海事法庭也在扫除之列，而且似乎处于首当其冲的位置。但是，海事法庭并非超越物质限制条件的纯粹政治建构，对海商事秩序来说，海事法庭有着无法替代的意义。那个时代没有成建制的海上武装力量，常常借助私掠船来执行海上作战功能，革命者为了攻击英国的航运补给，也同样必须依赖私掠船。在变革的高潮时期，邦联和各殖民地政府颁发许多捕拿许可证，授权私掠船执行和敌方的作战任务，虽然效果显著，却存在局面失控的风险。

（三）海事司法管辖权在过渡时代的转向

在上述态势之下，华盛顿将军写信敦促国会建立相关法庭以审判公海上的捕获案件。国会很快作出回应。但值得注意的是，可能是鉴于其时的邦联体制，或者战时有限的注意力，国会并没有自力促成这一重要机制，而是交由各殖民地分别实施。该举措将代表举棋难下的心理展现得清晰无疑，显然不能算是一个深思熟虑的意见。问题的解决容不得延迟，很快几乎所有殖民地结合自身情况设置了独具特色的海事法庭，大多规定由陪审团决定事实问题，而将上诉管辖权留给国会。在具体设置上，各殖民地做法各异，另起炉灶者有之，有限改造者亦有之，呈现大胆多元纷杂的革命时代风貌。

值得注意的是，这种过渡时期的海事法庭在事实认定中采纳陪审团意见，并不是对海事法庭制度功能的一种试错式改良，而是为了迎合长期以来流行于殖民

---

① 参见［英］R. C. 西蒙斯：《美国早期史——从殖民地建立到独立》，朱绛、常绍民等译，商务印书馆1994年版，第416页。

地的一种逆反情绪。结果也说明了这一点,这种贸然的纳入很快给海事法庭造成运作上的不便。在辽阔的海面上,伪装是增加生存机会的本能,依靠人的眼力和常识判断,一般难以判断被捕获方的真实身份,是敌是友殊难判断。为躲避无处不在的合法劫掠者,商人以牙还牙,也想尽了阴谋诡计,[①]致使船舶常常隐藏自己的真实面目。让情形更加复杂的是,不慎或者无法避免地扣押中立国船只,常常影响国际观瞻。鉴于陪审团的人员组成,上述考量往往游离在陪审团的有限视野之外,导致其决断经常和大局有悖。

变革时期的邦联本身就是一个松散的联合,其远非独立的地位致使其对州海事法庭缺少应有的号召力,以致邦联国会的上诉管辖权在很大程度上流于形式。在具体的运作机制上,邦联国会甚至没有配备执行人员,相关的执行工作必须交由各殖民地海事法庭执行官协助完成。而后者在关涉自身利益的时候,更多地采取选择性执行策略。邦联的孱弱并不止于此,对于具体案件是否可以上诉,其也缺少控制的能力。可以说在整个邦联时期,海事法庭的权力重心都沉淀在各殖民地。这无疑是海事法庭统一性大为缺失的时刻,对海商事发展构成了相当大的障碍。海事司法管辖权无疑需要认真反思,所有这一切的解决,似乎只能等到美国宪法制定之时。

二、海事司法管辖权实验:以"积极号"帆船案为例

"积极号"(Active)帆船案始于1778年,止于1809年,横跨革命时期和美国宪法制定之后,绵延几十年。这段历史之所以迷人,在于它展示了浪漫故事的所有内在品质,其诉讼场景中挤满了最杰出的人物。然而如果止于此,该案的意义就会大打折扣,难能可贵的是,戏剧化的情势却呈现出了那个波谲云诡时代的真实面貌,[②]为我们认识那个时代提供了鲜活素材。在邦联的崩溃中,"积极号"帆船案顽强存活了下来,比旧的上诉法庭更为长寿,20年后被提交到美国最高法院进行最终的裁决,这使它看到国家权威日益增长的力量和勇气。该案从一开始就显示出大陆会议在政治上的无能。基于虚弱的自我认知,邦联在权力冲突的硝烟之中畏缩不前,徒然对州权力发出无力的抗议。[③] 这种困窘以历史记忆的形式折

① 常用手法包括携带双份证书文件,故意悬挂他国旗帜,或者申报去一个港口,而实际上是到另一个港口。商人们的把戏自然被狡猾的美国私掠船所洞察,于是他们悬挂英国船旗,从而使美国商人相信他们受到了英国战舰的攻击,以致乱象丛生,很难识别。

② See Hampton L. Carson, *Case of the Sloop Active*, Green Bag, 1895, p. 17.

③ Ibid.

射到制宪实践中去，在某种程度上对宪法海事条款起到了催生作用，然而该案在宪法后时代的发展说明，一劳永逸地解决国家权威和统一性问题只可能是一种制度理想。

（一）案件时代背景和案情梗概

随着变革的到来，大陆殖民地似乎一下子拥有了洗涤一切的力量。殖民地附属海事法庭被废除了。然而，海事法庭是不可或缺的。新国家没有建立有组织的海军，所以它学习了英国的传统，依靠私掠船来攻击英国的航运补给。在这种背景之下，"积极号"帆船案发生了。"积极号"帆船案比较全面地展现了海事法庭在邦联时代的困境。1778年9月中上旬，奥姆斯特德及其助手被英国俘获，随后被安置在执行战时保障任务的"积极号"帆船上。奥姆斯特德计划夺取船舶，并获得成功。胜利在望时，船舶被新捕获者"公约号"捕获，并被带往费城。① 案件被带到乔治·罗斯法官和陪审团面前，陪审团决定，②捕获价值的1/4归奥姆斯特德及其助手所有，其余的3/4由宾夕法尼亚州及两艘捕获船分享。

奥姆斯特德提起上诉，国会上诉委员会推翻了乔治·罗斯法官的决定。然而，事情并没有结束。乔治·罗斯法官公开表达抗议，并指示执行官立即将相关款项上交，对委员会权威的不屑表达于形色。冲突很快演变成邦联国会和州国会之间的冲突。上诉委员会向州法庭执行官下达禁止令，要求冻结相关款项。然而，国会上诉委员会等来的是乔治·罗斯法官的收据。③ 面对这种冒犯，上诉委员会形成了决议。然而，在今天看来让人无法反驳的滔滔雄辩，在当时不过是纸上的胜利。面对奥姆斯特德的上诉，国会两次组成专门委员会和宾夕法尼亚州立法会议交涉，沟通产生了效果。1780年3月8日，宾夕法尼亚州国会通过新法案，废除海事案件中的陪审团。虽然部分州跟进，但部分州依然不予遵从。

但新法案并没有给奥姆斯特德带来转机。1789年联邦宪法制定，似乎对案件也没有产生直接影响。1790年，乔治·罗斯法官去世，孜孜不倦寻求正义的奥姆斯特德起诉其遗产执行人。相关争议于1792年到达宾夕法尼亚州最高法院，

---

① See Depositons of Captain John Underwood, Robert Jackson, and James Taylor, The Case of the Sloop Active(Philadelphia, 1779), p. 5 – 14.

② 根据州相关法律条款，法律问题可以上诉到邦联国会，然而关于事实问题，不允许重新审查或上诉。

③ 值得指出的是，该执行官曾经是阿诺德将军的助手，但显然他在本案中是站在相反的立场的。

法官作出了不利于国会权力的决定。三年之后,在多恩(Doane)①案的激励下,奥姆斯特德重启希望并得到宾夕法尼亚州联邦地区法院理查德·彼得斯法官的支持。然而,地区法院法官考虑联邦和州的微妙关系,暂时封存了执行令,导致整整五年时间,不能得到执行。作为最后的努力,奥姆斯特德于1808年向最高法院申请执行令。马歇尔大法官庄严宣告,“如果各州可以随意阻挠联邦法院的执行令,宪法将沦为一个笑话”。

案件似乎已经没有悬念,然而州依然表现出不合作的态度。在执行环节,州民兵部队被派出,双方发生武力对峙。州长向麦迪逊总统控诉联邦法庭对州权的侵夺,麦迪逊总统回复其所属行政分支无权干涉法庭的行动,只有协助的职责。州国会权衡利弊之后,谨慎地作出让步,但依然坚持自己的州权,希望以变通的方式执行。与此同时,执行官基于避免流血的信念。案件在波折之后取得进展,然而,如果让宪法的权威在整体层面上得以维护,必须将叛乱的州权分子予以审判,审理案件的华盛顿法官虽然赞同邦联权力,但是陪审团却不予配合,法官最终采取强制手段促成了妥协意见的达成。② 经过30多年的长途跋涉,该案终于画上句号,然而其揭示的困境将长存于海事司法管辖权的演进之中。③ 在该案中,存在一个关键的事实问题,船舶在被美国捕获者捕获之前,到底是在谁的控制之下,是在美国船员之下,还是在英国人之手。这一事实的认定,直接决定了案件的走向。在事实背后,潜藏着邦联法律和州法律的冲突。

(二)基于“积极号”帆船案的反思与检讨

1. 观念的宏观分析:统一性和自治性的较量

根据制度变迁理论,在两种观念的较量之中,优胜的观念被执掌权力者固化成为制度,从而实现制度的变迁。在美国邦联时期,交织着统一性追求和自治理念的激烈冲突,而“积极号”帆船案中的双方当事人作为风云变幻大时代中的个体,代表着的却是两种企图将对方吞噬掉的对立力量。双方各怀抱负,展开较量。国家主义的统一追求一度被自治理念所压倒,但随着国家的建立,统一性追求成

---

① 最高法院在佩哈娄诉多恩案(Penhallow v. Doane)中判定,联邦地区法院有权执行旧法庭的捕获案件。

② 相关人被定罪,后被总统赦免。

③ 让人颇为感慨的是,最后案件得以解决,并不能仅仅理解为正义的迟迟回归,更应该视为权力的助力。正是中央权威在新国家中的急剧上升,使法官在当时邦联法和殖民地法之间的冲突中,作出了倾向于国会的解释。宾夕法尼亚州在新兴的国家权威面前,自然不再具有足够的影响力作出有效果的抗辩。

为国家大事，即通过联邦主义的制度设置将自治理念压缩到合理的范围之内。表面上，本案在奥姆斯特德及其对手之间展开，但在更深的层次上，这是邦联和州的角力。统一性最终是如何压倒自治性的呢？一般认为，在非常形势之下，外交国防的需要作为支配性话语在其中起到了关键作用。尽管美国政治家们在很大程度上试图把跨洋的商业争议排除在新生的共和国之外，但美国对海上贸易的深度介入意味着邦国之间对捕获案件的争议经常被冲上美国的海岸。①

(1)国家主义者的统一性情结

“积极号”帆船案说明，在当时的殖民地，已经形成了联合的意识，这种联合意识是在应对一个共同的强敌的情况下出现的。在殖民地时期，由于殖民地处于英国帝国的边缘地带，与英国高等海事法院的联系微弱，统一性问题并不突出。但是到了革命时期，海事法庭纷纷在殖民地的基础上进行改良型的实验，导致各个殖民地政府各行其是，使邦联政府沦为形式上的权威。宪法制定之后，国父们吸取经验教训，在联邦层面设置了海事司法管辖权。当时的人们对海事的统一性要求有着高度的共识。不可否认，统一性是海事法得以在新生共和国联邦层面推行的重要原因。在美国宪法制定之初，管辖权的设置更多地着眼于对外关系上，各个州分别发声，自然更容易引发外交纠纷。一个声音对外，相关的矛盾冲突更加可控。当然，海事法的统一也可以保障一国航海贸易的竞争力，法律具有可预期性才能提高各国商业参与的信心。在本案中，国会在应对咄咄逼人的州权时，就将统一的好处当作有力的武器。

在强大的自治传统面前，这种联合当然是有限的。对当时外交对联合的压迫性也不宜过分高估。甚至有人指出，国会将陪审团制度纳入州海事法庭的时候，可能根本没有考虑过外交纠葛的需要。② 这至少说明，在当时战时的条件之下，或许胜利才是最大的关切。虽然统一性有利于胜利的实现，但是制度的精准性难以得到足够的重视。值得指出的是，在本案的双方对峙中，并没有一个真正的中央权威存在，国会是一个个殖民地代表组成的最低程度的联合，甚至在很多方面，它们可能和争议的另一方宾夕法尼亚州存在许多共同利益。以至于在原告的压力之下，国会在考虑将由大陆国会预付相关款项，然后再向宾夕法尼亚州追讨时

---

① See Kevin Arlyck, *Forged by War: The Federal Courts and Foreign Affairs in the Age of Revolution*, A dissertation submitted in partial fulfillment of the requirements for the degree of Doctor of Philosophy Department of History New York University, 2014, p. xi.

② See Henry J. Bourguignon, *The First Federal Court: The Federal Appellate Prize Court of the American Revolution, 1775 – 1787*, Amer Philosophical Society, 1977, p. 110.

遭遇失败,仅仅有一州代表同意。[①] 这种有限性的联合,也和当时的情势有关,当时革命者的诉求尚未达到完全脱离英国的程度,至少从宣示上看,更多是一种关于"权利"的诉求。

(2)州权派的自治倾向

各殖民地尚未对一个全新的政治实体有清楚的认识,其认为殖民地才是自己政治生活的真实依托。殖民地的自治倾向使得对抗成为必然。在本案中,在国会组成了一个特别委员会对全部案卷进行审查时,罗斯法官坚信自己的行为符合相关规定,认为上诉委员会应该止步于法律层面,对陪审团的事实判定无权置喙。其认为法庭设立的依据是州法,他不能坐视权力被篡夺。可见,乔治·罗斯法官对殖民地的自治是有很高认同的。贸易保护存在于各个政治实体之间,地方利益绑架整体利益的情形在殖民地时有发生。海事司法管辖权作为国家权力的组成部分,受政策的影响十分明显,具有明显的政治性。

一般认为,邦联的孱弱导致了上诉权力的疲软。在一定意义上来讲,州的立场是可以理解的,在大部分时候,是一种合理的反对,是基于法律的辩护。如果认为宾夕法尼亚州仅仅是为了维护自己的自治权利,觉得邦联"软弱可欺",所以才负隅顽抗的话,也很难解释为何其先前同意成为邦联的一员。事实上,殖民地权利的维护者对统一性是有基本认知的,他们主张适度联合。在"积极号"帆船案中,宾夕法尼亚州展现的并不是一种"无赖"的态度,而是在承认邦联上诉权力的前提下,依据相关法律表达自己的异议。

事实上,在邦联的孱弱方面,统一派也难辞其咎。在当时宾夕法尼亚州的报纸上,出现了关于"积极号"帆船案案情的分析,作者指出,正是因为国会要求各殖民地在海事法庭中引入陪审团制度,才导致相关的窘境,如果国会承认各州陪审团审判的权力,又对其大加限制,不仅和英国本土的制度不相符合,而且还将损害陪审团制度的品质。[②] 事实上,他们自己也不认为,陪审团制度适合于海事案件的审判,后来宾夕法尼亚州出台法案,在海事案件中废除了此项制度。应该说,这个辩护是很有力的。国会在陪审团设置上做了一个不合宜的决定,并没有做好统筹的安排,导致宾夕法尼亚州可以以此作为对抗的正当借口,这也是为什么此案长达30年迟迟未结,后来不得不借助权力加持才得以执行的重要

---

① See Henry J. Bourguignon, *The First Federal Court: The Federal Appellate Prize Court of the American Revolution, 1775 – 1787*, Amer Philosophical Society, 1977, p. 110.

② Ibid., p. 111.

原因。

2. 制度的中观分析:虚弱的制度及其蜕变

"积极号"帆船案中,邦联体制下上诉委员会的软弱可见一斑,它对于自己的决议事项无能为力,只能任由宾夕法尼亚州将陪审团作为最后的事实裁判者。这似乎难以苛责,因为这个时候,不逞强或许才是最好的姿态,它越是夸妍好洁,越有陷入丑污之辱的风险。软弱主要源自几个方面:首先,在早期,国会确实为上诉建立了一个独立的实体。在最初的八个案件中,就是由设立的临时委员会受理的。在经过最初的过渡阶段之后,1777 年 1 月 30 日,国会设立了一个五人上诉委员会,其中三人即可审理案件,并授权委员会任命一名书记官。这种机制运行三年之久,直至 1780 年国会设立捕获案件上诉法庭为止。上诉委员会成员主要由国会成员担任,并不固定,替换频率很大,[①]这一点在捕获法庭的设立中获得了修正。其次,上诉委员会早期并没有独立性,在性质上类似于国会的一个委员会,其职责在于向国会提交案件报告,后来逐渐独立。

更有甚者,在陪审团方面盲目的创新导致了后期的被动。即便是在英国,捕获案件也不适用陪审团审判,但是在 18 世纪六七十年代,针对附属海事法庭的抱怨是如此的强烈,以至于在一定程度上蒙蔽了人们的思考,其衍生的偏见不可避免地殃及捕获案件的审判。此外,陪审团审判作为一种话语也被一些主张独立的精英们有意地运用,以至于一种略显怪异的诉讼程序前所未有地出现在法庭之中。陪审团的适用很快给法庭带来了很大的困难。因为在革命时期,如同在英国内战中经常发生的情况一样,通常很难判断被捕获方是敌还是友。为躲避无处不在的合法劫掠者,商人以牙还牙,也想尽了方法,[②]致使无船不在隐秘面纱之下。此外,中立国船只扣押更是牵涉联盟之间关系问题,常常在陪审团的有限视野之外,导致陪审团成为一种无意义之物。此外,陪审团往往由当地人组成,偏袒自己人的成见自不可避免。

国会并未像英国一样对相关程序等事项作出严格规定,而是留待各州完成。这一决定暴露了代表们的一些矛盾心理。但不妨碍大多数殖民地在宣布独立后的几个月内纷纷建立了自己的海事法庭,并引入陪审团决定事实问题,国会拥有上诉管辖权。在海事法庭的设立上,推倒重来者有之,"旧瓶装新酒"者亦有之。

---

① 在上诉委员会运作的 3 年中,有 37 名国会成员在该委员会履职。在这 37 人之中,仅有 3 人学习过法律并从事法律职业。

② 见第 58 页脚注②。

形态各异的殖民地海事法庭,为时代呈现了一幅变革的全新图卷。邦联的弱势地位导致州海事法庭和国会在捕获案件的最终决定方面存在争议。联邦国会没有执行官,必须依赖州海事法庭完成,但后者很多时候并不配合。更致命的是,具体案件是否可以上诉,也由州决定。这与其说是邦联国会草率立法结出的苦果,不如说是孱弱邦联所必然承受的命运。

对于其自身的弱势,上诉委员会有清楚的自觉。在"积极号"帆船案中,上诉委员会在权威受到触犯之后,发表了激愤言论,他们声称,为了避免对邦联利益造成影响,在拥有实质权力之前,他们不会作出任何判决,也不会受理其他上诉,以此掩饰其虚弱感和对邦联和州权威冲突的恐惧。他们认为,国家涉及战争和和平的权力决不能被分享。国会对海事案件全面的控制是必须的,这是确保海事法统一公正执行的保证。这种权力必须覆盖到陪审团对事实的决定上来,否则他们就霸占了终局的权利。此外,国会还详细陈说了陪审团对国家的种种弊端。① 可惜的是,事实指向了另一面,在上述几轮挑战中,宾夕法尼亚州法官战胜了邦联国会。

在巨大的弱势面前,国会也有相应的行动。面对"积极号"帆船案制造的困境,国会组成了调查委员会,对案件进行了研判。费城的商人也向国会陈言,指出在当前制度中存在的问题。他们指出,人员的大幅变动导致审判的延迟,不利于确定法律原则的形成,且非专任的议员担任委员会成员,时间难以保证。② 面对调查结果,国会承认,海事法庭制度确实存在一些不尽完善之处。③ 在此基础上,国会组建专门委员会,着手进行上诉制度的构建。

1779 年 10 月,一份向国会提交的报告提出建立两个上诉法庭,上诉法庭设立书记官和执行官,更实质的是,报告还提出设立蔑视法庭罪,依据该规定,甚至可以对下级法庭官员不遵守上诉法庭执行令的行为进行罚款或监禁。此外,报告还要求各殖民地海事法庭废弃陪审团审判。国会经过两个月的辩论,否定了此议案。为了修正该议案,新的委员会成立,其提出的议案得以通过,根据该议案,成

---

① 陪审团统一受到前见的影响,这在"积极号"帆船案中可见一斑,在案件决定之前,当地的报纸已经披露了显然不利于奥姆斯特德的证词。See Henry J. Bourguignon, *The First Federal Court: The Federal Appellate Prize Court of the American Revolution, 1775 – 1787*, Amer Philosophical Society, 1977, p. 102.

② See Henry J. Bourguignon, *The First Federal Court: The Federal Appellate Prize Court of the American Revolution, 1775 – 1787*, Amer Philosophical Society, 1977, p. 112.

③ See Ford, *Worthington C. ,1904 – 1937*. Journals of the Continental Congress(34v. , Washington), 2 February, 1779, 13, p. 137.

立了捕获案件上诉法庭,由 3 名法官组成,这些法官来自最好的律师从业人员,不得来自国会成员,任何两名可以审理案件。该举措取代设立执行官和轻蔑法庭罪的做法,督促各州法庭出台法律确保上诉法庭判决的执行。事实证明,这不啻于与虎谋皮,效果自然不彰。

3. 话语的微观分析:话语策略的成功与局限

在"积极号"帆船案背景之下,从邦联国会的孱弱到宪法海事条款的出现,诚然是历史的大势使然,然而,人们的主观能动性也不可小觑。

(1)话语策略的有效运用

在变革时期,辉格党人的著作关于英国政治腐败的论述众多,这自然有益于增进殖民地人民的离心倾向。关于话语策略,常常存在刻意夸大的倾向,这当然不能归结于发声者轻率的性情,而是一种有效的斗争策略。如詹姆斯·奥蒂斯(James Otis)曾经说,海事法庭更多地散发着中世纪宗教裁判所的气息。① 话语策略在革命时期得到政治家的自觉运用。例如,在陪审团问题上,是强调天赋人权还是外交需要,是在当时特定的形势之下理性的选择。陪审团常常作为一种话语工具,在管辖权斗争中经常被运用。在应对英国在宾夕法尼亚州设置海事法庭的行动上,虽然宾夕法尼亚州主张陪审团存在的必要性,但事实上,在设置海事法庭之前,海事案件中的无陪审团现象普遍存在。此外,对外交的刻意强调也构成了话语策略的一部分。

在美国宪法制定时期,捕获案件占据了人们大部分的注意力,然而制宪者应该想到,制宪是一个长久事业,在和平的年代里,捕获案件必然会被边缘化,以至于消逝在案卷簿之中。私法类案件必然会挤满法官的案头。但联邦党人将议题锁定在这些涉及国际关系的案件中,却回避船员工资一类案件,很可能是基于话语策略的考虑。在海事司法管辖权得以重塑的年代,占据重要地位的是一些关乎国际观瞻的公法案件,如捕获案件、刑事案件以及财税案件,后世成为海事司法管辖权主体事项的私法类海事诉讼(当时称为 instance 案件),处于似乎可以被忽略的边缘地位。联邦党人和反联邦党人在很多核心议题上展开了激烈纷争,但在这一问题上却无从瞩目,可以设想,如果当时主要是私法案件,那么海事司法管辖权条款所面对的应该不是那么平静的局面。可以说,当时的案件类型主要涉及国际层面,而这类案件并不在州权所汲汲把持的范围之内。

---

① See David S. Lovejoy, *Rights Imply Equality: The Case Against Admiralty Jurisdiction in America, 1764 – 1776*, The William and Mary Quarterly, Vol. 16, No. 4 (Oct., 1959), p. 446 – 467.

随着时代的演进,州权派虽然一直发出反对海事司法管辖权的声音,但是无法赶上那种更适合发出声音的历史时期,此外,后期州权派的势力也远非宪法制定初期可以比拟。这或许就是历史的吊诡之处。海事司法管辖权早期的"慈眉善目"(至少在州权派看来,不具有威胁性),为其端坐于联邦司法层面发挥了重要作用,当州权派开始意识到其狰狞的一面时,已经缺少了招架能力。此外,宪法海事条款具有一定的模糊性,为海事司法管辖权提供了扩张空间,这未尝不是制宪者的一种话语策略。

(2)私法化时代下的新冲突

在变革时期的海事法庭中,公法捕获案件占据多数,这决定了海事司法管辖权重塑时期决策者的思考起点,甚至主导了他们的思考方向。在和平年代,私法占据海事司法管辖权案件的中心,公法反而成为特例,尤其在1865年废除捕获之后。然而,在过渡年代,公法捕获案件却吸引了海事法官大部分的注意力。埃德蒙·伦道夫(Edmund Randolph)甚至表示,"专门为私人对物诉讼提供一个联邦法庭对国家利益几乎没有或根本没有好处"。[①] 所以宪法海事条款的这种定位基础,为海事司法管辖权的国家控制奠定了基础,但也为以后的冲突埋下了伏笔。当反联邦党人逐渐意识到许多私法案件也置身于国家权威的影响之下时,自然会产生抵触之情。此外,既然私法诉讼逐渐占据司法舞台,国家安全话语当然不再具有公法时代强大的解释力,于是联邦主义在海事法领域内也伴随海事司法管辖权的扩张呈现紧张态势。

宾夕法尼亚州"积极号"帆船案揭示了国家权威和宾夕法尼亚州权之间最引人注目的冲突,令人信服地展现了国家权威在革命过渡时期的演变。虽然案件主要是一名普通船员常年不懈维权的故事,但案件背后是统一性话语和自治性话语的较量,通过此案,可以看出美国早期州权和国家权威在海事司法管辖权方面的冲突和融合。在观念层面,基于国家本位的观念和对外交往的需要,怀抱统一性的人们对国家权威有迫切的需求,然而,殖民地长期形成的自治倾向同时构成了相反的制约。在制度层面,国家权威在建立上诉法庭的同时,却不拥有相应的执行权力,陪审团制度的自治特性更是为制度冲突增加了变数。在技术层面,各派别灵活运用各种话语,以规避潜在的冲突,达成自己的目标。在多方力量和多种信念的冲撞缠斗之下,管辖权制度得以重塑。然而,美国宪法制定之后宪法司法

① See Henry J. Bourguignon, *The First Federal Court: The Federal Appellate Prize Court of the American Revolution, 1775 – 1787*, Amer Philosophical Society, 1977, p. 122.

条款对海事司法管辖权在州层面的确认,并不是这种制度变迁的终点。后来的历史证明,统一性追求作为一种制度理想,始终遭遇着挑战,这迫使它在联邦主义体制之下,不断调整着自己的样态,以更好地适应海商事贸易的发展。

三、未完成的统一事业:海事司法管辖权变革的得与失

海事司法管辖权的变革实验虽然没有成功,但是其对后世的意义不应被抹杀。应该说,统一性话语往往具有值得尊敬的色彩,自治性话语常常代表分裂的力量。但到底哪个天然是正确的,哪个注定是错误的,也并不是理所当然,需要按照情境而定,尤其在海事这个偏技术性的领域。很多时候,统一性话语和自治性话语一样,更多地发挥工具的功能,并不具备天然的普遍性。此外,美国海事司法管辖权条款,虽然经过《1789 年司法条例》具体化,但依然存在开放流动的含义。后世的学者针对宪法海事条款制定时,国父们是否有统一性的期许展开论辩,观点针锋相对。无论如何,随着时代的演进,这种原旨主义解释是否还站得住脚,不无疑问。后世的学者甚至有人质疑,统一性并不是海事司法管辖权的本质特征,事实上,统一性未必一定有益于海商事的发展。这种观点虽然极端,但也不无值得反思之处,无论如何,片面机械地强调海事统一性,不仅不能实现法律的和谐目标,反而可能会在实践中造成混乱,这已经被后世的海事司法管辖权实践所确证。

妥协性是美国宪法的重要特点之一。从以上我们可以看到,“积极号”帆船案自身充满了妥协性。这种妥协性是双向的,虚弱的邦联也并非没有咄咄逼人之处,看似以下犯上的殖民地州也并非没有让步之时。这种遗憾却不乏理性的对抗态势,这可能源自英国的妥协传统。一般人认为,邦联的孱弱是一切问题的关键。诚然,邦联是一种松散的组合形式,但也要看到,邦联本身并不应该对所有问题负责,在其下依然可以有更好的方案。此外,对于外交压力下的联合性需要,州权派也是有相当意识的。他们并不是抽象地反对邦联在海事司法管辖权上的权利,而是付诸法律的辩护。所以从这种角度来讲,他们不是绝对的破坏力量,而是一种有益的建设性力量。从这种意义上讲,宪法并不是由联邦党人单独创造的,而是由联邦党人和反联邦党人共同创造的,正是这两种对立力量的平衡和妥协,成就了一部具有高度实践品格的宪法。

作为一种历史实践,从殖民地的海事司法管辖权来看,其并没有处理好继承性和创新性的关系。陪审团作为一种所谓的天赋权利,成为反抗英帝国的有力工具。在革命时期,各州建立的海事法庭普遍建立了陪审团制度,这是对这种情绪的有力回应。邦联上诉海事法庭基于统一性的需要,不再顾及已经被营建出来的

陪审团属于天赋权利的普遍情绪,求助于殖民地海事法庭一般不设置陪审团的旧传统,再一次否定陪审团的价值,体现了一种创新性和继承性的矛盾实践。这显然是导致邦联"无奈",各州"委屈"的重要原因之一。也正是这种"无奈",这种"委屈",加强了在联邦层面设置专属海事司法管辖权的必要性。

第二节　新制度的垫脚石:北美殖民地海事司法管辖权的遗产

在很长一段时期,主流史学将殖民地附属海事法庭作为引发美国革命的重要因素。随着大量尘封资料的发掘和新研究方法的出现,美国宪法制定之前海事法庭被遮蔽的一面渐渐为世人所洞察。显然,人们的认知走入了一个由偏见围成的误区,事实上,海事法庭的形象是丰富的,戴维·W. 罗伯逊(David W. Robertson)不无洞见地指出,在殖民时期,"管辖权"一词不仅包含司法权威的概念,还包括"治理的一般权威"。①

在政治意义上,附属海事法庭作为革命先贤们依仗的有力武器,被暂时隐藏了真实的面貌,通过形象改造,成为射向敌人的子弹。殖民者从过去的海事法庭实践为新国家的建立提供了经验资源。② 显而易见,美国国父们依靠他们在殖民地附属海事法庭的实践,在宪法第三条中确立了海事司法管辖权,为今日海事法的实质性和程序性提供了基础。事实上,美国革命者对附属海事法庭管辖权扩张的抱怨,显然被第一次国会在有意或者无意间忽略了,因为它为联邦法庭提供了至少和附属海事法庭一样广泛的管辖权。著名的美国宪法司法权力授予条款是美国海事司法管辖权的总依据,由于其并没有具体展开,在其解释方面,存在针锋相对的两派。对于习惯将美国革命理解为一场巨大历史断裂的人来说,关于海事法庭的历史连续性叙事顶多是一种无稽可考的想象。事实上,这是人类在认知上吝啬的结果。无论是以斯托里③为代表的本土派,还是英国派,都将殖民地附属海事法庭的运行情况作为自己解释的依据。

---

① See David W. Robertson, *Admiralty and Federalism: History and Analysis of Problems of Federal-State Relations in the Maritime Law of the United States*, The Foundation Press, Inc., 1970, p. 136.

② See Erwin C. Surrency, *Courts in the American Colonies*, 11 Am. J. Legal Hist. 347(1967).

③ 其祖父威廉斯托里在1759年到1765年,在殖民地附属海事法庭担任助理登记官。未来的法官斯托里在1798年刚从哈佛大学毕业,进入当地律师事务所时,其祖父依然在世,斯托里从其祖父那里了解到附属海事法庭的运作情形和管辖范围。

一、为后世提供了多项制度的历史实践

毫无疑问，殖民地时期的海事司法管辖权在多方面影响宪法制定之后的制度实践。首先，影响了后世的并行管辖权实践。在殖民地，海事法庭和普通法法庭在很多事项上共享着管辖权，这在一定程度上造成了两种法庭在某种程度上的混同状态，为州普通法法庭成为海事法庭做好了制度准备。毫无疑问，这种事实状态给美国宪法制定之后诉讼者保留条款的出台奠定了制度基础。海事法庭为后世带来了启示，意即任何一项制度改革都应该重视事物自身的规律，并注意传统的承继性。

其次，为陪审团的后世实践埋下了伏笔。天赋的接受陪审团审判的权利，容易激发人们的共鸣，尤其是在自由气息洋溢下的新大陆。也正因如此，该权利被建国国父们作为号召革命信众的思想资源。孤立地讲，陪审团制度作为法律文明史上的重要制度，当然有其进步性。但是一项制度发挥效用有其约束条件，具有一定超越性的权利思想并不一定能真正指导现实实践，陪审团的引入及其引发的窘境正是著例。甚至可以说，各殖民地海事法庭的陪审团让邦联的孱弱暴露在人们视线之中。陪审团的地方性质，决定了其成员必然将当地局部利益作为其事实认定的出发点，不会顾及具有普遍性的海事法规则，甚至置国际观瞻于不顾，屡次让邦联国会陷入两难之境。

但问题的关键在于，一项制度的运转，必有其合适的背景。邦联国会将海事法庭的设置交付各殖民地政府，而不是牢牢抓紧统一性的缰绳，自然成为败笔。这对后世的启迪无疑是深远的。这启迪后人，处理创新和继承的关系，不能依靠一时的偏好和热情，而应该从事物的本质出发，从事物所处的约束条件出发，综合考虑，从而作出明智的决策。值得注意的是，联邦党人建立一个坚强中央政府的信念，其灵感的一部分，也应来源于此。

二、提示宪法时代海事司法管辖权的发展方向

殖民地时期，普通法法庭和海事法庭在很多方面共享管辖权，这也决定了他们在实体法和程序法方面的混同性质。此种合作是和两者之间长期的斗争相伴而行的。美国宪法制定之后，海事司法管辖权和普通法管辖权共存于共和国之内，似乎都得到了妥善的处置，彼此相安无事。然而，虽然有形层面的对立确实在很大程度上消逝了，但在一些隐性方面，海事司法管辖权依然埋身于从普通法桎梏挣脱的争斗之中。可以说，这是殖民地时期制度惯性在新时代进一步发挥影响

力的结果。这种追求独立性的努力贯穿了以后的时代,20 世纪的海事法官们从他们 19 世纪的兄弟手中接过船舵,继续推进独立于普通法传统的海事法事业。①

诚然,在美国宪法制定的过程中,对捕获上诉法庭的引证并不多,但是参与主体的重叠性,自然在一定程度上决定了相关制度的走向。具体在联邦海事司法层面,对捕获海事法庭有一定借鉴,但更多的是吸取经验教训,这些经验教训作为反面资源,为新海事司法制度的缔造者提供了有力的历史支持。首先是陪审团的废除。在联邦层面建立海事司法管辖权排除了陪审团的存在。从“积极号”帆船案的结果来看,陪审团的事实裁定被推翻,国家权威最终得以维护。经过联邦党人的努力,海事司法管辖权在联邦层面得以确立。但实践也证明,海事司法管辖权中的国家权威真正被承认,还需要漫长的时日。这不仅与早期司法整体的孱弱有关,也与海事司法管辖权的历史惯性有关。但无论如何,至少在制度层面,国家权威有了相应的保障,体现在法官选任、执行等诸多环节。其次是下级海事法庭的设立。对此问题曾有过激烈的争议,有些代表基于节约费用的考虑,主张由州法院兼带海事案件关键的初审审理,事实上这是直接移植变革时期的做法。然而,此举遭到了有力的反对,捕获上诉法院的教训历历在目。只有将海事案件的管辖权全部掌握在联邦手中,才可能真正确保联邦的权威。最后,促进了权力分立原则的形成。捕获上诉法庭和邦联国会之间,存在错综复杂的关系,虽然国会强调了捕获上诉法庭的独立性,但无论是在法官工资,还是在海事相关标准使用方面,由相当数量倾向于殖民地自治的成员组成的国会都拥有决定性的权力,这导致捕获上诉法庭难以形成独立的权威。活生生的经验必然在新制度的缔造者心中烙下印记,并进一步影响到新制度的面貌。

与作为岛国的英国不同,在殖民地初期,美国海事司法和海事司法管辖权虽然存在于人们的生活之中,但并没有得到充分的认知和定义,其更多时候是作为普通法法庭的对立者存在的。美国宪法海事司法管辖权条款是各方博弈的结果,它并没有为后世提供一个清晰的方案,这无疑给后世带来了许多困惑,但从另一个角度来看,其却为制度演进提供了充足的行动空间。美国宪法海事司法管辖权条款的争辩是持久的,国父们的本意成为永恒的悬念,以至于有论者感叹,“从没有一项对国家管辖权的授予像海事司法管辖权一样难以界定,也没有一项对国家管辖权的授予如海事司法管辖权一样在其存续期间遭受如此持久的论辩,以至于

① See John R. Brown, *Admiralty Judges: Flotsam on the Sea of Maritime Law*, 25 Hous. J. Int'l L. 257(2003).

蔓延至国族存续第一个百年中的相当一部分时间”。①

为了作出适合美国的解释,人们仁智互见。有人求助于英国的历史解释,认为建国国父们不可能脱离当时的情境。而海事司法管辖权扩张解释论者则反驳道,海事司法管辖权的解释不必舍近求远,因为其依据恰恰就在大西洋这边。②对于后者来讲,即便假定其为真,也依然会产生新的解释困难,因为在整个殖民地期间,附属海事法庭有着截然不同的实践,事实上,革命前的附属海事法庭和革命之中的附属海事法庭,其运作是大异其趣的。当然,以上两者都不是全面的,我们很难想象,一个新生的商业族群可以不将广泛施行于欧陆海事法庭之中的商业便利和公共政策考虑进海事司法管辖权的定义中去。

在北美殖民地时期,由于新大陆处于英帝国的边缘地带,与英国高等海事法院的联系微弱,统一性问题并不突出。但是到了变革时期,海事法庭纷纷在殖民地的基础上进行改良型的实验,导致各个殖民地政府各行其是,使邦联政府沦为形式上的权威。这启迪建国者吸取经验教训,在联邦层面设置了海事司法管辖权。汉密尔顿在联邦党人文集中自信地宣称,迄今为止,最顽固的州权的拥护者还没有表现出质疑联邦海事司法管辖权的倾向。因为海事司法管辖权涉及联邦实务,因此通常会影响外国人的权利,这些权利必须基于公共和平的考虑。虽然联邦海事司法管辖权的建立绝非像汉密尔顿的策略性陈述那么一帆风顺,但至少说明了海事司法管辖权交由联邦的理由之充分,在统一性基础方面,远胜其他领域。

总之,在殖民地张力场之中,海事司法管辖权演绎着经济压迫者和船员保护者的双重角色,呈现出明与暗的激烈缠斗,在自然追求和被动迎合之间履行着自己的历史使命。美国革命为新国家提供了一个重新定义其法律和政府的机会,在革命的汹涌潮流之中,旧时代陈旧之物作为历史的负担被一扫而尽,其精神却历久弥新,为走向更民主高效的模式提供了正反两方面的经验资源。附属海事法庭在一定程度上催生了美国宪法的司法授予条款,并对随后的两个世纪影响深远。当然,海事法庭在美国的旅程并非一帆风顺,可谓在争讼纷纭中艰难走来,诚如后世一位著者的感叹:如今看来一目了然的历史进程,在当初则是在跌跌撞撞中进

---

① See Theodore M. Etting, *Admiralty Jurisdiction in America*, Philadelphia: Rees Welsh & Co., 1879, p. 5.

② Ibid.

行的。[①] 人们对海事司法管辖权毁誉参半,赞成者和反对者都可能援引殖民地时期的海事管辖经验。正如有学者指出,无论将来会发生多么大或者多么新的变化。

第三节 统一性的新起点:美国海事司法管辖权的宪法依据

在 1788 年弗吉尼亚宪法批准大会上,约翰·伦道夫(John Randolph)在呼吁批准宪法时说道:海事司法管辖权案件不可能被合适地授予州法院。考虑到我们国家的宁静和声誉,以及可能受海事裁决影响的外交事务,海事司法管辖权应该统一。如果由 13 个州分享海事司法管辖权,不可能造就一个和谐的局面,海事司法管辖权应该归于联邦司法。[②] 正是在上述理念之下,随着革命的硝烟散尽,联邦党人和反联邦党人围绕宪法制定展开了激烈的交锋。宪法海事司法授权条款呼之欲出,海事司法管辖权开始站在了一个新的起点之上。

一、迈向统一性:海事司法管辖权的法律依据

作为海事司法管辖权的基础依据,美国宪法第 3 条规定,“司法权应适用于……所有涉及海事司法管辖权的案件……”[③]

(一)独特的宪法海事司法授权条款

在百废待兴的宪法制定时期,海事司法管辖权作为许多重要议题中的一个,吸引的注意力自然有限。此外,其开放性含义也为后来的海事司法管辖权变迁提供了基础前提。从这个意义上来说,与其说是疏漏,不如说是智慧。事实上,美国宪法海事司法管辖权条款的含义经历了复杂的流变,法官尤其是联邦法官在其阐释中承担着重要的角色。总的来说,其定义倾向于扩大“admiralty and maritime”的含义。[④] 针对宪法海事司法授权条款的简化措辞,马歇尔大法官有着独到的解

---

① 参见[美]大卫·冯·德莱尔:《兴邦之难:改变美国的那场大火》,刘怀昭译,中国政法大学出版社 2015 年版。

② See Elliot's Debates 571 (1788). Quoted in William P. Cronan, Torts on Inland Waters—Admiralty Jurisdiction, 39 Mo. L. Rev. 28(1974).

③ U. S. CONST. art. Ⅲ, § 2, cl. 1.

④ See Gustavus H. Robinson, *Tort Jurisdiction in American Admiralty*, 84 U. Pa. L. Rev. 716 (1935 - 1936).

释;一部宪法,如果包含由各主要力量达成共识的所有细目的精确细节,以及执行这些细目的一切手段,将会造就一部冗长的法典。这几乎不可能为人类所接受,并且永远不会被公众所理解。因此,它的性质只要求画出它的大致轮廓,绘出它的重要指向,并从主要目标本身的性质推导出构成这些目标的次要成分。这一想法是由美国制宪者提出的,这不仅可以从宪法的性质来推断,而且可以从宪法的语言来推断。①

无论人们为宪法海事司法授权条款在细节上的牺牲提供了多少有力的解释,其在司法实践中依然引发不少困惑。首先,一般认为宪法海事司法条款中应该包含有立法权力,但同时又认为该条款专属于联邦法院,这常常引起立法司法化的质疑;其次,国会的角色也不清楚。在宪法制定后早期,一般认为,国会的立法权力源于宪法商业条款的授权。在上述认识之下,人们对联邦法院的角色进行了持续的思考。1934 年,首席法官休斯(Hughes)说,"宪法的司法授权条款一般被认为暗含了在海事事务上的立法权力"。② 霍姆斯法官也在詹森案③中宣称,"我毫不犹豫地认识到,法官确实在立法,而且必须立法,但他们只能匍匐在法律的缝隙之中"。④

(二)宪法海事司法授权条款的两种诠释

在一定意义上,美国海事司法管辖权的变迁过程同时是宪法海事司法授权条款的解释过程。各方观点竞相宣称自己的解释忠诚于制宪者原意。⑤ 但很显然,法院并不总是将制宪者原意作为解释的圣经。事实上,在日新月异的时代变迁之下,宪法原教旨主义并不具有独占的解释力。具体而言,有如下两种观点。

1. 限制论观点

宪法海事司法管辖权授予条款的出台并不顺利。⑥ 在 19 世纪前半叶,州权主义者企图将美国宪法制定之时,英国海事法庭的受理范围作为海事司法管辖权的

---

① See M'Culloch v. Maryland, 4 Wheat. 316, 407, 4 L. ed. 579; Southern Pac. Co. v. Jensen, 244 U. S. 205 (1917).

② See Gustavus H. Robinson, *Tort Jurisdiction in American Admiralty*, 84 U. Pa. L. Rev. 716 (1935 - 1936).

③ See S. Pac. Co. v. Jensen, 244 U. S. 205(1917).

④ See Southern Pac. Co. v. Jensen, 244 U. S. 205 (1917).

⑤ 有学者指出,海事司法权宪法授予条款开始是一种国际礼让的手段,到后来是对实质州利益的篡夺。

⑥ See History of Admiralty Jurisdiction in the Supreme Court of the United States, 5 Am. L. Rev. 58(1871).

参照,而1789年的英国海事法庭在普通法法庭的步步紧逼下正处于最低潮,这显然是州权派削减联邦权力的顽强努力。持该观点的典型代表是坚定的州权主义者丹尼尔法官。他在否定北美殖民地附属海事法庭价值的同时,对当下海事法庭进行了批评,他曾说,“早期殖民法院的先例是毫无价值的。迄今为止,海事法庭管辖权的范围,已经远远超过自己的适当范围”。① 他进一步提出,美国海事司法管辖权应该同宪法海事司法授权条款出台时的英国传统亦步亦趋。该观点的保守性显然可见。因为到美国独立战争时,英国海事法庭的权力和威望已到最低点,实际上,它管辖范围内所剩下的一切只是在公海上发生的事件。② 关于这种观点,很多人并不认同,如韦恩法官在华林诉克拉克案(Waring v. Clarke)③中质问道,在马萨诸塞州整个殖民时期,海事法庭所行使的司法权难道不超过处于英国普通法法院禁止令状下的海事司法管辖权吗?难道出席制宪会议的代表不知道这一点吗?④

2. 广义论观点

来自新英格兰的学者型法官斯托里无疑是美国海事司法管辖权扩张的有力推动者。在他的倡导下,海事司法管辖权从限制论的话语压迫中解放出来,逐渐走向了扩张之路。海事司法管辖权的广义论者显然对限制论者的说法嗤之以鼻,他们认为,将制宪者的本意限定在制宪时刻的英国乃基于想象,并进而将海事司法管辖权上溯到英国海事法庭在英国尚未受到压制之时管辖权的范围。这显然大大扩张了海事司法管辖权调整的范围。尽管有斯托里法官等广义论者的努力,其甚至对管辖权扩张展现了不无激进的态度,但保守观念依然顽强地存在于那个时代人们的心中。海事法院低潮时期的英国先例依然影响具体的司法实践。即便是斯托里法官本人,也并非总是广义论者。如在海事管辖的地理范围上,他主张仅仅适用于公海和潮汐水域,这一点和限制论者不谋而合。

诚如上文所述,在海事司法管辖权的变迁中,关于制宪者的本意存有针锋相对的观点。有限论者持有这么一项假定,即制宪者在确定海事司法管辖权在美国司法实践中的限度时,受到了英国海事法庭在同一主题上的经验限制。但其随之

---

① Harvey D. Goulder, *Evolution of the Admiralty Law (in America)*, 4 Detroit Legal News 22 (1897).

② See Anonymity, *from Judicial Crand to Legislative Power: the Admiralty Clause in the Nineteenth Century*, 67 Harv. L. Rev. 1216 (1954).

③ Waring v. Clarke, 46 U.S. 456 (1847).

④ See Waring v. Clarke, 46 U.S. 456 (1847).

带来的问题是,持论者似乎忽略了英美两国地理水情截然不同的事实。在英国,潮汐所至之水域基本上等同于实际航行区域。而美国则不然,在辽阔的土地上,水系纵横,船舶在潮水以上一千英里的地方航行,就像在潮水以下一千英里的地方航行一样,既畅通又有利可图,谙熟北美地理和殖民地历史情势的开国元勋们不可能不洞悉这一点。正是基于此,田纳西酋长(The Tennessee Chief)案首席法官指出,盲目采用一种异国地理之上的人为规则(潮汐规则)作为对海事司法管辖权的检验是荒谬的。[①]

二、联邦主义下的妥协:诉讼者权利保留条款

在美国国父汉密尔顿的乐观断言之下,海事司法管辖权统一于联邦层面似乎成为时代共识。那么,为什么还要通过《1789年司法条例》增加对海事司法管辖权统一性构成极大挑战的诉讼者权利保留条款呢?这是历史和现实达成妥协的结果。

(一)妥协之下的并行海事司法管辖权

海事司法管辖权是由《1789年司法条例》进一步具体化的,该条例并非在风平浪静中促成,而是联邦党人和反联邦党人之间激烈争辩的结果。应该看到,在许多更重大更急迫的时代议题面前,海事司法管辖权并没有得到应有的关注,[②]汉密尔顿的论断在某种程度上属于策略性考虑。实际上,宪法制定者非常清楚,历史上普通法法庭和海事法庭在海事司法管辖权范围上存在旷日持久的争议,普通法法庭对海事法庭在许多事项上的权力心存疑虑,将之归结为普通法法庭的嫉妒显然有以偏概全之嫌。在传统强大的惯性之下,大量的普通法法庭散布在新生共和国的辽阔疆域之内,且处理着大量海事事务。[③] 因此,很难设想在新政府下建立一个没有并行管辖权的专属海事司法管辖权。

和制度实践略有不同的是,在学说层面,海事司法管辖权一般被看作特殊事项管辖,统一于联邦层面至少具有理论上的优越性。诉讼者权利保留条款在文本上也肯定了这一点,但其具体规定使这种"专属"有点名不副实,也难怪有人将之

---

① See The Hine v. Trevor,2009 A. M. C. 270(1866).

② 这从《联邦党人文集》中关于海事司法管辖权的寥寥数言即可以看出。

③ See Edgar Tremlett Fell, *Recent Problems in Admiralty Jurisdiction* (*1922*), Kessinger Publishing,2010,p. 291 – 292.

视为“声名狼藉的 ”。[①] 事实上,美国革命不像法国大革命,没有涤荡一切的声势,对社会层面的触动是有限的,开创全新的局面不是它的使命。[②] 在某种意义上,美国革命把英国历史上海事法院与普通法法院之间对管辖权的争夺转移到了美国海事司法之中。[③]

随着诉讼者权利保留条款的出台,联邦党人和反联邦党人开辟了新的阵地,这充分体现在对条款的解释之中。根据联邦主义对海事司法管辖权的影响程度,条款可以有不同的解释。[④] 联邦论者企图通过缩小解释,将该条款对联邦海事司法管辖权的影响降到最低程度。他们认为,诉讼者保留条款并没有让渡实体权利,而不过是提供一种新的救济方式,无论哪个法庭受理海事案件,所适用的实体法是一样的,当事人的权利和义务并没有不同,该条款虽然意味着为海事不当行为提供补救措施的州法院可以审理海事案件,但必须适用联邦海事法。[⑤] 反联邦党人则针锋相对地反驳道,和联邦党人的理解相反,该条款意味着各州提供的法律权利和救济独立于联邦海事司法管辖权,甚至意味着联邦海事司法管辖权中包含了所有执行联邦权利的州救济。在双方阵营之外,也有折中的声音。如有学者指出,诉讼者权利保留条款表达了这样一层含义,即作为一种准宪法承诺,法院应确保在海事领域实现州法和联邦法律的适当混合。[⑥] 显然,这是联邦主义在司法层面的一场平衡试验,势必会对后世海事司法管辖权变迁产生重大影响。

上述关于诉讼者权利保留条款的几种解释,并行存在于美国海事司法管辖权的变迁之中,给海事司法管辖权在联邦层面的统一带来了难题。简言之,其基本争议点在于:州法究竟是权利的来源,抑或仅仅提供一个救济手段。[⑦] 1907 年汉密尔顿案(The Hamilton)[⑧]中的决定强烈暗示了州法可以是海上非正常死亡权利

---

① See David W. Robertson, *Admiralty Procedure and Jurisdiction after the 1966 Unification*, 74 Mich. L. Rev. 1627(1976).

② 参见[美]苏珊·邓恩:《姊妹革命——法国的闪电与美国的阳光》,杨小刚译,商务印书馆2015 年版。

③ See Edgar Tremlett Fell. Recent Problems in Admiralty Jurisdiction (1922), Kessinger Publishing,2010,p. 12.

④ See J. B. Ruhl, *Finding Federalism in the Admiralty: The Devil's Own Mess Revisited*, 12 Tul. Mar. L. J. 263(1987).

⑤ Ibid.

⑥ See David W. Robertson, *Federalism and Uniformity in Maritime Laws: The Applicability of State Law in Maritime Cases after Yamaha Motor Corp. v. Calhoun*, 21 TUL. MAR. L. J. 81(1996).

⑦ See Caldarola v. Eckert, 332 U. S. 157(1947).

⑧ The Hamilton,207 U. S. 398 (1907).

和补救措施的独立来源，这显然偏向于州权派的解释，这一结果更像是对哈里斯堡案所造成恶劣后果的补救。[①] 显而易见，上述解释是以牺牲统一性为代价的。事实上，哈里斯堡案被视为美国海事法历史上最恶劣的案例之一，以至于后世法院根据对宪法意旨的灵活理解，以联邦普通法为指导作出了不一样的解释，并据此推翻哈里斯堡案，为原告提供联邦普通法或法定海事不当死亡救济。之所以出现上述分歧，在很大程度上是诉讼者权利保留条款解释的开放性所致。

（二）并行管辖权在革命时代的存在基础

从《1789年司法条例》可知，第一次国会并没有直接排除州在海事司法管辖权上的权力，而是赋予了它们并行管辖权。然而，在该法案通过一个世纪以后，法院都没有在精确的意义上理解海事司法管辖权。但明显的是，美国海事司法管辖权虽有专属管辖之名，事实上相当一部分案件并非专属管辖，而是由州法院分享。并行管辖权是由《1789年司法条例》中的诉讼者保留条款赋予的。[②] 然而其存在基础为何，不能不引起人们的深思。与其说并行管辖权是联邦党人和反联邦党人激烈博弈的结果，不如说是对海事法传统的一种有益继承。并行管辖权在英国已经存在，代表王权的海事法院最初尚能和普通法法院分庭抗礼，但在遭到普通法法院的挤压之后，权威尽失，普通法法院借助禁止令状，将一部分案件的管辖权收入囊中，形成与海事法庭分享管辖的态势。殖民地时代，除延续了英国传统外，新增的财税案件由两家法院分享，这样更是在某种程度上光大了并行管辖权。并行管辖权尊重了州权，代表着联邦主义者的妥协。在某种意义上体现了反联邦党人的意志，抚慰了其在其他议题上愤愤不平的情感。

在联邦党人强大的统一意志之下，并行管辖权无疑有些突然，其之所以被规定在《1789年司法条例》之中，除历史原因和上述理念的催生外，具体原因体现为以下几个方面：第一，基于当事人诉讼便捷性的考虑。当时的美国社会尚处于农业发展阶段，人们出行并不方便，殖民地时期附属海事法庭造成的舟车劳顿曾经使民怨沸腾，这不能不让建国者们慎重考虑。第二，基于律师知识结构的现实需要。虽然附属海事法庭在殖民地有悠久的历史，但在诉讼程序方面和普通法法庭存在混同状态，这决定了宪法制定之后的海事法庭完全另起炉灶存在操作上的困难，大部分娴熟于普通法的律师并不熟悉独立的海事程序。第三，案件均衡受理

① See Harrisburg, 119 U. S. 199, 7 S. Ct. 140, 30 L. Ed. 358. 在该案中，法院拒绝适用一般海事法救济当事人。

② 该条款规定，“起诉者保留普通法救济的权利，如果普通法能够提供这种救济的话”。

的客观需要。联邦法庭在数量上远远不如遍布全国的州法庭。第四,诉讼人权利保障的需要。美国依靠自由来保持制度优势。由当事人自由选择有利于自己的程序规则,是自由体制的要义。

在并行管辖权之下,有利于通过一种良性的竞争关系实现制度的持续优化。一个最寻常的关于并行管辖权的辩解是,州可以作为检测新法效果的实验室,反过来,新法效果也可以促进联邦和州之间的良性竞争,更好地促进社会公益。①宪法制定时期,在私法案件较少、情况尚不复杂的情形之下,联邦海事法院和普通法法院并无明显的冲突,并行管辖权运转良好。联邦法庭在联邦主义原则之下创造一般海事法,不至于造成州权者太大的反应。随着和平时代的到来,海上捕获等公法案件逐渐退出历史舞台,情形开始复杂了起来。私法案件的大量增加,甚至主体化,导致海事法的专属管辖权更加显得名不副实。尤其是随着时间的推进,联邦海事司法管辖权一度出现保守的倾向,州法在部分案件上反而更能在当事人权利保障上与时俱进,这方面在人身损害赔偿领域表现得尤为明显,其结果促成了联邦海事法和州法之间的冲突明朗化。②

(三)州对并行管辖权的策略性运用及其归正

诚然,海事并行管辖权并没有实质改变联邦海事司法管辖权的内容。赋予某些原告以普通法救济,潜在减少了一部分在联邦海事法庭提起诉讼的人们,在事实上构成了对联邦海事司法管辖权专属性的侵蚀,对后世海事司法管辖权变迁构成了显著的影响。根据宪法,海事司法管辖权被归入专属管辖之列,美国宪法定义专属海事司法管辖权的方式非常概括,以至于给后世带来了不少误解。海事司法管辖权作为一个整体,在宪法海事条款制定之时,外延并不明确。有论者指出,专属性似乎是由“一只手”给予的,而那些开始尚未意识到后来被添加进海事司法管辖权的部分,又被“另一只”手拿走了。③

外延的不确定性本身就决定了机构误入的可能性,当然也给某些州法院的管辖权扩张提供了可乘之机。以对物诉讼为例,这原来是专属于海事法的一种特殊诉讼形式,归属于一般海事法调整。但部分州法院为了利用这种制度便利,将诉讼者保留条款中的“普通法救济”解释成“在普通法法院中的救济”。这直接使州

---

① See New State Ice Co. v. Liebmann, 285U. S. 262 (Bran-deis, J. , dissenting, 1932).

② See Steven L. Snell, *Courts of Admiralty and the Common Law*, Origins of the American Experiment in Concurrent Jurisdiction, Carolina Academic Press, 2007, p. 425 – 426.

③ See Charles L. Jr. Black, *Admiralty Jurisdiction: Critique and Suggestions*, 50 Colum. L. Rev. 259 (1950).

法院在事实上行使了在这一方面的海事司法管辖权。这显然是不可想象的,按照上述逻辑思路推演,则所有内河水域上的管辖权为州法院所有。虽然如此,在长期的实践之中,州法院作为普通法法院,对提起对物诉讼的当事人仍持有来者不拒的态度。如上所述,几乎所有内河州都为其法院制定了关于对物诉讼的法规,并适用于州内水域上原本是海事司法管辖对象的合同和侵权行为,这些法规行之有年,是目前州法院受理对物诉讼案件的主要依据。① 奇怪的是,这种现象长期并没有遭到违宪的有力指责。在 1866 年海恩案(The Hine)②被判定违宪之前,上述内河州对物诉讼法规一直发挥着效力。

在法律适用层面,州法院并不情愿适用一般海事法,即便在海事案件中适用,通常也辅以民法程序规则。这种取向是符合情理的,因为州法院并不熟悉海事法。在一些早期的案例中,州法院并没有应用海事实体法。③ 一位作者敏锐地观察到,在司法实践中存在一种趋势,至少在涉及小型非商业船只的情况下,州法庭越来越多地将州法应用于海事案件,以填补这些漏洞。④ 在后期,联邦法院要求州法统一适用。尽管如此,海事法在一些情况下并无置喙的空间。因为海事法并不完全自足,并不能覆盖所有的人身财物损害案件。在大量层出不穷的问题面前,海事法在实践中发展出来的一系列有限原则,并不能适应现实的需求。

(四)诉讼者权利保留条款的 1948 年修改

值得注意的是,《1789 年司法条例》确定的诉讼者权利保留条款在 1948 年进行了少许修改。有人认为,二者并无二致。但更有说服力的是,1948 年诉讼者权利保留条款增添了新的权利内容。1948 年新《司法法典》第 1333 条规定,针对海事、海商及捕获案件,联邦地区法院对下列事项具有初始管辖权:在海事司法管辖权内的任何民事案件,但在具体每一案件中,诉讼者或申请人有权获得其他救济的除外。⑤ 显而易见,该条款在用语上发生了从"普通法救济"到"任何其他救济"的变化。这种变化是红十字案(The Red Cross)⑥及其系列案件的结果。其似乎要传达的信息是,海事诉讼事由的发起人现在可以在普通法法院援引任何救济,

---

① See The Hine, 71 U. S. 562 (1866).

② Hine v. Trevor, 71 U. S. 565 (1866).

③ See Belden v. Chase, 150 U. S. 674 (1893); The Max Morris, 187 U. S. 1; (1890); Atlee v. Packet Co., 88 U. S. (21 Wall.) 889 (1874); In re Pennsylvania R. R., 48 F. 2d 559 (2d Cir. 1931).

④ See Sovel, *Determining the Applicable Law in Cases Arising in State Territorial Waters*, 37 TEMp. L. Q. 479(1964).

⑤ 28 U. S. C. § 1333 (1948).

⑥ The Red Cross, 264 U. S. 109 (1924).

而不仅是严格“普通法”意义下的救济。

第四节 因循与扩张之路:海事司法管辖权变迁的观念源流

在美国立国未稳之时,面对全新的一切,其经验资源并不充分,欧陆海商法自然也在借鉴之列。有论者指出,在19世纪早期,海事司法管辖权一度被以下信念所支配:来自欧陆的一般海事法指导;遵循英国先例;信从殖民地传统。①

一、管辖权的本源:美国海事法中的大陆法魅影

历史确实是一个无缝的网络,似乎不可能在不解释欧洲大陆原型发展的情况下,对英国海商法及其分支进行任何令人满意的解释。②美国海事法对欧陆海商法的借鉴有两种方式:一种是间接的路径,英国海商法本来就承自欧洲民法传统,作为英国管辖权的一种变种,美国海事司法管辖权自然也不例外;另一种是直接的方式,美国海事司法管辖权除承继殖民地和英国传统之外,还尝试从大陆海商法汲取养分。习惯起源之于海事法律的重要性,③与它的世界性特征有关,几乎不可能被高估。④

鉴于技术条件的落后,早期的商业航海活动,大多集中于近海岸边,虽然规模简陋,却散发着珍贵的文明曙光。在信史和想象之间,迦太基和腓尼基的先民们首次挂起了航行的风帆。在雅典时代,海事法院已经在母体提供的营养之下得以孕育。⑤ 在爱琴海和小亚细亚岛的怒涛之间,勇敢的海员和商人驾乘着简陋的帆船,促成了人类最早期的贸易活动。随着时代的演进,贸易形态趋于复杂,法律形式也愈加完备,代表人类文明重要成就的海事法典也登上了历史舞台。历史的因

---

① See Alfred S. Pelaez, *Admiralty Tort Jurisdiction-The Last Barrier*, 7 Duq. L. Rev. 1(1968).

② See Frederic Rockwell Sanborn, *Origins of the Early English Maritime and Commercial Law*, The Century Co. New York, 1930, Preface, xv.

③ 早在540年,东罗马帝国的官员,按照查士丁尼的命令,召集那些关涉海事租赁的船长,以便从他们那里确定当时的风俗是什么。可见习惯的重要性。

④ See Frederic Rockwell Sanborn, *Origins of the Early English Maritime and Commercial Law*, The Century Co. New York, 1930, Preface, xvii.

⑤ 在地中海沿岸的每一个港口,都有一个雅典领事。其职责不仅在于协助本国人在地中海上的商业运作,还负责将亡者的财物送往国内。这也是当下领事制度的最初雏形。See Theodore M. Etting, *Admiralty Jurisdiction in America*, Philadelphia: Rees Welsh & Co., 1879, p. 8.

缘际会,使罗德岛成了那个时代地中海世界的贸易中心。人类历史上第一部海事法典罗德岛海法正是在这里创生,从而较好地满足了逐渐复杂的海商事交易对规范和效率的要求。

在罗马帝国治下,海商法得到持续发展。总督的权力非但没有扼杀海商法的活力,反而意外地为海商事活动提供了以前时代所不敢想望的保障。[①] 然而,好景不长,蛮族的入侵导致古代海商法湮没在历史烟尘之中。野蛮人的瓜分让欧洲四分五裂,不同文明的杂处摩擦,导致财产权失去保障,严重破坏了交易的安全,海商事交易陷入停顿境地。其时,船难海员的境遇展现了一部悲惨但真实的时代画卷。[②] 随着暗淡时代的远去,商业环境逐渐向好,海商事贸易在意大利等地区率先实现复兴,出现了一些远近闻名的海商大镇,威尼斯、比萨、日内瓦是其中的佼佼者。君士坦丁堡一跃成为新的海商中心。在这些地区,听断海事案件的海商法庭因势而生。[③] 根据那个时期的令状记录,海事法庭受理各种案件,似乎所有非陆案件都在它宽广的管辖之下。相对于陆地上稍显粗鲁的征服者法庭,海事法庭的出现,昭示着个人权利拂晓时刻的到来。[④] 各种各样的海事法庭建立起来,冠以海事法庭或者商事法庭的名号,拥有范围相近的管辖权。共同的精神原则让它们成为一种基于海洋的共同体。

在英国,海事法一般被称为民法,这是从相对于英国普通法的大陆法意义上来讲的。[⑤] 这事实上指明了英美两海事司法管辖权和大陆法系海商法在历史上的亲缘关系。依据通说,英美海商法由地中海、北海、波罗的海、大西洋沿岸的商人法和罗马法嫁接而成。在一定意义上可以认为,商人法提供了习惯,罗马法提供了框架体系。13 世纪左右,英国开始接受大陆海商法的影响,企图和本国普通法分庭抗礼的海事高等法院积极促成了大陆海商法的引入。大量的欧陆法原则被吸收转化,进而渗入后世美国海商法之中。在对英美两国海事实践有重大影响的国家之中,法国有特别的位置。有三位 18 世纪的作者,他们在美国再版的著作

---

① See Theodore M. Etting, *Admiralty Jurisdiction in America*, Philadelphia: Rees Welsh & Co., 1879, p. 8 – 10.

② 遭遇船难时候,货物会被没收,在很多案例中,船员沦为奴隶。See Theodore M. Etting, *Admiralty Jurisdiction in America*, Philadelphia: Rees Welsh & Co., 1879. p. 10.

③ See Theodore M. Etting, *Admiralty Jurisdiction in America*, Philadelphia: Rees Welsh & Co., 1879, p. 10.

④ Ibid., p. 11.

⑤ See David R. Owen & Michael C. Tolley, *Courts of Admiralty in Colonial America, the Maryland Experience, 1634 – 1776*, Carolina Academic Press, 1995, p. 6.

有相当的影响力,即阿佐诺德(Azunide)的《欧洲海事法》,B. 布雷默顿(B. Emerigon)的《海事租赁》以及波蒂埃(M. Pothier)的《海事合同》。① 讨论大陆法对美国海事法的影响,不能不提及亚瑟·布朗,②其著作《民法和海事法简论》于1802年在英国伦敦出版,让大陆法系和英美法系实现了文本意义上的沟通交流。亚瑟·布朗著作中关于附属海事法庭程序的论述被美国联邦第二巡回法院在1970年的一个案件中引用。在此案例中,法官认为亚瑟·布朗"对美国海事法的影响不可能被高估"。③ 此外,美国海事法呈现出注重先例的特点,这在一定程度上即源于法国的影响。④

二、从奉行到抽离:美国海事司法管辖权中的英国实践

在英国海事历史上,海事法庭经历了一段颠簸起伏的历程。英国海事司法管辖权的变迁可以明显分为三个时期:一是英王查理二世出台法令前鼎盛时期的管辖权;二是被普通法庭打压之时的管辖权,这个阶段虽然小有起伏,但是总体上呈现节节败退的收缩态势;三是美国宪法制定之时的英国海事司法管辖权。在三个不同的阶段,海事法庭的受案范围差别很大。在美国海事司法管辖权发展过程中,这些理论资源被各方力量当作理论武器,以佐证自己的观点。英国海事司法管辖权呈现出有别于欧陆海事司法管辖权的特点。1361年,海事法庭在王权的支持下权力达到极致,该时期是海事司法管辖权的辉煌时期。海事法庭权限的扩张自然不为历史悠久的普通法法庭所能容忍。

为了遏制海事法庭的扩张、抵制欧陆民法影响力的扩散,一系列法律被制定出来,海事管辖范围被限制在沿海区域。⑤ 其中,1389年颁布的一项法令尤为严厉,该法令命令海军上将不得介入国内任何陆上事务,并于1391年进一步剥夺了海事法庭对合同的管辖权。由于17世纪宪法冲突的冲击,爱德华·科克不遗余力地攻伐,英国海事司法管辖权彻底失去锐气,形同普通法法庭的随从,而不似身

---

① See David R. Owen & Michael C. Tolley, *Courts of Admiralty in Colonial America, the Maryland Experience, 1634 - 1776*, Carolina Academic Press, 1995, p. 8.

② 亚瑟·布朗出生在美国,是一名爱尔兰传教士的儿子,后来返回爱尔兰接受教育。See Joseph C. Sweeney, *The Admiralty Law of Arthur Browne*, 26 J. Mar. L. & Com. 59(1995).

③ See Maryland Tuna Corp. v. The MS Benares, 429F. 2d307, 309(2nd Cir. 1970).

④ See David R. Owen & Michael C. Tolley, *Courts of Admiralty in Colonial America, the Maryland Experience, 1634 - 1776*, Carolina Academic Press, 1995, p. 10 - 11.

⑤ See E. S. Roscoe, *Admiralty Jurisdiction and Practice, Stevens and Sons*, 1920, p. 6 - 8.

在大陆国家的作为独立国家机构的幸运兄弟法庭。概言之,普通法法庭大约延续500年的挤压成功地挫败了曾经威风一面的海事司法管辖权,以至于在美国宪法制定时期,其管辖范围已经被限制到几种基础的案件类型。[①]

面对对立意见,丹尼尔法官认为,英国判例是决定性的,海事司法管辖权应该根据1789年英国的做法确定。[②] 此观点并不容易被反驳,据说丹尼尔法官从大量英国著作和判例中查找到许多很具说服力的论据。此外,丹尼尔法官也参考了邦联时期少数几个州海事法院报告的案例,来佐证自己的观点。[③] 值得注意的是,作为一种历史资源,查理二世出台的法令之于海事司法管辖权范围的规定,并没有达成共识。即便在查理二世的时代,海事法庭和普通法法庭都从自己的角度出发,压缩对方的管辖权范围。普通法法院在解释早期法律时,以自己的理解为准绳先后发布了禁止在海事法院提起诉讼的令状。[④] 海事法庭自然认为,普通法法庭的解释存有根深蒂固的偏见,但也无力证实。当代人如此,后世自然也各为于己有利的解释,以支持自己的管辖权主张。

人普遍都有走捷径的心态,在认知方面,也遵循同样的规律。所谓"人是认知的吝啬鬼",就是这个道理。对于那些急切了解海事司法管辖权范围却苦无标准的法官而言,亦是如此。人的头脑中原有的架构、脚本和其他知识结构,只需要从记忆当中提取出来就可对新信息进行评估,不需要耗费太多的认知能量。[⑤] 经验主义本来就是英美国家所珍视的传统,遵循先例更是其在司法实践中的普遍运用。美国海事法官在全新的形势下,一般都会自觉不自觉地求助于传统和经验。激进如斯托里者,在许多情境下也不例外。米勒法官曾经这样描述法官的谨慎:"我们充分意识到相关各方利益将被我们的决定影响,我们明晓我们赖以做出决定的原则的重要性,并确保足够的时间以便考虑周全,以使得每一个足以影响结果的考虑尽可能慎重。"[⑥]

在上述情势之下,变革或许只能渐进。在托马斯·杰弗逊案(The Thomas

---

① 主要包括以下三类:船员工资案件、船舶抵押权等合同事项,侵害、碰撞、劫掠等侵权事项,担保、救捞等准合同事项。

② See New Jersey Steam Navigation Company, 47 U.S.344(1848).

③ Ibid.

④ See Anonymity, *from Judicial Crand to Legislative Power: the Admiralty Clause in the Nineteenth Century*, 67 Harv. L. Rev. 1216 (1954).

⑤ 参见白洁:《论认知吝啬》,载《西北师大学报(社会科学版)》2013年第1期。

⑥ Hine v. Trevor, 71 U.S. 555,4 Wall. 561(1866).

Jefferson)[①]和蒸汽船“奥尔良”诉菲比斯(The Steamboat Orleans v. Phoebus)案[②]中,最高法院忠实地遵循了英国关于管辖权的界定。[③] 在海事理论著作方面,英国学者对美国海事法官也有重要影响。十八九世纪的美国海事法官常常引用在海事实体法领域最有影响的学者莫洛伊(Molloy)的著作。据说莫洛伊最受斯托里法官的喜爱。莫洛伊1676年推出的著作《商人法》(*Law Merchant*)最初用拉丁文写成,在1769年推出英文版,这是在殖民地马里兰州通行的唯一的相关主题著作,对美国海事法的发展产生了较大影响。[④]

美国海事司法管辖权对英国的继承和脱离,从对判例的运用中也可以明显看得出来。在美国革命之后的最初时间内,美国法院尚无公布判决的习惯,这必然导致在诉讼中大多引用英国案例,美国案例的适用反而狭窄得多。[⑤] 大概于1820年,这种情况终于有了明显的转变。美国人出版了州和联邦法院的判例,一些有关美国法律的书籍也开始问世。[⑥] 针对这种转变,美国海商法学家格兰特·吉尔摩说:“在1780年代,对联邦法院来说,全方位借鉴英国判例似乎成为唯一专业化的权宜办法,然后使之逐渐适用美国具体的实践。可赞的是,到了1820年代,这种需要显然已经不复存在。我们建立了自己的案例系统。”[⑦]上述论述虽然是针对一般案例而发,但显然,海事司法管辖权在运行中也共享着类似的经验。

在长期的发展过程中,海事司法管辖权深受普通法的影响,刻意保持对普通法的偏离成为保持海事法独立性的一个现实必要。在美国海事司法实践中,经常有被告援引普通法规则驳斥原告的救济主张。例如,在里德诉坎菲尔德(Reed v. Canfield)案[⑧]中,原告认为,作为雇员,其无权享受针对雇主的索赔。斯托里法官

---

① The Thomas Jefferson, 10 Wheaton, 428(1825).

② The Steamboat Orleans v. Phoebus, 11 Peters, 175.

③ 当然,在若干年后,它们被田纳西酋长案推翻。根据该案确定的原则,联邦法院的海事司法管辖权不仅限于潮水,而且扩展到船只漂浮以及航行足以成功地辅助商业的任何地方。然而取舍的困惑终究会被不可阻挡的时势消解,在华林诉克拉克案中,最高法院宣称,《宪法》所授予“适用于所有海事司法管辖权的案件”的司法权力,既不受限于,也不接受英国海事司法管辖权案件的解释。

④ See A. Day, *A Social Study of Lawyers in Maryland, 1660 - 1775*, Simon & Schuste, 1987, p. 62 - 72, 138 - 154.

⑤ See Lawrence M. Friedman, *A History of American Law*, New York: Simon & Schuster, 1985, p. 109 - 112.

⑥ 参见韩铁:《美国宪政民主下的司法与资本主义经济发展》,上海三联书店2009年版,第97页。

⑦ Grant Gilmore, *The Ages of American Law*, New Haven: Yale University Press, 1977, p. 23.

⑧ 20 F. Cas. 426 (C. C. D. Mass. 1832) (No. 11,641).

却结合海事不同于陆地的特点，提出“海员在某种程度上是旅行途中共同的风险承担者”，[①]既然海员受到严苛纪律和难解苦难的包围，理应有权享有特殊的权利和职责。于是，斯托里法官付诸指导和控制海商法运行得更广泛的原则，通过与普通法规则的区分，果断将普通法弃置一旁。此外，在船员过失是否可以作为其丧失救济权利的依据问题上，斯托里法官再一次脱离英国普通法学说，其指出，普通过失不至于产生丧失权利的法律后果。“相对于那些轻微的过失，法律更倾向于惩罚那些对船舶有害的‘粗鄙而严重的’行为”。[②]

三、更自由的实践：北美殖民地管辖权对后世的影响

17 世纪晚期，附属海事法院法官和法庭开始接受来自英国高等海事法庭的委任状，这就是后来北美殖民地海事法庭委任状的原型。[③] 这是殖民地附属海事法庭接受母国上级法庭派出的凭据，也是英国在殖民地享有特别主权的象征。但是，这并不意味着附属海事法庭仅仅是英国高等海事法院的下属机构，是其在殖民地的应声虫。恰恰相反，殖民地海事法庭呈现出明显区别于母国的特点。首先，在殖民地，海事法庭拥有不同于其母国的制定法管辖权；[④]其次，英国在殖民地的有益忽略政策，给了海事法庭更多的运作空间。海事法庭通过理查德二世限制性法规的解释，更自由地去解释赖以行使权力的委任状。[⑤] 此外，在英国，海事法庭和教会法庭存在千丝万缕的联系。[⑥] 因为信仰上的限制，殖民地几乎没有民法学者，普通法律师常常同时作为海事律师参与海事案件的诉讼进程，导致海事法程序和普通法庭程序在很大程度上类同，这一点更是偏离了英国本土的实践。

在美国宪法制定之后，殖民地传统并没有被作为旧古董予以废弃，相反，其影响深深渗入海事司法管辖权的变迁之中。在这一点上，史学界认识有一个逐渐深入的过程。过去曾经长期认为，附属海事法庭是英帝国在北美的政治代言人，是

---

① Reed v. Canfield, 20 F. Cas. 428(1832).

② Reed v. Canfield, 20 F. Cas. 430(1832).

③ See Henry J. Bourguignon, *The First Federal Court*, the Federal Appellate Prize Court of the American Revolution 1775 – 1787, The American philosophical society, Independence Square. Philadelphia, 1977, p. 9.

④ See C. Andrews, *Introduction* in D. Towel, ed., Records of the Vice-Admiralty Court of Rhode Island(Washington, D. C., 1936), Chapter 1.

⑤ See David R. Owen & Michael C. Tolley, *Courts of Admiralty in Colonial America, the Maryland Experience, 1634 – 1776*, Carolina Academic Press, 1995, p. xiv – xv.

⑥ 相关法官都是仰赖于民法博士会馆(Doctors' common)的民法学者，甚至分享同一套程序。

执行航海条例的压迫工具,提供的全然是负面的经验。上述看法曾经在很长时期左右了人们对海事法庭的判断。

有充分的证据揭示,许多殖民地附属海事法庭的亲历者参与了美国宪法和《1789 年司法条例》的起草,并散布在各种海事法庭之中,其经验不可能不影响海事司法管辖权在司法实践中的运转方式,其理念不可能不影响到海事关系圈面向未来的变迁方向。有法院在个案中指出,那些宪法的制定者以及那个年代的律师,非常熟悉存在于殖民地大多数州的不同的管辖权,这种管辖权肯定比同时期受普通法法庭限制的管辖权范围更广阔。① 例如,新罕布什尔殖民地总督曾经授予他的海事法庭法官广泛的权力,包括"在新罕布什尔所在的全部海岸、公共河流、港口、淡水河流、小溪、港湾以及海洋"上的权力。②

显而易见,鉴于特殊的地理条件,这种迥异于英国本土的做法更符合北美大陆的实际,不可能不引起立法者和海事法官的注意。法官在上述海事案件中以反问的语气问道,"难道还可以想象,宪法的制定者们会完全无视殖民地时期的几个州对海事司法管辖权的早期立法以及在这些法庭上进行诉讼的规则吗"?③ 事实证明,将殖民地经验从有相关经历的人们心中抹去,是一种不尊重事实规律的轻慢做法。正是基于对殖民地传统的尊重,韦恩法官毅然抛弃来自英国的自甘封闭的海事司法管辖权安排,大胆借鉴殖民地在海事司法管辖权方面的务实做法,在华林诉克拉克案中支持了原告的海事司法管辖权诉求。当然,上述事例很难说提供了一个具有较强说服力的论证,在殖民地传统被接受的程度上,有不同看法。但殖民地附属海事法庭对后世的影响是确实的,无论在心理上,还是在具体实务上,这种影响都无法低估,以至于一位作者评价道,美国海事司法管辖权制度是一个从前英殖民地继承,后来通过成文法和案例法进行修改的系统,是一个适合美国的系统。④

---

① See Waring v. Clarke,2006 A. M. C. 2651(1847).

② Ibid.

③ Ibid.

④ 李屏山等:《美国海商法的司法管辖及其船舶的人格化》。转引自李海主编:《拱辰集:海商法问题研究》,大连海事大学出版社 2008 年版,第 128 页。

第五节　公法年代的终结:海事司法管辖权变迁的私法转向

一、海事司法管辖权的公法年代

宪法海事司法授权条款和《1789 年司法条例》是联邦党人和反联邦党人激烈博弈的结果,妥协方案的出台有其特殊的历史背景。在美国宪法制定伊始,海事司法管辖权主体事项仍然延续殖民地时期的传统。海事法庭大多是捕获案件以及财税案件等,少量的船员工资案件似乎仅仅作为点缀,引不起大时代人们的注意。在当时的人们看来,那些私法类海事诉讼(当时称为 instance 案件)无论如何也不会占据后世海事司法管辖权案件的主体。在宪法制定初期,联邦党人和反联邦人呈现水火不容的态势,却出奇地在海事司法管辖权问题上形成共识。除了并行管辖权带来的安慰外,显然和上述案件格局有关。

上述情势并不符合现代人对海事司法管辖权的基本体验。我们生活在海事司法管辖权主要涉及私法诉讼的当下,二百年间时势的巨大变迁把人们隔离在建国一代所置身的环境之外,在那个几乎被遗忘的时代之中,潜藏着许多迥异于当下的历史经验。但无论存在多么巨大的疏离,基本共识依然存在,即在宪法制定初期,存在一种建立国家海事司法管辖权的迫切需要。两百年之后,共识依然不曾磨灭。但可惜的是,促成这种管辖权共识的缘由却似乎消失在历史迷雾中了。幸运的是,秉持理想主义情怀的学者们并没有放弃这种努力。

现存的书面证据相当清楚地表明,海事管辖条款被置于宪法之中,联邦海事法庭随后成立,其所拥有的联邦海事司法管辖权包括三个特定类别的诉讼:捕获案件、刑事诉讼以及根据联邦税收法提起的案件。[①] 这些证据进一步表明,美国开国先贤们并不关心联邦层面国家对私人民事诉讼海事司法管辖权的需要。换句话说,宪法制定时期海事司法管辖权范式既非私人诉讼也非完全民法诉讼。这个似乎已经被遗忘的海事司法管辖权范式事实上承担着保卫美国主权利益的功能,所受理的案件包括对航海条例的执行、政府财税征收和对刑事犯罪进行起诉等。是故,美国宪法制定时期的海事司法管辖权范式为非私人诉讼。

埃德蒙·伦道夫(Edmund Randolph)是共和国早期一位颇具影响力的政治领

---

① See William R. Castot, *The Origins of Federal Admiralty Jurisdiction in an Age of Privateers, Smugglers, and Pirates*, 37 Am. J. Legal Hist. 117(1993).

袖,他的思想是解读开国元勋们坚持联邦(而非州)海事司法管辖权必要性的一把无价的钥匙。此人虽然默默无闻于现代,却在当时备受好评。在宾夕法尼亚州宪法会议上,他代表颇有影响力的弗吉尼亚殖民地,除了担任弗吉尼亚殖民地总督外,他还具有相关的海事实践经验,担任过州海事法庭法官,并在殖民地国会参与起草了关于捕获诉讼的实质性规则,后来在华盛顿政府中担任总检察长。埃德蒙·伦道夫的中心观点是:海事司法管辖权的自然本质决定了联邦层面应该具有海事司法管辖权。在18世纪,州法院和联邦法院在海事诉讼中最重要的区别在于联邦法院在对物诉讼救济上的排他性。

但埃德蒙·伦道夫并不认为上述程序技术上的区别很重要,他更多地从案件本身性质出发。其列出了联邦海事法庭所涉及的四种案件类型:首先是捕获案件,其次是刑事诉讼案件,再次是财税案件,最后是船员工资案件。这种公私案件的混合,似乎并不能说明宪法制定时期海事司法管辖权的"公法范式"。细读埃德蒙·伦道夫的文章,不难发现,其对不同案件类型轻重有别的倾向性看法,他具体列出了前两类案件必须归属联邦管辖的理由,在涉及船员工资这种私人诉讼时,他表现出一种淡漠的态度。他甚至表示,"专门为私人对物诉讼提供一个联邦法庭对国家利益几乎没有或根本没有好处"。① 当然,我们不免会发出疑问,埃德蒙·伦道夫的观点能代表18世纪末期人们对海事司法管辖权的共识吗?抑或只是一种灵机一动的想法?

二、海事司法管辖权变迁中的私法转向

随着和平时代的到来,捕获案件逐渐退出了历史舞台。海事技术的更新换代、蒸汽船的出现,促进了海商业的迅猛发展。这种情况之下,海事案件结构发生了显著的变化,先前不受关注的私法案件逐渐反客为主,成为海事法官案头的主体。假如当时的人们不是紧盯国际局面的话,反联邦党人或许就有机会将目光移到国内,着眼以后,局面将大为不同。可惜历史不容假设,形势的发展本难预测,难以苛责旧时代的人们。随着私法案件的增多,海事司法管辖权逐渐扩张,州权派发出激烈声音,只是为时已晚,时代潮流已经容不下和统一性相悖的话语。

面对迅速变化的形势,海事法官不能固守于公法时代对海事司法管辖权的理解,而是因应时代变化,从理论和实践层面探索应对之策。例如,当美国尚处于与

① See William R. Castot, *The Origins of Federal Admiralty Jurisdiction in an Age of Privateers, Smugglers, and Pirates*, 37 Am. J. Legal Hist. 117(1993).

海直接相连的十三州时期时，海事司法管辖权受制于具有悠久历史的潮汐原则。随着贸易和商业向内陆的逐渐转移，海事法庭在拓荒者的远征中扩大了自己的海事司法管辖权。随着野草似生长的商业距离潮水越来越远，潮汐原则显然跟不上海事管辖扩张的步伐。尽管河上面有港口，水深且适于航行，也是商业繁盛之地，并且经常暴露在如海洋一般的危险和事故之中，但如果按照潮汐原则解释，一条穿过密西西比河的线就会轻易地将海事司法管辖权拒之河外。在普通法势力不如英国强劲的新大陆，海事法庭无疑更能迸发扩张的激情。另起炉灶、创建新国家的自主感让美国海事法官通常在管辖权问题上声称自己的独立品质。但美国宪法制定后的早期，一些海事法官还是谨慎地认为，宪法中"海事司法管辖权"的授予条款必须考虑英国的海事司法管辖权。

转折点始于斯托里法官在德罗维奥诉博伊特案中的强有力表达，尽管其承认问题的重要性和新颖性，但他不可能预见到这个观点对后世会产生怎样的影响。德罗维奥诉博伊特案涉及联邦法院对一项海上保险合同纠纷的管辖权，根据英国海事司法管辖权，该纠纷与海事法庭无缘。但斯托里法官从宪法条款的简洁措辞里巧妙地为法庭争取到"海事"管辖权，而且还解释了"marintime"一词已经被附加到"授予条款"中。根据这一细心发现，斯托里拒绝了关于海事管辖权的狭义解释，成功从英国先例的桎梏中摆脱出来。斯托里法官得出结论说，将英国海事司法管辖权的限制延伸到宪法的更宽泛的语言中"似乎有点荒谬，因此，他毫不犹豫地将联邦司法管辖权扩展到所有的海事合同、侵权和伤害案件中去。针对这一拓展，后世评价甚高，如布拉德利大法官认为，"斯托里法官关于海事司法管辖权博学和详尽的见解"为他树立了见证他博大学识的永久丰碑。①

---

① See John R. Brown, *Admiralty Judges: Flotsam on the Sea of Maritime Law*, 25 Hous. J. Int'l L. 257(2003).

第三章 联邦主义情境下美国海事司法管辖权的运作

美国海事司法管辖权整体上呈现出一种扩张的倾向,处处可见关于统一性的努力。美国的海事司法管辖权总体上呈现的扩张态势,和美国联邦权力的扩张路线是基本一致的。然而,州权和联邦权的互动从来不是压倒性的单向前进,而是存在复杂的互动关系。基于对宪法的尊重而带来的联邦党人的自抑倾向以及州权派的努力,在历史上的某些阶段,海事司法管辖权也遭受到部分限制。北美殖民地镶嵌在英帝国的制度结构之中,并受到普通法的深刻影响,这必然影响到革命与立宪之后的制度实践。要全面理解海事司法管辖权变迁,除了重视传统观念的影响之外,还需要将之与权力结合起来。

美国海事司法管辖权变迁具有显著的实践性特点,但并非没有政治上的约束条件。事实上,其运作于联邦主义的独特背景之下。美国革命的原因之一就是反对越来越集权化的国家体制,因此美国的开国之父为这个国家设计了三权分立、相互制衡的联邦主义政府体制。① 作为典型的联邦制国家,美国奉行的是复合主权模式,将联邦政府与州政府结合在一个单一的政治体系之中。1787年,美国宪法确立了现代联邦制,它的显著特征就是建立

---

① 参见韩铁:《美国宪政民主下的司法与资本主义经济发展》,上海三联书店2009年版,第95页。

了两级主权之间的平等关系，意即在联邦之下存在次一级主权。在一定意义上，可以说海事司法管辖权在其联邦之内的统一性是海事国际统一性的一个地区标本。作为无可逃避的约束条件，联邦制对美国海事司法管辖权的发展既有制约的方面，又有促进的方面。

第一节　横向联邦主义之于海事司法管辖权变迁

一、国会角色的时代变迁

在美国海事司法管辖权变迁过程中，国会的角色呈现一个不断变化的轨迹。由于美国是普通法系国家，所以联邦国会一般不能成为主导性角色，但考虑美国作为英美法系国家，具有不同于英国的特点，其更加注重制定法的功能，联邦国会立法仍然对海事司法管辖权产生了相当程度的影响。

（一）美国宪法制定之前的国会角色

19 世纪，美国法律体制的一个重要特点是法院权力的稳步做大，当然这并非从开始就是如此。从 17 世纪到 19 世纪初，立法机构才是北美这片土地上法律发展的主要动力。① 特别在美国革命时期，国会作为新生邦联的权力中枢，无疑发挥了主导性作用。② 最初，邦联国会并没有建立专门的诉讼法庭，而是成立特别委员会受理相关的海事捕获案件，后来建立专门的上诉委员会。但无论机构名称如何变换，都属于邦联国会的下级机构，其成员同时兼任国会议员，只是徒具司法机构的形貌，很难具有独立性。在相关判决无法执行的窘境之下，建立专门审理捕获案件的上诉法庭成为时势之所需。但问题仍然没有实质性解决，上诉法庭的人员虽然具有了独立性，但是任期较短，且由国会任命。最为关键的是，该法庭缺少自己的执行机构，以至于各州有意无意忽略了国会关于“所有案件必须上诉到国会”的决议要求，纷纷制定具有本殖民地特色的规定，对上诉条件进行了严格的限制。例如，在战争早期，马萨诸塞州和新罕布什尔州将上诉范围限定于国会授权的捕获案件。③ 在国会的压力之下，两州在 1779 年才将允许上诉的范围扩展到

---

① 参见韩铁：《美国宪政民主下的司法与资本主义经济发展》，上海三联书店 2009 年版，第 91 页。

② 严格来讲，革命时期的邦联体制和宪法制定之后的联邦体制明显不同，但是其依然具有二级主权的雏形，可以视为联邦主义的一种基础形态。

③ See Henry J. Bourguignon, *Incorporation of the Law of Nations During the American Revolution—The Case of the San Antonio*, 71 AM. J. INT'L L. 270(1977).

以友好邦国为一方的捕获案件上,[1]大量的案件其实根本没有上诉到国会相关机构,这恰恰说明了国会的权威已经迷失在案件的进程之外。各殖民地的态度犹豫消极,有人感叹,上诉法庭可以得以运行,真是奇哉怪哉![2]

国会的软弱其来有自。一般认为,国会和海事上诉管辖权的疲软与邦联体制的松散定位有关,领导人的非长远心态也难逃干系。波士顿倾茶事件的发生让北美新大陆斗争形势变得千钧一发,殖民地做好了战争准备。由于缺乏正规的海军力量,殖民地必须借助私人劫掠船,将其作为准军事力量参与到革命中来。相应地,一些围绕私人捕获的争议也变得不可避免。在军务冗繁的情势之下,军事领导人的全部精力和野心都放在了打赢或者说不输掉战争上,[3]指望其解决这些细事争端不太现实。华盛顿要求邦联国会采取措施,但他更着眼于自己眼前面临的困难。在给国会的信中,他说,"不管国会采取什么模式,一个基本的要求是快捷,至于我自己,因为不能从军中事务中脱身,对这些事情无暇顾及"。[4] 显然,革命带来的翻天覆地的力量,往往更注目于宏大的气象,制度的精细常常不在考虑之列。国会并未像英国一样对相关程序等事项做出严格规定,而是留待各州完成。这一决定暴露了代表们的一些矛盾心理,显然不能代表大多数人的意见。

代表们的举棋不定不妨碍大多数殖民地在宣布独立后的几个月内纷纷建立了自己的海事法庭。在海事法庭的设立上,呈现出各自为政的态势。但一般都引入陪审团决定事实问题,这样一来,拥有上诉管辖权的国会只能决定法律问题。虽然,形态各异的殖民地海事法庭,为时代呈现了一幅变革的全新图卷。邦联的弱势地位导致州海事法庭和国会在捕获案件的最终决定方面存在争议。上诉法庭判决的执行必须依赖各州海事法庭完成,但后者在很多时候并不配合。更为致命的是,具体案件是否可以上诉,也由州决定。这与其说是邦联国会草率立法结出的苦果,不如说是孱弱邦联所必然承受的命运。综合而言,这一时期,是中央权力孱弱、海事司法管辖权统一性存在严重不足的时代。革命之前的邦联国会在海事司法管辖权事项上发挥着影响。在横向的层面之上,邦联国会发挥着主导性角色,在纵向的层次上,其却由于先天不足表现出软弱的一面。这不能不对美国宪

---

① See Henry J. Bourguignon, *Incorporation of the Law of Nations During the American Revolution—The Case of the San Antonio*, 71 AM. J. INT'L L. 270(1977).

② Ibid.

③ 参见[美]约瑟夫·J. 埃利斯:《缔造共和——美利坚合众国的诞生 1783—1789》,宣栋彪译,中信出版集团2018年版,第33页。

④ See Washington to the President of Congress, 11 November, 1775, p. 81 - 82.

法制定之后的权力分配模式产生重大影响。

(二)美国南北战争之前的国会角色

在美国宪法出台后的初期,虽然国会的权力相对于邦联时期大大加强,但联邦法院在海事司法管辖权领域发挥着主导作用,国会的角色经历了一个从隐没到凸显的过程。作为国会立法权的两个可能来源,宪法海事司法授予条款和宪法商业条款,是国会海事立法的宪法依据。在美国海事司法管辖权的变迁过程之中,二者的角色此消彼长,先后在不同时期发挥过不可忽视的作用。

毫无疑问,在美国宪法制定后初期,人们普遍认为,海事司法授权条款和国会无涉,国会根据宪法商业条款赋予的联邦权力对海事有关的事宜进行联邦立法。根据某位学者的研究,在涉及国会权力问题的早期案例中,没有一个案件将宪法第 3 条第 2 款中的司法权授予条款作为国会立法权的潜在来源。① 所以说在 19 世纪前半叶,海事司法管辖权在西部水域扩张中,宪法商业条款发挥了重要的原则指引作用。同样,其跨州适用性成为海事司法管辖权后来进一步扩张的障碍,并被州权论者引为斗争工具。

事实上,在 1851 年之前,国会对海事事项的立法权力来自宪法商业条款。有学者研究认为,调整五大湖和中西部长达 15000 英里的密西西比—俄亥俄—密苏里河水系的少数联邦法律似乎基于宪法商业条款。② 海事专属管辖权和海商业密切相关,从海事司法管辖权存在的实质理由来看,其就是为了海商业而生。且专属管辖权属于联邦层次,自应该调整跨州事项,因此,将海事司法管辖权限制在宪法商业条款的适用范围之内,似乎也不能算悖谬。

在这一时期,联邦最高法院并没有无视国会立法以及宪法商业条款的限制,并在个案中注意压制海事司法管辖权突破宪法商业条款的冲动。在 1859 年马奎尔诉卡德(Maguire v. Card)案中,联邦最高法院在指示地区法院撤销案件时认为,"海事法庭应该尊重各州在公认的商业权力限制下的法律,这些法律对海事管辖事项的监管应该与'外国和几个州之间'的商业活动大致相当……因此,就各州纯粹的内部贸易而言……由此产生的纠纷应该留给它自己的法庭来处理"。③ 另一起海事案件走得更远。在该案中,两艘船在阿拉巴马河上碰撞,导致一艘汽

---

① See Edgar Tremlett Fell, *Recent Problems in Admiralty Jurisdiction (1922)*, Kessinger Publishing, 2010, p. 294.

② See Anonymity, *from Judicial Crand to Legislative Power: the Admiralty Clause in the Nineteenth Century*, 67 Harv. L. Rev. 1216 (1954).

③ Maguire v. Card (The Goliah), 21 How. 250 - 251 (U. S. 1859).

船沉没,涉案双方来自同一州,按照国会引为依据的宪法商业条款,显然联邦海事司法管辖权不应该问津,但联邦法庭明确表示该案属于其海事司法管辖权的受案范围。[①] 这种认定困扰着麦克莱恩法官。在异议中,他指出,既然宪法商业条款调整跨州之间的商业事项,作为商业规制权力的海事司法管辖权,应该受制于此。这种反对意见显然是以国会权力为本位的。从上述案件,可以明显看出海事司法管辖权中美国宪法商业条款的影响。

直到1851年,从在事实上置宪法商业条款于不顾的田纳西酋长案中,依然可以看到宪法商业条款的观念影响。在该案中,首席大法官罗杰·B. 泰尼(Roger B. Taney)突破了潮汐原则的传统限制,将海事司法管辖权范围拓展至所有可航行水域。这种决定很快受到质疑,因为法院结论所依据的可航性标准显然是由商业权力界定的,其中存在逻辑矛盾。所以,在很大意义上,并不是法院,而是国会根据商业条款推动了这一逆转。但必须承认,针对宪法商业条款给海事司法管辖权带来的限制,开始有反思的声音。有论者指出,将宪法商业条款作为授权依据是极其危险的,其适用范围的局限急需一种务实的回应,即以一种可行的方式(将宪法海事司法授权条款作为国会立法的依据)以确定海事司法管辖权,同时将其利益扩大到更大的群体。[②]

(三)美国南北战争之后的国会角色

南北战争的爆发对海事司法管辖权变迁产生重要影响。南方分离主义分子的离心主义倾向让联邦有倾覆之险。同时,危亡时刻的民族主义倾向有所抬头。部分地区法院,希望通过判例将海事司法管辖权从宪法商业条款的限制中解放出来。作为回应,联邦最高法院通过发生在哈德逊河上的一个侵权案例[③]提出,两船同属一州的事实并不影响本案的管辖权。其进一步认为,海事法庭对水上侵权行为的管辖权仅取决于侵权发生的位置,只要侵权行为发生在可航水域,就属于海事司法管辖权的范围。判决虽然肯定了个案的管辖权,但并没有从整体上推翻先例。

宪法商业条款无从对一州之内的船舶进行立法性限制,而海事司法管辖权却要调整所有可航水域的船舶。明显可以看出,面对联邦司法调整下的海事管辖事

---

① See Jackson v. The Magnolia,涉及一艘名为"哥利亚号"(Goliah)的载煤船,在加州萨克拉门托河(Sacramento river)上作业。

② See William W. Adams, *Constitutional History-Development of Admiralty Jurisdiction in the United States, 1789 - 1857*, 8 W. New Eng. L. Rev. 157(1986).

③ The Commerce (Commercial Transp. Co. v. Fitzhugh),1Black 574 (U. S. 1862).

项,国会的立法权开始变得残缺不全。来自新泽西州的约瑟夫·P. 布拉德利法官(Joseph P. Bradley)见证了海事立法权力在那个时代的变迁。他认为,我们不能假定宪法的制定者认为法律应该永远不变。毫无疑问,随着时代的进展,国会的角色是变化的。在美国宪法后时代初期,"国会至少拥有根据宪法商业条款授予的权力,可以凭此引入所需要的改革"。① 后来,这种权力有了新的凭据。这从约瑟夫·P. 布拉德利法官在不同阶段的认识可见一斑。最初,他坚信,1851 年《船主有限责任法》的授权依据是宪法商业条款。后来,他的看法发生重大转变,开始认为宪法海事司法条款的包涵性更强,更能解释上述法案。他指出,"我们不能怀疑这样做的权威……相应立法权必须在国会"②。

海事司法管辖权正式从宪法商业条款中解脱还要等到 1869 年。在这一年,联邦最高法院明确宣布将海事司法管辖权的范围扩大到所有海事合同和侵权行为,不受宪法商业条款限制。③ 在这段时期内,1845 年海事司法管辖权扩展法案对海事司法管辖权的限制以及宪法商业条款作为法案宪法基础的信念,很可能是海事司法管辖权有限观念的来源,这种观念反过来又强化着这种信念。④ 在很长一段时间,这种观念对人们具有支配力。直到 19 世纪晚期,联邦最高法院才承认,国会海事立法的宪法基础并非宪法商业条款,而是宪法海事司法授予条款。自此之后,国会立法开始走出宪法商业条款的牵制,呈现多发之势,助推了海事司法管辖权向纵深扩张。

二、国会制定法与海事司法管辖权的拓展

与联邦法院不同,联邦国会在海事事项方面的角色主要以立法的形式予以呈现。美国海商法的最初起源主要是判例法,自 19 世纪以来,美国开始重视成文法的制定,并且制定法占据了重要的地位,⑤以至于有法学家说,美国法不再是严格意义上的判例法了。⑥ 判例法和制定法的此消彼长在一定意义上说明,在美国海事司法管辖权发展的早期,国会在管辖权变革中的声音并不响亮,随着国会角色

---

① See The Lottawanna, 21 Wall. 577 (U. S. 1875).

② Butler v. Boston & S. S. S. Co., 130 U. S. 527, 557 (1889).

③ The Belfast, 7 Wall. 624(1868), p. 641 - 642.

④ See Anonymity, *from Judicial Crand to Legislative Power: the Admiralty Clause in the Nineteenth Century*, 67 Harv. L. Rev. 1216 (1954).

⑤ 参见冯辉编著:《美国海商法案例选评》,对外经济贸易大学出版社 2003 年版,第 4 页。

⑥ 参见徐爱国:《西法肆言——漫话西方法律史》,北京大学出版社 2009 年版,第 199 页。

的逐渐明确,其立法空间大大拓展,联邦制定法更多被制定出来,这极大地拓宽了海事司法管辖权的边界,在相当程度上弥补了联邦法院在制定一般海事法时踌躇不前的缺憾。

(一)1845年《海事司法管辖权扩展法案》

作为海事司法管辖权全面向西部水域拓展的前奏,1845年《海事司法管辖权扩展法案》(Admiralty Jurisdiction Extension Bill)具有极大的开拓与引领意义。该法将海事司法管辖权扩展到五大湖水域,于1845年2月26日通过。该法将联邦地区法院的管辖范围扩大到发生于湖泊以及与湖泊连通水域上的某些案件。该法主要内容包括以下几点:首先,其管辖范围限于载重量在20吨以上、登记注册并取得沿海贸易执照、并在不同州港口和地点之间从事商业和航行的船只;其次,如果任何一方要求的话,它不排除陪审团参与事实认定;最后,该法案规定的管辖权不是排他性的,而是与州法规定的补救办法并行适用。

在该法案的合宪性基础问题上,理论界存在不少争议。海恩案中引述的反对意见认为,海事司法管辖权扩展法不属于商业性法规,因此宪法商业条款不是其立法的宪法依据。宪法赋予海事法庭的权力并不适用于潮汐以上水域的案件,国会没有权利通过立法来扩大它。被告律师不无忧虑地指出其中隐含的危险:“如果这项法律能够维持下去,人们会疑惑:为什么国会不能把联邦法院管辖范围扩大到各州之间广泛开展的商贸活动中的每一个案件上去?但这样一来的话,全国大概一半的诉讼案件都将被收纳到联邦法院。”①然而,如果将该法案的宪法依据认作宪法海事司法授权条款的话,在海事法庭中纳入陪审团,又有些不伦不类。

显而易见,围绕1845年《海事司法管辖权扩展法案》的重要争议点在于:其宪法依据是宪法海事司法授予条款?抑或是宪法商业条款?1845年尚处于宪法商业条款作为国会立法依据的普遍认知阶段。所以一般观点普遍主张,该法案的宪法依据主要基于宪法商业条款。② 有论者在认真研究1845年《海事司法管辖权扩展法案》后认为,该法案是一个奇特的聚合体。虽然有违背逻辑之处(如海事司法管辖权扩展法不属于商业性法规),但其措辞给人的印象是,法案是根据宪法

---

① See Propeller Genesee Chief v. Fitzhugh, 53 U. S. (12 How.) 448 (1851).

② U. S. CONST. art. I, § 8, cl. 3.

商业条款制定的。[①] 针对上述结论，首席大法官塔尼（Taney）在田纳西酋长案中予以了断然否定。他认为，该法案并非基于宪法商业条款，尽管几乎所有人都认为这是事实。

基于论证的需要，塔尼首先对海事司法管辖权问题和商业监管之间进行了严格区分。[②] 随后他得出结论，即该法案基于宪法海事司法授予条款，而非国会管理商业的权力，目前通行于国内的潮水限制是对历史事实的误解。其进一步批评道，英国的地理形势使潮汐水域和通航水域成为同义，但美国的情况并非如此。但美国法院已经习惯了英国的诉讼形式，在疏于审查其功能内容的情况下，简单地接受了潮汐规则。[③] 显然，在首席大法官塔尼的眼中，1845 年《海事司法管辖权扩展法案》的出台不过是一种拨乱反正罢了，湖泊和连接他们的通航水域属于海事司法管辖权的范围，符合美国制宪者的本意。

（二）1948 年《海事司法管辖权扩展法案》

在海事司法管辖权的变迁过程中，一些发生于船岸之间的案件逐渐引发关注，部分案件甚至导致了荒谬的结果。例如，岸上设施对船上目标造成损害的时候，船舶可以受到海事司法管辖权的保护，但岸上设施遭到船上目标损害时，却难以在海事司法管辖权下接受救济。此外，在港口和部分河流水域航行的船只，通常处于引航员的控制之下（法律强制规定）。如果引航员在将船舶驶近码头的过程中造成码头损伤，码头根本没有有效的救济措施，它不能申请海事法庭扣押船舶，也不能根据普通法追究船舶所有人的责任，因为引航员不被视为船东的属员。[④] 其根本原因在于英国普通法旧传统的桎梏和美国早期具有高度共识性的决定。虽然其荒谬性显而易见，但一个接一个的案件使传统海事司法管辖权学说在美国得以顽固地延续。

这种学说起源于英国普通法法庭对海事法庭的压迫，而这种司法压迫的畸形果实，早在 1861 年的英国就通过立法予以摘除了，可是在美国，却仍然被不可思议地继承着，以至于引起了广泛的批评。作为对批评的回应，1948 年 6 月 19 日，美国总统杜鲁门签署了第 2381 号决议。该决议实质内容如下："……美国海事司

---

① See William W. Adams, *Constitutional History—Development of Admiralty Jurisdiction in the United States, 1789 - 1857*, 8 W. New Eng. L. Rev. 157(1986).

② See Propeller Genesee Chief v. Fitzhugh, 53 U. S. (12 How.) 451 - 452 (1851).

③ Ibid.

④ See Leonard Holland, *Amphibious Torts and an Act for the Extension of Admiralty Jurisdiction*, 5 Intramural L. Rev. N. Y. U. 1(1949).

法管辖权范围应扩大并包括所有因船舶在可航行水域造成的人身或财产损害的案件,尽管此类损害是在陆地上造成或完成的。对在通航水域造成损害或者损害已经完成的,依照法律原则和实践规则,可以对物或者对人提起诉讼……”这一国会立法对海事司法管辖权的基本修改,解决了一项建国以来一般普通法一直在努力解决却又未尝如愿的问题。

(三)《琼斯法案》《码头和港口工人赔偿法》

《美国通史》第4卷指出,自19世纪后半期开始,整个美国社会全面卷入了由农村社会向现代城市社会迅猛转变的全过程,20世纪初,这种转化进入关键时期。这两个法案正是在这个背景之下出台的。随着进步时代的到来,工业时代经济的迅猛发展,急需大量劳动力,为了应对随之而来的广泛人身损害,侵权法救济有了重大的变化,各州也纷纷出台法规,予以州法救济。这在一定程度上,对联邦海事司法管辖权造成侵蚀。麦克唐纳法官通过詹森案宣告了一般海事法优越于州法的地位,导致州法救济在事实上被否定。但同时,保守的一般海事法也不能填补随之而来的救济真空。面对这种情况,国会在授权州法未遂之后,采取了国会立法的方式以救济处于弱势地位的海上从业者。

《琼斯法案》(Jones Act)有特定的适用范围,只限于海员。相对于岸上人员,《琼斯法案》给予了船员比较全面的保护,其不仅将一般海事法赋予的“供养和医疗”待遇立法化,而且规定了比较优厚的损害赔偿标准。《琼斯法案》旨在实现“海事司法管辖权行使的统一性”,赋予海员一项联邦权利,以实现无论伤亡地点如何,他们都有权就雇主过失向雇主追偿。[①] 根据《琼斯法案》,原告可以选择就过失行为在海事法庭或普通法法庭提起诉讼。如果在州法院提起诉讼,即使是在涉及多样性的案件中,也丧失了将案件移送联邦法院的权利。由于《琼斯法案》的救济范围有限,未能完全解决现实中的人身伤亡问题,《码头和港口工人赔偿法》(LHWCA)应时而生,其与大多数州工伤法一样,只规定雇主对其雇员的死亡或受伤所负的责任,并规定了标准化的赔偿数额,而不考虑雇主是否具有过错,[②] 但在救济力度上不如《琼斯法案》。

(四)《公海死亡法》

《公海死亡法》(DOHSA)[③]是一部典型的妥协性立法,代表了对哈里斯堡案

---

① See Moragne v. States Marine Lines, Inc., 398 U.S. 375,402 (1970).

② Ibid., 408 (1970).

③ 46 U.S.C. § § 761 - 768 (1982).

和汉密尔顿案姗姗来迟的立法反应。詹森案虽然排除了州法在人身伤害方面的适用,但仍然把死亡案件留给了州。或许联邦法院有平衡联邦和州权的考虑,但依靠州法为海上死亡提供救济,特别是为公海死亡提供补救办法,并不能令从业者满意。州立法管辖权的固有局限、州法律标准的冲突以及法律适用规则明确性的缺乏,在实践中造成了巨大混淆。各州的非正常死亡救济在注意义务、损害赔偿方式、责任理论、抗辩、豁免、受益人类别和诉讼时效等基本问题上差别很大。①此外,没有一项既定的规则或直观的程序来确定应由哪一个州的不当死亡法来应对复杂海事案件中的特殊情况。②

综合上述考虑,几项议案被递交给国会,试图为所有可航行水域建立统一和专属的联邦过失死亡救济。③ 然而,海事司法管辖权统一性的考虑终究没有敌过当地从业人员要求州法对领水提供救济手段的愿望。④ 作为妥协,从 1915 年开始,美国海事法律协会提出了一系列建议案,旨在建立一套只适用于公海的联邦死亡救济法。《公海死亡法》在国会讨论完善的基础上于 1920 年颁布生效,同时各州的死亡救济法可以在自己领水上自由使用。《公海死亡法》受到的评价并不高。有论者指出,虽然该法成功地实现了专门针对公海的联邦不当死亡救济,但它对整个不当死亡救济法律框架的影响微不足道。⑤ 该法的初衷在于寻求相关不当死亡救济的统一,然而事实上却仅仅只是在局部实现。与其说实现了统一性,不如说撕开了一个更大的裂口。由此足见实现统一性的曲折和艰难。

三、国会和法院的配合与制衡

美国历史学家唐纳德·J. 皮萨尼(Donald J. Pisani)曾经指出:“在 19 世纪,国会的不行动和联邦最高法院的行动一样定义了宪法。”⑥在海事司法管辖权领

---

① See Sea-Land Services v. Gaudet, 414 U. S. 573, 586 – 587, 1973 AMC2572, 2583 – 2584 (1974).

② See Generally Currie, *The Choice Among State Laws in Maritime Death Cases*, 21 VAND. L. REV. 297 (1968).

③ See Hughes, *Death Actions in Admiralty*, 31 YALE L. J. 115(1921).

④ See Offshore Logistics, Inc. v. Tallentire, 477 U. S. 207, 1986 AMC 2113 (1986).

⑤ See J. B. Ruhl, *Finding Federalism in the Admiralty: The Devil's Own Mess Revisited*, 12 Tul. Mar. L. J. 263(1987).

⑥ Donald J. Pisani, *Promotion and Regulation: Constitutionalism and the American Economy* in David Thelen, ed., The Constitution and American Life, Ithaca: Cornell University Press, 1988, p. 85 – 86.

域也大抵如此。但应该意识到,国会展示给人们的并非永恒的沉默,其在19世纪有着一个蓄势待发的过程。

(一)国会的静默和法院的探索

联邦法院并非排斥国会在相关海事问题上的介入,恰恰相反,其对国会不无期望,国会可以通过立法帮助处于迷茫之中的海事法官一臂之力。但在很长一段时间内,国会缺少积极的立法回应。直至1851年,国会修改了联邦最高法院制定的海事规则,这是美国宪法制定以来的第一次实质性动作,标志着国会在海事司法事项方面沉默的年代已经过去。在著名的托马斯·杰弗逊案中,斯托里法官评论道:"国会是否有权管理州与州之间的商业往来?是否可以不通过宪法的简要程序,将补救措施扩展到西部各州?这一点我们没有必要考虑。如果由于缺乏类似性质的立法程序而给公众带来不便,并被广泛地感知到,立法机关无疑会注意到这一问题。"①

在美国宪法制定后的最初年代,联邦国会在航运方面的立法权威并不那么明确。② 一般认为,美国宪法中不包含任何与其第三条中所载的与司法授权类似的针对国会的海事授权。早在1824年吉本斯诉奥格登案(Gibbons v. Ogden)③中,国会调整航运的权力就曾引起争议。双方就宪法是否授予国会以调整航行事务的权力进行了争辩。被告一方认为,国会通过宪法获得的只是管理商业的权力,仅限于买卖和交换商品。④ 针对此种意见,马歇尔法官不以为然,他认为宪法商业条款能包含更多,不止于商品方面,更包含州际交往。一旦"州与州之间的交往"被认为属于商业的范畴,大多数海事事务将被收入国会立法之门下。"很难构想出一个规范州与州之间贸易的宪法条款,会排除一切有关航行的法律。也很难想象一州会对他州船舶的进入保持沉默,并限于货物的买卖或者交换。"⑤在该案中,国会通过商业条款调整航行事务的权力得到联邦最高法院的确认。

随着时代的变迁,国会除了上述调整航运事务的权力外,也被认为具有修改一般海事法的权力。然而,宪法商业条款和宪法海事司法授权条款的侧重点明显不同,两者更不能等同。布拉德利法官曾在裁决中认为,"海商法的范围和商业法

---

① The Thomas Jefferson, 23 U. S. 430(1825).

② See Gustavus H. Robinson, *Tort Jurisdiction in American Admiralty*, 84 U. Pa. L. Rev. 716 (1935-1936).

③ Gibbons v. Ogden, 22 U. S. (9 Wheat) 1 (1824).

④ Gibbons v. Ogden, 22 U. S. 1(1824).

⑤ Ibid.

规的范围是不相同的”，[①]但他同时认为，“宪法商业条款可以涵盖海事事项的大部分内容”。[②] 布拉德利法官承认海事司法管辖权的范围问题属于司法事项，无论州法和联邦立法都不容置喙，但他仍然认为国会可以通过宪法商业条款赋予的权力修改经过法官宣示的一般海事法。虽然这在实践中造成了一定的混淆，但国会的权力事实上被认可。在20世纪早期，法院将之作为一种确定的原则固定下来，认为“国会有至高无上的权力修改通行全国的一般海事法”。[③]

为了进一步明确国会在海事司法管辖权上的权力，宪法海事司法授权条款的宪法语言开始被解释为包括国会立法权。1934年首席大法官休斯说：“宪法海事司法授予条款被认为是对立法权的隐性代入。”[④]虽然司法化立法客观地存在于法官的司法实践中，但人们还是对其是否违背三权分立原则抱有警惕，以至于人们主张海事立法权应该由国会拥有，这虽不无“鸵鸟心态”之嫌，但也难以否定人们心愿之真诚。这种态度也反映在一些司法案件中，法官逐渐确认了国会在海事司法管辖权方面的立法权力。在华林诉克拉克案中，韦恩法官充分肯定国会在海事司法管辖权事项立法中的独立价值，将海事司法管辖权从关于宪法的限缩解释中解放出来。[⑤]

（二）法院和国会的实践互动

法院与国会之间的角色互动是复杂的，相互配合只是其中的一面，基于对横向联邦主义功能的认知，联邦最高法院和国会之间并非总是相互背书，而是履行有效的制约。在宪法制定后的初期，国会立法尚处于“宪法商业条款”时代，此时，两者之间实践互动就已经存在了。1848年，法院裁定船东对其船舶所犯的所有侵权行为负全部责任。[⑥] 鉴于其作为先例的准用性，必将对船舶产业构成巨大冲击。针对判决的反对声音蜂起，并推动国会出台了1851年《船主有限责任法》[⑦]，对法院判决进行了否定。当然，法官并非总是欢迎国会的介入，而是希望其能保持在合适的限度之内，充当补救者的身份，而非拆台者的角色。针对1851年《船主有限责任法》，联邦最高法院认为该法案只适用于从事国际贸易或州际

---

① Lottawanna, 88 U. S. 558, 577 (1875).

② Ibid.

③ Southern Pac. Co. v. Jensen, 244 U. S. 205, 215 (1917).

④ The Thomas Barum, 293 U. S. 21, 43 (1934).

⑤ See William W. Adams, *Constitutional History-Development of Admiralty Jurisdiction in the United States, 1789 – 1857*, 8 W. New Eng. L. Rev. 157 (1986).

⑥ See New Jersey Steam Nay. Co. v. Merchants' Bank of Boston, 6 How. 344 (U. S. 1848).

⑦ 29 STAT. 635 (1851).

贸易的船只,并不能适用于当下的案件。显而易见,联邦最高法院之所以质疑上述法案,其原因在于,法院认为国会制定海事法规的权力依据是宪法商业条款,而不是宪法海事司法授权条款。

随着时代的发展,法院和国会之间的冲突开始加剧。1868年,海事司法管辖权调整范围进一步延伸到州内船只,法院与国会之间冲突开始变得更为明显。从宪法商业条款限制中解脱出来后,国会角色得到了更有力的发挥,法院和国会的冲突变得更加不可避免。在20世纪初期进步主义时代,美国侵权法发生重大变革,麦克唐纳法官在詹森案及其后一系列案件中,开启了联邦最高法院和国会间的激烈战争。联邦最高法院通过詹森案确定了一般海事法的优先地位。面对联邦最高法院在一般海事法上的保守趋向,国会充分发挥了立法的救济功能。在一般海事法和州法的关系上,国会大多数不以为然,他们并不认为海事司法管辖权的统一性具有现实的需要。面对大量突然失去法律保护的群体及其带来的失序,国会更偏向权利保护的价值。为了填补詹森案带来的救济真空,国会两次通过立法试图绕过该案的裁决。相关法案力图为海事事故索赔人保留"任何州工人赔偿法规定的权利和救济",并为换取联邦最高法院的支持,特意规定了一些例外。[①]

国会的苦心并没能软化联邦最高法院在统一性方面的坚定决心,部分法案被国会废除。在詹森案之后的十余年间,许多水岸"两栖"工人无从得到救济,呼嚎于江海河湖之间。在特殊时势的催逼之下,经过长时间的理论试探和实践观察,国会痛定思痛,决定建立全国层面的法律。[②] 虽然法案的适用范围存在一定局限性,例如,规定在州法不能有效提供救济时使用,以及不适用于船长和船员等,这在一定程度上降低了法案的价值,但该法毕竟提供了相较于州法律更为慷慨的救济。事实上,上述系列案件为国会行使权力设置了统一性要求,即国会制定的海事法律必须通行全国。授权各州自行立法的行为显然违背了这一限制,以至于多次被法院判决无效。法院的理由之一在于,州法行使人身伤亡管辖权的理由并不充分,在联邦海事法中,并没有被废置不闻的权利领域,相应的救济关怀潜藏在宪法授权条款之中,由联邦法庭通过一般海事法实现。由上述案例可知,联邦最高法院和国会之间存在激烈的实践互动。

---

① 将船长和船员排除州相关赔偿法案的覆盖范围之外。

② See Longshoremen's and Harbor Workers Act, 33 U. S. C. Sec. 901 et seq.

第二节　纵向联邦主义之于海事司法管辖权变迁

在联邦主义制度架构中，州是极其重要的一级。尽管马歇尔法官和托尼法官为代表的联邦权者对联邦和州权之间权力划分曾作过基于国家主义立场的解释，但正如美国学者哈里·沙伊伯说过，"正规权力的分散化所达到的程度仍然令人印象深刻"。[①] 马歇尔法官本人就曾经宣称：这些州，是一个伟大帝国的成员，就有些目的而言其是主权者。[②] 事实上，州的独立角色在一定程度上是由法院来保证的，从 19 世纪的大部分时间来看，法院判决中使州得以保持其地方自治大权的权力分散化趋势历久不减。[③] 在上述背景之下，各州在美国海事司法管辖权的变迁过程中必然承担不可忽略的角色。联邦与州的较量在许多情况下表现为一般海事法和州法之间的较量。这种冲突在人身伤亡领域表现尤为激烈，这和美国侵权法的时代转向大有关联。

一、州权在海事司法管辖权的双重角色

海事司法管辖权的历史决定了州在海事司法管辖权变迁中不可忽视的地位。在一定程度上，州代表着一种分离的力量，和追求统一性的联邦海事司法管辖权存在冲突，但也呈现积极的一面。在长期的实践进程中，州以制衡者和补位者的角色实现着对海事司法管辖权的形塑。

（一）海事司法管辖权扩张的异议者

在美国，亚历山大·汉密尔顿是把实践经验、对传统和历史连续性的尊重以及政治想象力结合得最好的人。[④] 他曾经自信地认为，在海事司法管辖权联邦专属管辖议题上没有反对者。实际上，他的看法是不对的，自信和偏见遮蔽了其对事实的认识。海事司法管辖权整体上的联邦定位，决定了其为州权派所不喜。然而，在某些情况下，联邦和州是存在高度共识的。州权论者是不无裨益的平衡者。

---

① See Harry N. Scheiber, *Federalism and the American Economic Order, 1789 - 1910*, 10 Law and Society Review 57(1975).

② See Cohens v. Virginia, 6 Wheat 264(1821).

③ 参见韩铁：《美国宪政民主下的司法与资本主义经济发展》，上海三联书店 2009 年版，第 86 页。

④ 参见[美]苏珊·邓恩：《姊妹革命——法国的闪电与美国的阳光》，杨小刚译，商务印书馆 2015 年版，第 41 页。

在革命时期,州曾经有自己的海事法庭,邦联条款要求各殖民地建立海事法庭,并引入陪审团审判。虽然邦联条款第9条规定了所有的捕获案件都归于上诉委员会。但在关于上诉管辖权方面,各州都有自己的限定,在这种情形下,中央权力尚孱弱,地方派阵营处于极盛时期。在美国宪法制定之后,随着时代的演进,海事司法管辖权的联邦化趋势日渐明显,这引起了州权派的警惕,他们担心联邦主义的大厦正在被那些可耻的司法"集权者"侵蚀。

约翰逊法官毫不隐藏自己对激进管辖权扩张论者的蔑视。在拉姆齐诉阿莱格尔案(Ramsay v. Allegre)中,他不无嘲讽地说,"是时候制止海事法庭在它并不声称拥有的司法权方面所取得的这种无声无息、偷偷摸摸的进展了"。[①] 其矛头指向了以斯托里法官为代表的海事司法管辖权改革派。这不过是那个时代对海事司法管辖权扩张动向表现出来的众多忧虑之一。在拉姆齐诉阿莱格尔案中,约翰逊直指美国联邦制计划中的一个缺陷,似乎将其作为海事司法管辖权扩张的制度诱因,他说道:"我正在筑牢宪法墙壁上的一个薄弱环节。海事法庭的每一次进步都是对普通法的胜利,都是对陪审团审判的胜利。……一旦确立了在这里所要求的权利,它就可能带来英国十五世纪所有的海事司法管辖权篡夺。在英国有一种控制力量(法院的禁止令状),但这里没有。"[②]

州权派的忧虑并非杞人忧天,而是有充分的事实依据。在海事司法管辖权扩张的冲动面前,并没有合适的制度设计。诚然,联邦最高法院可以用禁止令状,去禁止海事司法管辖权在地区法院的不当扩张,但其监督效果无法让人信服,禁止令状的发布机关和地区法院身处同一个系统之内,有自我监督之嫌。检索美国汗牛充栋的司法案例,禁止令状的适用并不多见,其实践价值让人怀疑。事实上,在这方面,以州权派为主的反联邦党人在宪法制定之初就已有觉悟。最富有远见的反联邦党人布鲁图斯,已经准确预见了联邦最高法院将对自己权力以及一般立法机关权力进行解释的宽泛度,并准确预见了联邦最高法院将会采取的推理方式。[③]

在异议之路上,约翰逊法官并不孤独,他还有很多同道者,丹尼尔法官正是其中之一。在几代改革派海事法官的努力下,著名的田纳西酋长案将海事司法管辖

---

① Ramsay v. Allegre, 25 U.S. (12 Wheat.) 611, 614 (1827), (Johnson, J., concurring).

② Ramsay v. Allegre, 25 U.S. (12 Wheat.) 611, 640 (1827).

③ 参见[美]赫伯特·J.斯托林:《反联邦党人赞成什么——宪法反对者的政治思想》,汪庆华译,北京大学出版社2006年版,第92~93页。

权扩张到所有通航水域,这显然是州权派包括丹尼尔法官所不乐见的。丹尼尔法官运用形象的语言将海事法庭晦涩神秘的一面显露无遗,他说道,"在这个新体系之下,联邦的权力之手可以伸向位于水道边缘的一切,甚至是蔬菜或水果篮子,几乎没有一个农场、一个果园或菜园的出产能够免于在开往下一个集镇的路上被海事法庭扣押的命运。一个头脑简单、相貌普通的乡下人,原以为对自己的权利有了一定的了解,以为在治安法官或县郡法院的审理下,自己的权利能够得到补偿,现在却要借助于一个神秘莫测的诉讼教唆者来帮助他,在那些晦涩的概念面前,他们只能手足无措并陷入任人摆布的命运"。①

在殖民地时期,附属海事法庭虽然附属于英国高等海事法院,但独立性很强,在很多时候事实上属于地方法庭;在革命过渡时期,各州更是设置了海事法庭,有些属于和普通法法庭混同设置;在宪法制定之时,关于是否设置联邦下级法院,曾有过激烈的争议。1866 年,最高法院在松树案(The Pine)②中指出,爱荷华州的法令针对在州水域发现的伤害人身、财产的船舶设置了船舶优先权,赋予了原告所有的普通法权利,但并没有规定保护船的主人,目的是赋予州法院海事司法管辖权,因此,它与联邦宪法和国会赋予联邦法院对海事案件的排他性管辖权的法案相抵触,当然无效。

那么,如何评价州权派者作为异议者的角色呢?这和人们观察问题的角度有关。如果从联邦主义制度促进的方面看,其显然发挥着积极的作用;倘若将海事司法管辖权的统一性作为评定标准的话,从短期来看,州权派者显然在相当程度上承担着反动的角色,但将问题放在一个长远的视野,观点也许会稍有不同。有论者指出,只有当挑战经常性发生,人们不再抑制自己的想法、信息能自由流通的时候,制度才会运转得更好。③ 此种观点无疑可以为州权派的异议在海事司法管辖权变迁中的作用提供新的解释视角。

(二)救济抑或权利的提供者

在看到州权派作为异议者一面的同时,不可忽略其作为权利提供者的角色。关于州权在海事司法管辖权中的位置,在殖民地革命时期,其曾经扮演主体性角色。当然,这种角色的扮演并不成功,但其影响却真实存在。宪法制定之后,诉讼

---

① Jackson v. S. B. Magnolia, 61 U. S. (20 How.) 320 – 321 (1857).

② The Pine, 71 U. S. 555 (1866) .

③ 参见[美]凯斯·R.桑斯坦:《社会因何要异见》,支振锋译,中国政法大学出版社 2016 年版,第 147 页。

者保留条款的规定为海事司法管辖权的州法适用提供了可能。然而,根据该条款,州法所提供的究竟是权利,还是一种救济,在实践中不无争议。在通古斯诉斯科夫加德案(The Tungus v. Skovgaard)中,①法庭大多数意见认为,如果州法被确认为为非正常死亡提供补救办法,它也将"决定在何种情况下存在这种权利"。② 但是,持不同意见的人认为,州法只是提供一种补救办法,被并入联邦实体海事法之中,就像州时效法往往作为联邦法一样。③ 持不同意见的人认为他们的方法有助于达到詹森案所要求的统一性目标。

进步时代的侵权法改革极大地重塑了当时的责任面貌。侵权法从重视资本转向对工人的保护。1907 年汉密尔顿案似乎准予州法作为权利和补救办法的来源,对诉讼者保留条款作扩大解释,从而为 50 年的海事人身伤亡领域内的宪法斗争开辟了道路。④ 毫无疑问,对于州权维护者来说,这是一次值得庆贺的胜利,但对于联邦主义者而言,这是统一性道路上的歧路口。从哈里斯堡案时代到 1920 年,违反联邦海商法规定的义务而在公海上死亡的,没有任何补救办法。对于州领水内的死亡,联邦法律照顾到州非法死亡法令的人道政策,只要适用的州法令支持这种救济,联邦法律就允许救济,这体现了这一时期联邦海事法在能提供更优越救济的州法面前的俯首态度。⑤

必须承认,州在弱势群体的人道保护确实有一般海事法不及之处,1920 年的国会是在州法律的背景下立法的,州法律规定的行为标准一般与联邦海商法规定的行为标准相同,而且在某些方面可能比联邦海商法规定的行为标准更有利。⑥ 州补救办法不仅为人所熟悉,而且实际上可能比新法案所提供的补救办法更为慷慨。在一度有革新精神的州法面前,联邦方面深以为耻,以至于参议院和众议院报告主要由拟议法案的支持者所引用的言论组成。这些支持者说,被"所有西欧国家"所拒绝的哈里斯堡案原则是一种"文明民族的耻辱"。"美国的海事法没有理由再依赖各州的成文法了。"⑦

---

① The Tungus v. Skovgaard, 358 U. S. 588, 1959 AMC 813 (1959).

② Ibid., at 594, 1957 AMC at 818.

③ Ibid., at 604, 1959 AMC at 825 -26 (Brennan, J., dissenting).

④ See J. B. Ruhl, *Finding Federalism in the Admiralty: The Devil's Own Mess Revisited*, 12 Tul. Mar. L. J. 263(1987).

⑤ See Moragne v. States Marine Lines, Inc., 398 U. S. 375,394(1970).

⑥ Ibid.,400 (1970).

⑦ Ibid.,398 (1970).

二、海事案件中的州法适用及其对海事司法管辖权的影响

在海事司法管辖权中适用州法，是个法律适用问题，并没直接影响海事司法管辖权的受案范围，这似乎超出本书的主题之外，但事实上不然。海事司法管辖权中对州法的过度适用，可能会造成海事司法管辖权适用依据的泛化现象，导致海事法的自体性受到侵蚀，从而减损海事司法管辖权的独特价值，不利于海事司法管辖权的受案范围向契合自身规律的方向发展。

（一）联邦海事法庭中的州法

1. 州法在联邦海事法庭中的寄生

联邦法院在海事案件中如何适用州法，①似乎不是一个容易理解的问题。一般来讲，在一个多样化管辖的案例中，适用的是州法；而在海事案件中，适用的是联邦法。这似乎是一个自明之理。然而，事实上不是如此，在联邦法院，州法存在适用的空间。海事法庭无疑执行联邦法和海事惯例，但是他们也可以自由地适用普通法原则，以便更好地达到他们的目的，正如普通法法院可以自由采取海事法规则作为行动指导一样。这在事实上为州法的适用开辟了空间。上述做法也有先例可循，早在美国革命之前，各个司法管辖区就采取类似的做法，而且在相关制度设置之中并没有放弃这种做法的倾向。②

1960 年，一位法官指出，"（州法和联邦法）这种区别是众所周知的，但在分析上却不是不言自明的。在将近一百年的时间里，这甚至都不是真的"。③ 在同一篇文章中，这位学者法官坦诚道，在联邦法院，我们每天都面临着如何调和州和联邦司法观点的问题。著名的汉德法官（Judge Hand）不无夸张地说道，"我认为，在所有被裁决的案例中，律师们迟早会引用伊利铁路诉汤普金斯案（Erie Railroad v. Tompkins）④的大部分内容"。正是在这个案件中，法官宣告了州法适用的合宪性。于 1938 年作出的这一著名裁决，是最高法院历史上被讨论最多的案件裁决之一，尽管并不被公众所知。在伊利铁路诉汤普金斯案中，布兰代斯法官在事实上推翻了斯托里法官百年来对斯威夫特诉泰森案⑤的判决。

---

① 当然，这里的州法并非仅指制定法，也包括普通法等形式。

② See Southern Pac. Co. v. Jensen, 244 U. S. 205 (1917) .

③ See David P. Currie, *Federalism and the Admiralty: The Devil's Own Mess*, 1960 Sup. Ct. Rev. 158(1960).

④ Erie Railroad v. Tompkins, 304 U. S. 64 (1938).

⑤ Swift v. Tyson, 41 U. S. 1(1842).

霍姆斯法官敏锐地发现,联邦海事法庭在适用州法的态度上常常含有一种恩惠的味道。[①] 从中可以看到,在联邦海事法领域中存在对州法的偏见。当然,这种偏见似乎能够得到控制,不至于将州法处于召之即来、挥之即去的位置,因为法院不能随意行事。但可以想见的是,既然有这种态度倾向,针对一些边界案件法官倾向就会发挥重要作用。正是基于对州法被排斥的警惕,霍姆斯法官郑重指出一般海事法不是一个法典,它是一个非常有限的海洋惯例和条例的合体,它不可能包揽一切,必然需要其他法律形式包括州法在适当时候予以补位。

2. 从联邦领域被一度驱逐的州法

然而,州法在联邦海事法中的位置并非没有争议,甚至还一度受到挑战。在詹森案[②]中,涉及州法在海事案件中的适用问题。在该案件中,有维护州权倾向的麦克唐纳法官出人意料地竖起了一般海事法的大旗,宣布了州法在本案中的无效性。他说道,"现在必须承认,基于宪法的相关规定,国会拥有至高无上的权力来确定将在全国通行的海商法"。[③] 此外,在缺乏某种控制性(controlling)法规的情况下,联邦法院所接受的一般海事法是联邦法律的一部分,适用于海事管辖范围内的相关事项。[④]

詹森案法官特别指出洛塔瓦纳案(Lottawanna)[⑤]中布拉德利法官代表法庭的自信宣称,"毫无疑问,我们有自己的一般海事法,通行于整个美国。在美国宪法赋予所有海事案件以海事司法管辖权时,律师和政治家十分了解海事法的一般体系,并通晓管辖权授予条款的规范意旨"[⑥],麦克唐纳法官由此演绎,"海商法不可能受几个州法的摆布,这必然会侵蚀海事法的一致性"。麦克唐纳法官稍显武断的论断突出反映了其对秩序的极端追求。

当然,州法在海事法中的存在具有深厚的历史基础,其很难从联邦法中被洗涤一空。作为对詹森案所带来苛刻后果的一种补救,"海事但地方性"原则被创造出来,作为州法在海事案件中适用的原则依据。一般来讲,一个案件要经过两

---

① See Southern Pac. Co. v. Jensen, 244 U. S. 205 (1917).

② Southern Pac. Co. v. Jensen, 244 U. S. 205 (1917).

③ See Butler v. Boston & S. S. S. Co. 130 U. S. 527, 32 L. ed. 1017, 9 Sup. Ct. Rep. 612 (1889); Re Garnett, 141 U. S. 1, 14, 35 L. ed. 631, 634, 11 Sup. Ct. Rep. 840(1891).

④ 相关支持性案例可见 Lottawanna (Rodd v. Heartt) 21 Wall. 558, 22 L. ed. 654(1874); Butler v. Boston & S. S. S. Co. 130 U. S. 527, 557, 32 L. ed. 1017, 1024, 9 Sup. Ct. Rep. 612 (1889); Workman v. New York, 179 U. S. 552, 45 L. ed. 314, 21 Sup. Ct. Rep. 212(1900)。

⑤ Lottawanna, 88 U. S. 558,577 (1875).

⑥ Southern Pac. Co. v. Jensen, 244 U. S. 205 (1917).

次拣选,首先考虑是否是海事案件,如果是,再考虑是否符合本地性标准。如果符合,则存在适用州法的可能性。正是依靠这种例外性标准的权宜适用,州法继续保持在联邦法院的舞台之上。

3. 州法和一般海事法之间的碰撞

詹森案对州法的杀伤力是可疑的。根据詹森案确立的原则,在没有联邦法规和宪法条款对相应问题进行规制的情况下,一般海事法优先于州法适用。然而,这并不是司法实践中的标准做法。以1994年巴拉德航运公司诉海滩贝类公司案(Ballard Shipping Co. v. Beach Shellfish)①为例,该案中贝类经销商主张依照州法获得纯粹经济损失,然而根据1927年罗宾斯干船坞和修理公司诉弗林特案(Robins Dry Dock & Repair Co. v. Flint)②体现的一般海事法原则,不允许在海事侵权案件中恢复纯粹经济损失。诸如此类一般海事法和州法之间的冲突,在事实上涉及纵向联邦主义下联邦和州权之间的平衡问题。该案在事实上提出了一项尖锐的联邦分权问题。1927年罗宾斯干船坞和修理公司诉弗林特案件中所适用的规则不过是一条和任何联邦法规或宪法规定不存在关系的普通海事规则。与之相对,罗德岛赔偿法却是一个重要的州权力法案,用以保护罗德岛最重要的资源。然而,基于詹森案所确定的饱受恶评的原则,原告理直气壮地要求一般海事法在本案中的适用,却并没有获得联邦法庭的支持,这说明了詹森案在事实上被束之高阁,也在一定程度上反映了州法在联邦海事中的生命力。

4. 州在海事法中的可能空间和边界

极端如麦克唐纳法官者,也并非绝对否定州法在海事领域内的位置,其也主张"鉴于宪法规定,很难(如果不是不可能)确切地界定一般海事法可以在多大程度上受到州立法的改变、修改或影响。当然,无法否认,这在某种程度上是可以做到的"③。可以看到,有着"统一性崇拜"的麦克唐纳法官给州法留了点位置。④与其说是麦克唐纳法官的理性,不如说是对历史的妥协。事实上,在海事领域,各州在没有国会专门立法的情况下,有权在其境内制定有效的规章,这一点自宪法

---

① Ballard Shipping Co. v. Beach Shellfish, 32 F. 3d 623, 624 (1st Cir. 1994). 该案的背景是,1989年,一艘名为"世界奇迹"的油轮在罗德岛的纳拉甘塞特湾搁浅,超过30万加仑的加热油倾泻在海湾。尽管当局进行了有力的应对,但清理工作导致关闭海湾长达两周的时间。罗德岛的大部分经济都依赖于此,许多人因此受到了损害。

② Robins Dry Dock & Repair Co. v. Flint, 275 U. S. 303, 309 (1927).

③ 例如,州法可以赋予一个在自己母港内修理的船舶以优先权。其他还包括引航费确定,海员死亡案件等。

④ See Southern Pac. Co. v. Jensen, 244 U. S. 205 (1917).

制定之初就得到了承认。海事司法管辖权的保留条款并没有提及州法庭对海事案件的管辖权,因为在事实上,联邦法庭可能提供普通法救济。但是,霍姆斯法官在詹森案中明确指出,“毫无疑问,将普通法救济的权利留给起诉者,这一规定使州法院享有了部分海事案件的管辖权,其中至少包括一些立法权”。① 可见,州具有对某些海事案件的司法权和立法权。霍姆斯法官在其反对意见中提及了属于州权限的引航法规以及为方便合同履行所设置的海事优先权,并提出应由州来规定关于海员造成死亡的法定补救办法,尽管死亡是由于公海上的碰撞造成的。在这里,州权限内的海事案件脉络若隐若现。

麦克唐纳法官在对州法施加例外的仁慈之时,又加了一道咒语:“同样确定的规则是,州的法律不得违反国会立法,也不得超出一定限度地影响一般海事法。根据海事法程序,它们不能进行对物诉讼的授权。”②显然,根据其观点,如果州立法违反国会法案所表达的基本目的,或对一般海事法的特性造成实质性损害,或妨碍海事法在国际和州际间关系中的协调和统一,则该立法当然无效。只是,麦克唐纳法官无从知道几十年之后联邦法官在著名的伊利案中掷地有声的宣言:“从来没有联邦普通法。”当然,揆诸具体实践,他似乎有理由不屈服。关于联邦法院适用州法是否违宪的争论,麦克唐纳法官和霍姆斯法官在詹森案中针对是否适用州法展开的交锋说明,在这一问题上,并没有明确的答案。事实上,该判例远非模范案例,在后世备受质疑。詹森案的现代意义更多在宣示意义上,事实上州法的位置不像麦克唐纳法官期望的那么低。在雅马哈案(The Yamaha)中,法官指出,“行使联邦海事司法管辖权不会导致一般海事法对州法的自动取代”③。由此看来,海事司法管辖权可以安全地扩大,而不必担心会引发联邦制度的不良后果。④

(二)州法庭中的实体海事法

1. 并行海事司法管辖权下的州法庭

除了联邦海事法庭适用州法之外,州法在海事法领域中的影响还体现在州法庭对实体海事法的适用上。根据宪法诉讼者权利保留条款,州法庭可以受理除对物诉讼之外的大部分海事案件,一般情况下,州法庭应该适用实体海事法。但在实践中,作为普通法法庭的州法庭常常延续自己的传统做法。在 1925 年的一篇

---

① See Southern Pac. Co. v. Jensen, 244 U. S. 205 (1917), p. 219.

② Ibid.

③ The Yamaha, 513 U. S. 545(1995).

④ See David J. Bederman, *Admiralty Jurisdiction*, 31 J. Mar. L. & Com 189(2000).

文章中，作者曾经描述了海事司法管辖权的强化趋势，在此情形下，大量原本到州法院起诉的诉讼者转而到海事法庭起诉，这迫使州法庭倾向于适用实体海事法，以满足当事人的需求。①

2. 州法庭对实体海事法的适用

毫无疑问，在宪法统辖下的整个国家生活中，州法院不仅行使共同管辖权，而且涉足海事合同和侵权领域，直到现在，他们的管辖权没有受到挑战，采用的规则由当地法律、法规决定，并承认没有联邦性质的州法。对于普通法在美国法院中的影响，霍姆斯法官持有一种谨慎的态度。正是在詹森案中，他发表了不同意见："一般海事法至少在一种特殊意义上是联邦法，因此根据宪法，其具有优势地位，但这并不意味着，只要涉及海上利益，不管多么轻微或边缘，就必须取代地方利益。无论多么紧迫和重要，这个过程都更像一个妥协的过程。"②充分保证联邦海事司法管辖权对相关海事案件的可适用性，正确评估联邦利益，并给予其应有的尊重，才是正确可取的态度。

（三）联邦体制下的法律冲突及其解决

1. 法律冲突与海事司法管辖权的范围

一般认为，海事司法管辖权是进入法院之门的第一个关口，作为后一个环节的法律冲突涉及法律选择，似乎不涉及海事司法管辖权的范围问题。然而，事实上则不然。当我们将视线延伸到案件受理环节，就会发现，州法还是一般海事法予以适用往往会决定一个案件受理与否。所以从这个意义上来讲，法律选择决定了海事司法管辖权的范围。正如一位冲突学者所说：一位来自英语国家的人士如果知道"法律的选择"和"法律冲突"指的是同一个领域，可能会感到困惑。当法律发生冲突时，人们可能会想，问题不在于应该选择哪条法律，而在于哪条法律占上风。可法律教育给我们的并不是这些。我们了解到，当法律发生冲突时，法院会决定适用哪条法律。虽然繁复的法律适用导致了种种不稳定状态，但海事司法管辖权在短时期仍然呈现暂时的安定，并在总体上凸显了自身鲜明的样态。

2. "目的论"法律方法在法律冲突中的运用

虽然很多时候，州法和一般海事法之间相安无事，但显然，两者之间存在难以调和的冲突。在技术的层面上，人们的关注点在于"法律冲突"以及在其技术性

---

① See Austin Tappan Wright, *Uniformity in the Maritime Law of the United States*, 73 U. Pa. L. Rev. 223 (1924 – 1925).

② See Kossick v. United Fruit Co., 365 U. S. 731 (1961).

解决过程中达致的新均衡。美国的冲突法中有一种新的目的论思想。以弗里德里希·K.荣格(Friedrich K. Juenger)为代表的学者揭穿了古典冲突法的真面目,提倡一种叫作目的论或者实质的方法以解决法律冲突。这是一种以结果为导向的法律冲突解决方法,旨在取得一种公正的解决方案(秩序和公正),它参与促成了以结果为导向的一般共同法。这种共同法主要以正义和公平为目标,尽管尚未在司法领域公开适用,但对海商法的可能影响值得关注。① 在当下的美国,"目的论"作为一种理论方法在法律冲突中获得了突出的地位。在海事司法管辖权的消长之中,不时会发现目的论的魅影。在州司法议题上,荣格呼吁跨州司法,倡导一种全新的共同法,并将其进一步延伸到非商业领域中去。为了说明其"实质性方法",荣格教授付诸历史先例、商人习惯法以及英国海事法院的历史经验……并从神话般的罗德岛法、巴塞罗那惯例和奥内隆海商法等不同来源拼凑出一套国际海商法。② 这无疑是对传统州作为分离力量的一种解构,不管是否稳固,在一定意义上为州和联邦沟通建立了桥梁。

(四)州法庭中的对物诉讼:以1866年海恩(Hine)案为例

1866年,在密西西比河上,"海因"号蒸汽船和"阳光"(sunshine)号蒸汽船在圣路易斯附近相撞,导致后者受到损害。几个月后,"阳光"号蒸汽船船主根据爱荷华州法律规定的对物诉讼程序在该州达文波特市扣留了"海因"号蒸汽船,并要求将其出售,以补偿其船舶所遭受的损害。根据州法典,一种船舶优先权被赋予"阳光"号蒸汽船,"海因"号蒸汽船船主不服州法院对此的认定,上诉到最高法院。

在该案中,法院回顾了之前的联邦立法,《1789年司法条例》规定,美国联邦地区法院拥有所有发生在足以航行十吨之上船舶的航行水域的海事案件的管辖权,并为诉讼者保留普通法救济的权利,如果普通法有能力给予这种权利的话。1845年国会出台新条例,规定美国联邦地区法院对在湖泊以及与其相连接的通航水域航行、登记并获发沿海贸易牌照且同时从事海商贸易的20载重吨以上的蒸汽船和其他事船舶有关的合同和侵权行为享有管辖权,这种管辖权由在公海和潮水区域上对从事海商事贸易的船舶享有海事司法管辖权的同一法院行使。

本案的问题是,美国地区法院对发生在内河水域上海事案件的管辖有多大程

① See William Tetley, *The General Maritime Law-The Lex Maritima*, 20 Syracuse J. Int'l L. & Com. 105(1994).

② Ibid.

度的排他性，以及州法院可以同时行使并行管辖权的范围有多大。① 几乎所有内河蔓延其上的州都为他们的法院专门制定了对物诉讼的程序，并适用于相应水域上的合同和侵权行为，其中很大部分在符合相关条件时原本是海事司法管辖权的对象。上述法规行之有年，是目前州法院行使权力的主要来源。② 这些法规的合宪性在很长时间内并没有得到质疑，至少没有得到有影响力的关注，直到案件发生之时(1866 年)才作为一种宪法问题被提交到最高法院面前。

① See The Hine, 71 U. S. 562 (1866).

② Ibid.

第四章　一般海事法对美国海事司法管辖权的塑造

在美国宪法制定初期,人们一般认为,宪法海事司法授权条款并没有赋予国会任何权力。海事司法管辖权在新时代的适应与成长,更大程度上是由司法分支来完成的。纵然面对诸多质疑,司法立法化的现实不能被忽视。在历经漫长的司法实践择选之后,一般海事法体系建成,并获得进一步完善。在宪法制定初期的低起点之上,美国海事司法管辖权能在统一性方面取得巨大的进步,一般海事法功不可没。然而,同时也可以看到,海事司法管辖权在统一性方面依然存在许多问题,甚至走到了统一性的反面。这从许多案例所呈现出来的悖谬中可见一斑。

迈尔斯诉顶点海洋公司案(Miles v. Apex Marine Corp)①就是一个鲜明的例子。在本案中,法官宣称将彻底(至少部分)关闭以往先例中的诸多例外的大门。法院的决心不可谓不真诚,然而,根据一位观察者的评论,该案制造的争议比以前的案例更多。② 显然,类似案件企图确定海事司法管辖权的边界,却在不经意间打开了不少缺口。这不能不说是一个讽刺,同时也可以一窥海事司法管辖权统一之艰难。无可否认,法院运用一般海事法,

---

① Miles v. Apex Marine Corp., 1991 AMC 1,14(1990).

② See Robert D. Peltz, *The Myth of Uniformity in Maritime Law*, 21 Tul. Mar. L. J. 103(1996).

填补了宪法制定初期的权力依据的巨大空白。在毁誉参半之中,一般海事法也开始了其在美国海事司法管辖权变迁中跌宕起伏的命运。

第一节　一般海事法的概念探析

欲了解美国海事司法管辖权的变迁,绕不过一般海事法。正是海事法官赋予“流动”的一般海事法以具体的形态,才描绘出海事司法管辖权的变迁轨迹。然而,何谓一般海事法?一般海事法在海事司法管辖权中的运作方式为何?值得深入探讨。

一、一般海事法的内涵与外延

从世界海商法演进的视角观察一般海事法,必须和海事自体法联系起来。著名国际海商法学家威廉·台特雷(William Tetley)教授认为,一般海事法指的是存在于美国、英国、加拿大和世界上许多航运国家的一种共同法形式。① 作为海事自体法在普通法系国家的存在形式,一般海事法本质上仍属海事自体法,具有自体性。按照威廉·台特雷教授的说法,一般海事法共有两个来源:一是主要由12世纪《奥列隆惯例集》进化而来的海事自体法,该海事自体也是商人法②的一部分;二是航运业的一般形式、条款和惯例,特别是关于提单项下的海上货物运输和租船合同项下的船舶租用及其服务。③

从美国海事法的角度看待一般海事法,更侧重其法官主导的特点。根据大卫·J. 比德曼(David J. Bederman)教授的定义,一般海事法既非法定,又非条约,而是具体规定海员和涉海贸易者实体责任和程序救济的法官制定法。④ 根据该

① See William Tetley, *The General Maritime Law—The Lex Maritima*, 20 Syracuse J. Int'l L. & Com. 105 (1994).

② 商人们跨越地方边界进行贸易,把贸易中的创新做法带到国外市场。商人的流动带来了地方习俗从一个地区到另一个地区的流动。特定城镇的法律,通常是贸易中心的法律,不可避免地发展成为占统治地位的跨区域习惯规范。值得注意的是,考虑到运输的体量和便捷性,水运在那个时候的商品贸易中占据较大的比重。See Leon E. Trakman, *The Evolution of the Law Merchant: Our Common Heritage*, 12 J. MAR. L. & COM. 1, 3(1980).

③ See William Tetley, *The General Maritime Law—The Lex Maritima*, 20 Syracuse J. Int'l L. & Com. 105(1994).

④ See David J. Bederman, *Law of the Land, Law of the Sea: The Lost Link between Customary International Law and the General Maritime Law*, 51 Va. J. Int'l L. (2011).

定义,可以发现一般海事法的基本构成要素。首先,一般海事法是法官制定法。作为美国三权分立体系中的司法分支,法官是否具有制定法律的权限不无争议,但是联邦法官们普遍认为,外交关系法和海商法都是国会立法的“例外”范畴。① 事实上,作为一个独立的法律领域,基于历史和现实的考虑,海事法是不同的。② 当人们从这种重大理论争辩中解脱出来,就会清楚地看到,司法实践中一般海事法确实存在的,并在事实上促进了海事司法管辖权的进一步完善。其次,一般海事法具体规定了海员和涉海贸易者的实体责任和程序救济。这属于一般海事法的具体内容,事实上也决定了海事司法管辖权的调整范围和运作方式。最后,一般海事法既非条约,又非法定。这一要素说明了一般海事法的非文本作为载体的抽象形态。

海商业全球性流动特点塑造了一般海事法的生长背景。美国布鲁尔(Brewer)法官认为,“一般海事法发源于这样的事实,亦即其发挥作用的场域海洋不是任何国家的领土财产,而是所有人的共同财产;在不同国家之间从事商业活动的船只应尽可能遵守统一的法律,而不受涉及的几个国家相互冲突的法律和习俗的困扰。……提及其管辖范围内的海事,但这并没有消除这样一个事实,即海事法系源于人类享有一个海洋共同法的思想”。③

由于一般海事法的调整事项具有普适性,一般被视为联邦法。根据美国《宪法》第6条的规定,一般海事法具有最高的效力,这赋予联邦最高法院审查涉及一般海事法事项的州法院判决的权力。当然,这不意味着在一般海事法事项下的问题被自动定性为联邦问题,事实上这是不允许的。在不同的历史阶段,一般海事法呈现不同的面貌。在美国海事司法管辖权早期,一般海事法呈现如下特点:是一个自主的法律体系,与其他海洋国家的实践相联系,可以被国会推翻或修改,但优先于任何相冲突的州法。④ 正因如此,一般海事法被州权派所抵制。海事司法管辖权具有扩张性特点及其无定形、未充分发展和世界性的性格,⑤决定了一般海事法必然对联邦各州立法自治权构成威胁。

---

① See Ernest A. Young, *It's Just Water: Toward the Normalization of Admiralty*, 35 J. Mar. L. & Com. 469(2004).

② See Ernest A. Young, *Preemption at Sea*, 67 Geo. Wash. L. Rev. 273(1999).

③ See The Robert W. Parsons, 191 U.S. 48 – 49 (1903). (Brewer, J., dissenting).

④ See David J. Bederman, *Law of the Land, Law of the Sea: The Lost Link between Customary International Law and the General Maritime Law*, 51 Va. J. Int'l L. 299(2011).

⑤ See Steamboat New York, 59 U.S. (18 How.) at 226 (Daniel, J., dissenting).

在一般海事法和习惯国际法关系方面,存在动态的发展过程。在美国历史的早期,二者基本是同一的。[①] 在美国宪法制定之前,州法庭对二者是同等看待的。[②] 这一时期的大部分争端涉及"捕获案件"的裁决,即根据海商法和国际法在公海上进行的海上捕获。[③] 但是在除了捕获案件之外的其他私法案件中,二者并没有交错的因素。但是让人惊异的是,共和国早期的法庭将一般海事法和习惯国际法视为一枚硬币的两面。[④] 由此可以认为,美国早期的一般海事法基本上是以习惯国际法的形态存在。为了理解这种习惯国际法,马歇尔法官的一段话极具启示性,故不厌其烦,在此全段录入。他在1815年曾经指出,"国际法是我们制定这些规则的伟大源泉,这些规则尊重欧洲和美洲所有文明和商业国家都承认的交战和中立权利。其部分是不成文的,部分是基于条约的"。

为了弄清那些习惯和不成文的东西,人们求助于理性和正义的伟大原则。由于不同的国家在不同的情况下对这些原则有不同的理解,我们认为它们在某种程度上是由一系列司法裁决所确定并使之稳定。各国法院的裁决,只要是建立在一般海事法之上,虽然没有强制性效力,但是依然受到尊重。每个国家法庭的裁决表明,在特定情况下,该国理解国际法的方式,将在本案解释拟采用的规则时加以考虑。[⑤] 但随着时代的演进,一般海事法和普通国际法开始有复杂的分合。随着私法案件逐渐占据海事司法管辖权的主体,一般海事法所调整的事项中较少有外交因素。尤其是詹森案件以来,一般海事法开始上升到宪法的地位,成为联邦普通法中的神圣之地,这更是预示了一般海事法的独特地位。

二、流动的一般海事法

作为海事司法管辖权的法律依据,一般海事法呈现一种"流动"的形态,且经常有许多不成文的部分,需要求助于理性和正义原则使之确定化。正是流动着的一般海事法,使美国海事司法管辖权实现了一种渐进式扩张。一般海事法作为海事司法管辖权效力依据的一个显著特点在于,其和世界上海事强国的海事法庭判

---

① See David J. Bederman, *Law of the Land*, *Law of the Sea*: *The Lost Link between Customary International Law and the General Maritime Law*, 51 Va. J. Int'l L. 303(2011).

② Talbot v. Commanders & Owners of Three Brigs, 1 U. S. (1 Dall.) 95, 98 (Pa. 1784).

③ The Schooner Andeline, 13 U. S. (9 Cranch) 244, 284 (1815).

④ See David J. Bederman, *Law of the Land*, *Law of the Sea*: *The Lost Link between Customary International Law and the General Maritime Law*, 51 Va. J. Int'l L. 303(2011).

⑤ See Thirty Hogsheads of Sugar v. Boyle, 13 U. S. (9 Cranch) 198 (1815).

决建立了灵活的关联。① 正如斯托里法官所言,“这金链把地上的万国连在一起,成为最紧密的联盟”②。

霍姆斯大法官对一般海事法的运用有过很苛刻的描述:“在决定这一问题时,我们必须认识到,无论海商法的传统多么古老,无论它的来源多么多样化,它在我国的全部和唯一的权力都来自它已被美国接受和采用。没有什么神秘的法律是连美国都必须遵守的。当一个案件被认为是受外国法或一般海事法管辖时,这只是简单地说,为了这个目的,主权国家采用一种从外部提出的规则,并使之成为自己规则的一部分。”③

第二节 一般海事法的制度源流

一、一般海事法的欧陆法基因

(一)大陆法系一般海事法的历程

大陆海事法是美国海事司法管辖权的重要源头之一。美国在很大程度上遵循了民法的做法。④ 大陆海事法对美国海事司法管辖权的影响有两种路径:一是通过英国的海事司法管辖权深刻影响美国海事司法管辖权的实践;二是直接影响北美殖民地甚至美国宪法制定之后的海事司法管辖权。其具体影响方式也有两个方面:首先是通过代代相传的海商事实践;其次是通过民法学者留下来的不朽著作。

在保险公司诉德纳姆案中,法院指出,“海事法庭最初是在英格兰和欧洲其他海事国家设立的,目的是保护商业和管理古老的海洋法,其渊源甚至可以追溯到民法本身的渊源。然而,它的许多完整性和对称性,以及它的运作模式,都是从民法中派生出来的,并且包含了在世界上最开明商业国家共同努力之下所造就的规章制度系统”。⑤

---

① See David J. Bederman, *Law of the Land*, *Law of the Sea*: *The Lost Link between Customary International Law and the General Maritime Law*, 51 Va. J. Int'l L. 305(2011).

② Joseph Story, *The Inauguration of the Author as Dane Professor of Law*, in the History of Leagal Education in the United States: Commentaries and Primary Sources 312 (Steve Sheppard, ed., 1999).

③ Ex parte United States, 257 U. S. 419 (1922).

④ 3 Knapp. 94, 103, 12 Eng. Rep. 584, 587-8 (1835). 转引自 William Tetley, *The General Maritime Law—The Lex Maritima*, 20 Syracuse J. Int'l L. & Com. 105(1994) note 19。

⑤ Ins. Co. v. Dunham, 78 U. S. 178 U. S. (11 Wall.) 23 (1870).

众所周知,在海事文明的初期,曾经有个和陆上王权并行不悖的独立时期。罗马帝国的安东尼皇帝对海事司法管辖权给予了最大的独立性。该时代是海事司法管辖权自体性最充分的时期。这个时候,欧洲各大港口的做法是通过流动的船舶将一些习惯做法传到风帆所到之地,英国自然也不例外。正是采取这种方式,英美海事司法管辖权被深深打上了欧陆海事司法管辖权最初的烙印。

西方海商法中有句名谚:“海商法是商人们自己发展起来的,它不是各地王侯们的法律。”①这句话解释了海商法的习惯起源性。可以说,海事自体法是过去的商人习惯法逐渐演进的结果。在近代之前,商人的习惯法尚没有受到民族国家的污染,保持着自己的统一性品质。16 世纪以后,由于欧洲主权国家的兴起,各国把商人习惯法纳入国内法成为趋势。遵循商业发展规律的商人习惯法为国家制定法和普通判例法提供不少经验。同时,商人习惯法也付出了统一性被销蚀的代价。

在大陆法系国家,自从有民族国家以来,海事司法管辖权范围常常由国家立法规定,其变迁往往围绕着法律的修改废立。学者的著作只是为国家立法决策提供参考,对海事司法管辖权的变迁并无直接影响。在普通法系国家,情况则有所不同。在美国海事司法管辖权中,那些在本国仅具有参考价值的欧陆学者著作,完全可能摇身一变成为一般海事法的一部分。

(二)欧陆传统在美国一般海事法中的呈现

在共和国早期,一般海事法常常以习惯国际法的形态存在,在很大程度上来自欧洲的前例。② 美国法院在裁决案件时经常援引欧洲海上强国的立场,只要这些立场不违反美国的先例。在摩根诉美国北方有限公司(Morgan v. Ins. Co. of N. Am)案③中,法官对路易十四时期的海事法令评价道,“这些条例,以及对它们的评论,都受到了极大的尊重……”

上述对欧陆法的适用或许得益于几种情形。首先在美国建国早期,普通法一度处于被排斥的位置,虽然基于历史的惯性,普通法根深蒂固地潜藏在司法实践之中,但却少有人对其在海事司法管辖权统一上的作用寄予厚望。其次基于大陆法系的建构色彩,其统一性实践更值得借鉴。海事司法管辖权统一性凝聚了大多

---

① 雍春华:《用社会互动理论认识提单的信用属性》,载《中国海商法研究》2018 年第 2 期。

② See David J. Bederman, *Law of the Land*, *Law of the Sea*: *The Lost Link between Customary International Law and the General Maritime Law*, 51 Va. J. Int'l L. 299(2011).

③ Morgan v. Insurance Co. of North America, 4 U. S. (4 Dall.) 455, 458(1806).

数人的共识,一度超越了政治派别。政治人物并未对其现实障碍深思熟虑,而是简单地认为,这种统一性是不言自明的东西。他们很可能对海事法的自体性深信不疑,认为海事法和普通法运行在两个平行的轨道上。然而,虽然身处案件中心的美国法官们同样心怀世界主义海事法信念,但他们清醒地意识到,海事法的统一性并不容易达致。[①] 那个时代,许多学者和法官深信海事自体法和自然法紧密联系在一起。[②] 自然法无远弗届,似乎为人类所共有,然而其抽象性也给怀有统一性渴望的人们以深深的困扰。随着法律实证主义的兴起,自然法信念式微,人们更深刻意识到国际法抽象原则的流动不居性,开始转向欧陆传统寻求经验事实的支持。

然而,这个新的依赖并非一劳永逸。法官们意识到,流行在欧洲各国的海事自体法存在微妙的区别,在适用上依然存在许多困难。这种困难不仅是因为在欧洲国家流行的一般海事法形态各异,而且让情形雪上加霜的是,美国的海事法传统并非完全继承自一个民法法系国家。在民法法系国家,海事法是全国法律体系中的一个有机组成部分,迥异于英国传统。在英国,海事法长时间以一种另类的形象存在着,似乎和整个法律体系格格不入。

总体来说,面对如上情势,美国海事司法管辖权的参照并不清楚,不能从英国或者欧陆传统中找到当然的参照。其只能采取一种灵活调整的方式,在联邦主义和遵循先例的司法大框架下,小心翼翼地前行。[③] 对此,霍普金森法官深有体会,他曾经解释了这种调整的本质,“当我被要求行使一种未曾行使过的权力时……轻率地抛弃英国传统,采取更具便利性的欧陆海事法,将可能破坏我国司法系统的统一性……让我们怀着便利社会公众、实现个体正义的伟大目标,不刻意破坏既定规则,心怀真诚的愿望去拣选两种传统吧”![④] 由此可以发现,欧陆海事法在法官的适法过程中,占据着极其重要的位置。

诚然,美国一般海事法从欧陆实践汲取了许多有益的资源,但法官也并非来者不拒。在早期的许多案例之中,要求法官行使一种没有任何先例赋予的权力,这是英国海事法院曾经拒绝过的。这种情况下,法官从西欧海事法学者著作中寻

---

① See Steven L. Snell, *Courts of Admiralty and the Common Law Origins of the American Experiment in Concurrent Jurisdiction*, Carolina Academic Press, 2007, p. 382.

② Ibid., p. 383.

③ Ibid., p. 382.

④ Ibid., p. 383 - 384.

找资源。在1792年,沃德尔诉拉贝尔克里奥尔案(Warder v. La Belle Creole)①中,彼得斯(Peters)法官发现,中世纪和近现代大陆海事法关于救助奖励的计算方法并不一致,但他并没有择一而从,而是在法国海事法令的基础上创制了一种新规则。此案开辟了一个新思路,亦即为了解决相关的法律冲突,法官拥有创制新规则的权力。这可以视为一般海事法创制的早期案例,它意味着法官可以基于联邦利益的需要临时改变一般海事法。②

在借鉴热情的克制上,霍姆斯法官是积极的支持者。其在著名的詹森案中声称,普通法只不过是主权发出的声音。这在一定程度上消解了欧陆一般海事法的绝对崇高地位。在西方侍女案(The western Maid)中③,霍姆斯法官在论述国家船舶的侵权豁免问题时,更是对一般海事法进行了效力限缩。他指出,无论一般海事法的传统多么古老,无论其来源是多么丰富多元,其权力源于被美国接受,世上没有可以让美国俯首的超然法。当有人声称一个案例由外国法或一般海事法决定时,这只不过是对国家主权许可这种法律适用的简单说法而已,我们必须承认,授权法的权力一定高于法,它可以授予,也可以撤回……主权是一个权力问题,没有哪一种人类权力是无限的,但从主权的必要观点出发,法律是自由意志的表达。霍姆斯的话似乎意味着,这一时期的一般海事法主要源自西欧国家的一般海事法,并不具有超然的效力,它不过是美国早期法源短缺时代的一个替代选择。这或许有所夸大,但也说明了在当时的司法实践之中,美国法官并不局限于“发现”一般海事法,而是在事实上“创造”一般海事法。

二、一般海事法的普通法源流

从实质上观察,一般海事法来自世界通行的海事法典、航行惯例以及通行做法。然而,一般海事法的形式很难从狭义上得到理解。由于美国法受到英国法影响深远,美国海事司法管辖权语境之下,一般海事法在某种程度继承了英国普通法的形式。例如,在美国汗牛充栋的海事案件中,同样采取了遵循先例的做法。诚然,一般海事法有利于破除英国的传统桎梏,促成了美国海事司法管辖权的扩张倾向,然而其对普通法的继承性依然是不可忽略的方面。

---

① Warder v. La Belle Creole, 1 Pet. Adm. 31 (1792).

② See Steven L. Snell, *Courts of Admiralty and the Common Law Origins of the American Experiment in Concurrent Jurisdiction*, Carolina Academic Press, 2007, p. 385.

③ Ex parte United States, 257U. S. 419(1922).

(一)普通法的时代

一般海事法属于联邦普通法在海事领域的呈现形式,论及一般海事法,不能不提联邦普通法。在叙及联邦普通法之前,有必要对美国建国初年的普通法情况有所了解。

1. 普通法的美国化

建国初期的人们对普通法的体验是矛盾复杂的,来自英国的压迫性记忆仍不时浮现在人们的脑海中。可以想象,类似情绪成为美国法不同于英国法的重要动因之一。或许是因为普通法美国化所造成的面目不清,抑或是基于历史往事而对其所怀有的本能警惕,许多法官和学者对普通法采取了质疑的态度。正是在普遍情绪的基础上,智慧的先知们更进一步,对普通法采取了更清醒的态度。最有名的当属霍姆斯大法官,他的一句格言广泛流传:"普通法并不是在天空中无处不在的沉思,而不过是一些主权国家或准主权国家发出的清晰声音。"还有些质疑声音走得更远。在1834年,最高法院的法官们,包括斯托里法官和马歇尔法官,均坚定地认为,并不存在任何联邦普通法,如果普通法确实是联邦系统一部分的话,那也一定是基于法律的规定。①

纵然有种种猜疑,但对于宪法后时代的人们来讲,源自母国的普通法无可逃避。甚至在一定意义上可以说,它本身就是宪法散发的气息。显然,普通法对美国的影响并不明显取决于人们的爱憎,更多是基于历史和传统的惯性。美国宪法通过之时,深受西方经验主义浸染的制宪者们诚然向历史传统发起了有力的挑战,但也无意创造一种全新的法律体系。在建国之前,在各殖民地中已经流传有《海事法》、《普通法》(包括商法)等法律材料,据说在殖民地时期,布莱克斯通的著作属于当时的畅销书。它们无疑构成宪法制定者的知识基础。事实上,普通法的原则和历史为宪法制定者和第一届国会议员所熟知,他们的术语就是从这个体系中衍生出来的,因此宪法和同时代立法也应该相应地对其术语加以解释。②

随着时代的演进,普通法没有被驱逐出美国法舞台,而是以新的形式发扬光大,渗入美国的法律肌体之中。例如,在穆雷诉芝加哥西北公司案(Murray v. Chicago)中,希拉法官不无感叹地说,"毋庸置疑的是,美国宪法、《1789年司法条例》以及所有同主题法律都基于普通法一般原则。如果立法和司法不能依据普通

---

① See Charles E. Clark, *State Law in the Federal Courts: The Brooding Omnipresence of Erie v. Tompkins*, 55 Yale L. J. 267(1946).

② Southern Pac. Co. v. Jensen, 244 U. S. 205 (1917) ,p. 231.

法进行解释,在很大程度上将会失去基础和意义”。[①] 汉斯顿卡里在其著作中自豪地评论道,“普通法是支撑葡萄藤的高墙,如果没有它确立的解释规则和执行原则,我们今天不会有这个作为美国象征并备受世界赞赏的宪政体系”[②]。具体到海事司法管辖权领域,从历史上看,其在英国和殖民地时期均有与普通法法庭分享管辖权的实践,从现实中看,普通法是其无法逃避的制度环境。在彼此的相互渗透之中,普通法深刻影响着美国海事司法管辖权的制度实践。

联邦普通法是普通法在联邦层面的体现形式。一般而言,各州法庭运用普通法,联邦多采取制定法形式。制定法的局限性导致其难以独挑重任,这为联邦普通法的出现创造了机会。作为因应,联邦法院开始在案件中承认联邦普通法在海事事项上的规制权力,这使实质法内在于宪法条款之中。[③] 一般认为,在联邦法院刑事案件的裁决中,不存在所谓的普通法管辖权,其只在民事案件中存在。第一个正式确立普通法地位的案例是斯威夫特诉泰森案(Swift v. Tyson)[④],该案让普通法从潜行中显出真身来。1900 年,西联电信公司诉卡尔出版公司案(Western Union Telecom v. Carr Publishing Co.)[⑤]也是普通法适用的典型案例。在该案中,被告方主张在联邦层面不存在普通法,联邦最高法院反驳道,无数的州际商业交易都不受任何规则的约束,是不可想象的。普通法规则应该适用于所有州际商业交易,除非国会法案对其进行修改。

2. 联邦普通法的运作形态

在叙述了普通法的美国化后,不妨回过头对美国法语境下的联邦普通法本身进行审视。其在美国法下的具体呈现形态为何?其和一般普通法的区别怎样?其和成文法解释的边界在哪里?此类问题常常涉及法院和国会的关系问题,自有澄清的必要。然而没有一条有用的理论分界线能让人们自信地说:“在这一边,我

---

① See Murray v. Chicago & N. W. R. Co. 62 Fed. 24, 31.

② Hunsdon Cary, *Federal Common Law*, 10 Va. L. Reg. 475 (1904), p. 482.

③ See Romero v. International Terminal Operating Co. 358 U. S. 354, 360 – 61 (1959).

④ Swift v. Tyson, 41 U. S. (16 Pet.) 1 (1842).

⑤ 在该案中,卡尔出版公司认为西联电信公司存在收费歧视,针对报道文字,电报公司向其收费每 100 字 5.00 美元,但在同一个城市中,对其他客户收费却是每 100 字 1.50 美元。该案件最初在内斯加州的一个州法院审理,在两次进入内斯加州上诉法院后,判决支持了卡尔出版公司的诉求。西联电信公司不服判决,遂将案件提交至最高法院,理由是该案件属于州际贸易,属于联邦管辖,其中心论点是:根本没有联邦普通法,在当时没有联邦成文法适用的情况下收费问题完全依赖于西联公司的自由判断。

们有联邦普通法,在那一边,我们有成文法解释。"[①]有论者指出,"联邦普通法"与"成文法解释"的区别在于侧重点的不同。[②] 在许多案件中,法院显然都能从立法行动之中或其不作为中取其所需。[③] 试图以某种方式证实前者和证伪后者的合法性纯粹是在浪费时间。由于缺乏类似英国厚重的历史实践,美国无疑暴露出其普通法作为一种工具的游移不定性。莫纳汉教授将"宪法"普通法与其他联邦判例法区分开来,[④]虽然未尽合理,但一定程度上有助于深化对美国联邦普通法的认识。

(二)普通法的海事化和海事法的普通法化

普通法和海事法呈现出交融的趋势。早在18世纪的英国,普通法就呈现出商业化和海事化的趋势,曼斯菲尔德勋爵曾经敏锐地观察到普通法的商业化倾向。在英国海事司法实践中,一般海事法隐身在普通法之中,以判例的面目出现。同样的趋势也发生在美国各州普通法法庭的实践中,在某些案例中,普通法法庭甚至开始借鉴海事司法管辖权中简单实用的规则。[⑤] 在此发展过程中,大量的海商法规则被吸纳到普通法诉讼之中。[⑥] 这种影响是相互的。欧陆海事法本来就由民法而来,即便是英国海事司法管辖权,也深受民法传统影响,具有制定法的特质,但在美国海事司法实践中,呈现出遵循先例的显著特征,这显然是深受普通法影响的缘故。尤其在海事诉讼程序中,海事司法管辖权借用了普通法的相关做法,当然,海事司法管辖权为了追求其独立性,在实体规则方面进行了持续的背离努力,以追求更契合海事司法管辖权自身规律的结果。

有些时候,美国海事法官对普通法的遵从可能是盲目的。在莫莱格尼诉美国海运公司案(Moragne v. States Marine Lines, Inc.)[⑦]中,有法官在管辖权异议中

---

① Louise Weinberg, *Federal Common Law*, 83 NW. U. L. REV. 805, 852 (1988 - 1989), p. 807.

② See Westen & Lehman, *Is There Life for Erie After the Death of Diversity?*, 78 MICH. L. REV. 311(1980).

③ See Field, *Sources of Law: The Scope of Federal Common Law*, 99 HARV. L. REV. 881 (1986).

④ See Monaghan, The Supreme Court, *1974 Term-Foreword: Constitutional Common Law*, 89 HARV. L. REV. 1(1975).

⑤ 相关案例可参见 Gulbis, *Annotation, Modern Status of Rules Conditioning Landowner's Liability Upon Status of Injured Party as Invitees, Licensees, or Trespassers*, 22 A. L. R. 4th 294(1983)。

⑥ See CF. W. SHoldsworth, *Select Essays in Anglo-American Legal history*, Nabu Press, 2012, p. 315 - 320.

⑦ Moragne v. States Marine Lines, Inc. ,398 U. S. 375.

指出,"(被适用的)普通法规则建立在一组特定因素的基础上,这些因素在美国海事司法管辖权早期被丢弃,甚至在英国从未存在过,很难作为海事司法管辖权拓展的充分理由,因为当时的法律体系已在许多方面与普通法有所区别"。① 这种盲目的遵从反映了法官遵循先例的思想根深蒂固。英国的帕克勋爵说,"本议院的任何职能都不是审议在一个合乎逻辑和科学的法理体系中应普遍适用何种规则",因此,他只能遵循过去的决定。② 看来,机械遵循先例的理念已经在部分美国法官心中产生了挟制性影响。英国海事法规则之所以被采纳而没有引起太多疑问,最大的原因可能在于它拥有久远的历史,以至于美国法院从未认真考虑过那些早已经在英国不受待见的传统规则是否适用于他们的实际情况。③

在上述融合的过程中,一般海事法汲取着普通法的有益成分,也存在对普通法的抵抗。斯图尔特法官在其海事法官任上指出,一般海事法应从不适当的普通法概念中解放出来。④ 这是深刻的洞见,普通法未必是一般海事法合适的载体形式。例如,一些普通法技术概念"从根深蒂固的陆上文化而来,这种文化的源头可以追溯到封建主义时代"。⑤ 显然,不适合以"简单和实用"为标榜的海事司法管辖权实践。1803 年,布莱克斯通英国法评注的美国首版编者、共和党人圣乔治塔克曾经激烈反对将普通法纳入联邦法。在统一性方面,圣乔治塔克是一个真正的怀疑主义者,其对运行于各州的形态各异的普通法能否达成统一深表怀疑,其编辑布莱克斯通著作,更多也是达到劝说的效果。他虽然接受了海事司法管辖权统一的概念,但对于他来讲,海事法和普通法互不干连,并无交叉。⑥

当然,不可过分强调普通法海事化的趋势。在更基本的层面上,海事法和普通法有着清晰的边界。在 1865 年蔡斯法官(Justice Chase)所审理的"海鸥"案(The Sea Gull)⑦中,蔡斯法官指出,普通法法院显然不支持原告的起诉,但"公平正义理念和联邦法律原则要求海事法支持它"。⑧ 其将普通法规则和一般海事法

---

① Moragne v. States Marine Lines, Inc. ,398 U. S. 382.

② Ibid. ,385.

③ Ibid. ,387.

④ Kermarec v. Compagnie,358 U. S. 630 (1958).

⑤ Ibid.

⑥ See Steven L. Snell, *Courts of Admiralty and the Common Law Origins of the American Experiment in Concurrent Jurisdiction*, Carolina Academic Press, 2007, p. 382 – 383.

⑦ The Sea Gull,21 F. Cas. 909 (C. C. D. Md. 1865) (No. 12,578).

⑧ See Cutting v. Seabury, 6 F. Cas. 1083, 1084 (D. Mass. 1860) (No. 3,521), See John R. Brown, *Admiralty Judges: Flotsam on the Sea of Maritime Law*, 25 Hous. J. Int'l L. 257(2003).

放置到一个对立的位置。与斯图尔特大法官激烈声讨的“普通法规则的缺陷”相呼应,加州最高法院认为,在现代社会之中,普通法中区别性规则的历史根据已经不复存在。[①] 综上可见,在建国之后的很长一个时期,普通法在海事司法管辖权实践中依然发挥着相当的影响力,法官们不得不竭力消除此种影响,以更好地达成海事司法管辖权目标。

第三节 一般海事法的法律渊源

一般海事法在美国海事司法管辖权变迁中发挥着引领性作用,但一般海事法从何而来?一般海事法的材料宝库究竟是什么样的构成?在整个 19 世纪,并不受法律学者的重视。然而,作为一般海事法的法律渊源,其重要性不可能被低估。作为普通法系的基本特征,美国海事司法管辖权下的一般海事法通常以判例的形式呈现。斯托里法官曾相当简洁地说,“在日常用语中,几乎不会有人认为法院的裁决构成法律”,最多只是“法律是什么的证据”。[②] 这似乎说明了法律渊源在法院裁决中的地位。正是对这些法律渊源的整合升华塑造了一般海事法的现实形态,从而也成为一般海事法存在的证据。具体而言,一般海事法存在如下法律渊源。

一、以《奥列隆惯例集》为代表的古海法典

早在 13 世纪,地中海上的《海上领事法》以及大西洋上的《奥列隆惯例集》共同形成了“海上贸易”的共同法。[③] 中世纪海法是现代海商法的基础,具有本源性地位。虽然美国海事法有强烈的创新性和独特性,但中世纪海法的精神,依然深入其法律肌体之中。首先,这应归因于这些海法典具有穿越时代的穿透力。以船舶碰撞损害为例,《奥列隆惯例集》和维斯比法典中的相关海事规则被留存下来,只是被修正为比例过失,在 1975 年美国最高法院在美国诉信誉运输公司案(United States v. Reliable Transfer)[④]中就曾得到适用。其次,在海事司法管辖权

① 69 Cal. 2d at 117, 443 P. 2d at 567, 70 Cal. Rptr. at 103. See John R. Brown, *Admiralty Judges: Flotsam on the Sea of Maritime Law*, 25 Hous. J. Int'l L. 257(2003).

② See Swift v. Tyson, 16 Pet. 1, 13 (U.S. 1842).

③ 参见[英]梅特兰等:《欧陆法律史概览:事件,渊源,人物及运动》,屈文生等译,上海人民出版社 2015 年版,第 192 页。

④ United States v. Reliable Transfer, 421 U.S. 397, 1975 AMC 541 (1975).

寻求更新的时代,从其源头处梳理是美国海事法官本能的做法。在美国海事案件判例库中,有不少案例引用了罗德岛海法①和奥列隆海法②,这都是一般海事法古海法渊源的典型呈现。不难想象,这些中世纪海法典,成为美国海事法官迷茫探索中的指路明灯。

以上绝非简单的断言,中世纪海法典之于美国一般海事法的意义很难被夸大。在海事司法管辖权统一性方面有深切期许的美国海事法官们自然意识到,作为欧洲中世纪共同法的海法典是统一性实现的良好典范。中世纪时期是海法获得繁荣发展的时期。作为海事文明最早的集大成者,中世纪海法典多由流行于各地的案例汇编而成,采自各地的风俗习惯。著名国际法学家台特雷教授认为,海事自体法属于商人自体法,是由海事习惯、公约、法典和从古至今的实践内容组成的,它没有国界,存在各个司法管辖之中,除非有特别法令限制和排斥其适用。③按照台特雷教授的意见,一般海事法主要由海商自体法组成。这在宽泛的意义上无疑是正确的,因为它们拥有共同的精神内核和价值功能,但是必须承认,随着时空的巨大变迁,一般海事法在美国海事司法管辖权变迁中,呈现出独特的风貌。

二、航运业的通用形式、术语和惯例

这是美国一般海事法的重要法律渊源之一。在海商法发展的早期,商人习惯构成了海事自体法的主体。海商法在其源头意义上是商人习惯法,习惯法对一般海事法的意义十分重要。海事法的习惯起源性是其自体性形成的重要因素。西欧进入封建社会后,地中海沿岸航运业十分发达,这一时期产生了各种海事习惯法,并相继由私人编纂成册,形成独具特色的私人编纂海事惯例时期。事实上,上述海法典正是航运业习惯、做法的文本汇编。海事法庭的灵活性和高效率是其区别于其他法庭的重要特点,这和早期海商事法庭充分发挥商业习惯的创造性力量,契合了商业发展的效率需要是分不开的。航运业的通用形式、术语和惯例不可能自动产生一个既定的法律原则,需要有一套技术规则和原则将其定型化,这种定型将给习惯规则和惯例带来可以预期的逻辑以及据以运行其中的稳定系统。这种具有定型化功能的逻辑和系统是由训练有素的平民和圣典人提供的。可以

① See R. M. S. Titanic, Inc. v. Haver, 171 F. 3d 943, 960, 962 (4th Cir. 1999).

② See Dowdle v. Offshore Express, Inc., 809 F. 2d 259, 263(5th Cir. 1987).

③ 参见李东、李天生:《一般海商法的回归与升华》,载《广西社会科学》2013 年第 3 期。William Tetley, The General Maritime Law—The Lex Maritima, 1994, 20 Syracuse J. Int'l L. & Com. 105(1994); William Tetley, In-ternational Maritime Law, 24 Tul. Mar. L. J. 775(1999 - 2000).

说,商人和律师之间的这种分工合作关系,对习俗和法律原则的技术发展给予了应有的重视,对海商法的形成居功至伟。①

当然,过分强调习惯的价值也并非明智的做法。在19世纪的美国司法实践中,海事法官对航运习惯抱以扬弃的理性态度。20世纪的海事法官从他们的19世纪兄弟中接过海事法庭的方向舵,继续探索海事司法管辖权独特的发展之路。这方面的典型例证是汉德法官在塔·吉·霍伯案(The T. J. Hoope)②中的法律意见。该案涉及一条因为没有安装无线电接收器而沉没的船舶。当事人主张拖船所有人对被拖船的责任;拖船船长表示,如果拖船安装无线电接收器的话,就会在航行中收到天气预报,预测到风力的增强,这样他们很可能进入一个安全的港口,从而避免灾难的发生。但拖船所有者争辩说,他们不应该为此承担责任,因为没有一个普遍的惯例要求拖船配备无线电接收器。汉德法官承认,海事法官经常将行业标准与尽职调查等同起来。但无论行业实践有多广泛,法院的职责是"说出需要的东西"。在这种情况下,汉德法官拒绝遵循行业惯例,并宣称由于缺乏相应的设备,拖船处于不适航的状态。从该案例可以看出,法院对未经审慎考察的案例心怀警惕,时刻准备着将那些已经落后于时代的惯例从一般海事法中排除出去。

三、新时代观念和一般原则的影响

(一)法官道德理念

法官个人道德理念,也构成了一般海事法的重要渊源。法官关于海事司法管辖权的理念,深受时代风潮的浸染。海事司法史上著名的詹森案是海事司法管辖权历史上的重大事件。诚然,本案有其发生的历史条件,也有深刻的实践基础。但其之所以在当时发生,不能不说和法官个人的相关理念密切相关。作为观念的载体,海事法官个人对海事司法管辖权的态度不可不察。至于麦克雷诺法官个人,也有不少可议之处,如他持异议最多,对同事经常显现出高人一等的傲慢态度,对罗斯福总统及其新政显现出明显的憎恶。③ 此外,有很多批评集中在他偏爱适用那些不利于贫困原告的法律。当然,这种指控并不公正,认识他的人可以证明他忠诚和决不妥协的态度,以及将法律问题看作道德问题的倾向。霍姆斯法

① See Frederic Rockwell Sanborn, *Origins of the Early English Maritime and Commercial Law*, The Century Co. New York, 1930, Foreword, x.

② The T. J. Hooper, 53 F. 2d 107(1931). 1928年3月,在新泽西州海岸附近的一场大风中,两艘拖船在海岸附近被风吹走。其时天气晴朗,而且没有任何即将出现风暴的迹象。

③ 这可能是罗斯福总统决心要撬动整个最高法院的重要动因之一。

官将他评价为,“一个极具启发性且具有特别知识和经验的人,其启发的疑虑和困难值得认真思考”。个人偏见和智识不足均不足以解释他在詹森案中的裁决意见。真正的答案或许可以从其个人理念和海事司法管辖权自身特质中去寻找。如果其同代人的观察可信的话,则麦克雷诺法官是一个对秩序有强烈偏爱的人。①

我们不能低估法官个人理念的独立和强韧程度,甚至党派归属也无法轻易撼动。很少人意识到詹森案的反讽之处。人们可能会期待这样的判决来自新政时期的法庭,或者是后来沃伦法官主政的法庭。或者在另一个角度上,人们会期待这种判决来自一百年前身为联邦党人的海事法学者理查德·彼得,或者是那位博学的世界主义者、共和党人转向的联邦党人斯托里法官。然而,历史就是这样的悖谬,麦克雷诺法官作为20世纪州权的铁杆拥护者,却做出了一个足以让马歇尔法官和斯托里法官惊异的决定。作为一个在内战结束之后仍长期对南方州抱以同情态度的南方人,他一直对联邦可能逾越界限的行为心怀警惕。然而正是他,利用詹森案宣告了一般海事法的优越地位。

(二)社会公众意见

公众意见也是一般海事法的重要形成要素之一。公众意见非但没有影响法院的独立性,反而为法院夯实了群众基础。1825年,是一个明显的转折点,法院裁决开始更密切地反映公众意见。首席法官和他的同事们十分注意调整个案的裁决,以便更接近于普遍的公众情绪。这种变化在1825~1835年十年时间比较明显,借力公众抵御改组法院的企图。可以说,这种风格转变是海事司法管辖权变迁压力下的自然结果,也可以用霍姆斯大法官在1881年《普通法》著作中一句更有名的话来说明:当时的社会需要、普遍存在的道德和政治理论……甚至法官们和他们的同侪们所共有的偏见,在司法决定中,起了比三段论更大的作用。②

(三)公平正义原则

公平正义原则在一般海事法的形成中发挥了重要作用。蔡斯法官曾经在“海鸥案”③中担任联邦巡回法官。在该案的法律意见中,公平正义原则在一般海事法中的角色得到了完美的阐释。在该案中,蒸汽船“海鸥”(Seagull)轮和“利里”

---

① See Steven L. Snell, *Courts of Admiralty and the Common Law*, Durham: Carolina Academic Press, 2007, p. 7.

② See Anonymity, *from Judicial Crand to Legislative Power: the Admiralty Clause in the Nineteenth Century*, 67 Harv. L. Rev. 1216 (1954).

③ The Sea Gull, 21 F. Cas. 909 (C. C. D. Md. 1865).

(Lily)轮相撞,导致一名女乘务员死亡。被害人的丈夫对“海鸥”轮提起诉讼,寻求因妻子死亡而应得的损害赔偿。“利里”轮认为,该轮不应该担责,是乘务员的过错导致了自己的死亡。蔡斯法官承认,从普通法的角度,该船的立场应该得到支持。然而,他同时指出,“普通法在这个问题上有其独特的规则,可以追溯到封建制度和它消亡的时代。尽管在普通法法庭上,大部分权威结论似乎是反对原告提起诉讼的”,但“自然公平和联邦法律原则支持这一起诉行为”。与普通法上的做法相反,蔡斯法官说,“在无既定制定法规则的情况下,海事法庭更有空间发挥人道主义和自由主义的角色”。基于此,法院作出了有利于原告的判决。①

四、比较历史立法和各国法院判例

比较历史立法是一般海事法的重要渊源之一。美国海事司法管辖权希望开创新的历史,更有必要求索于比较法历史。一切立法自制定以来,都在走向历史,其他航运国家的现行法律自然也在其参考之列。正如兰迪斯教授所说,“通常被视为‘普通法’的很多东西,都可以在立法中找到源头”。② 普通法法院一向有责任认识到重大立法革新的影响,并将新的立法政策同继承下来的习惯法原则结合起来。事实上,在法官判例之中,许多原则来自早期的立法努力。③

基于海事法的共同法性质,世界航运强国的法庭判例是一般海事法的重要渊源之一。通过这种形式的借鉴,美国一般海事法获得了更为丰富的内涵。此外,本国的判例自身就具有相当的约束力。一般海事法本身属于联邦普通法的组成部分,其本身采取了遵循先例的形式。原因在于:首先,传统强大的习惯性使继承成为成本最低的方式;其次,一般海事法渊源的多元性,导致其规范性存在局限,需要通过先例的方式予以制约。事实上,正是从法院层出不穷的判例之中,我们才隐约看到了一般海事法流动的方向。

第四节　一般海事法的发展

诚如上文所言,一般海事法是否存在于联邦司法的运作之中?这是一个在理

---

① See John R. Brown, *Admiralty Judges: Flotsam on the Sea of Maritime Law*, 25 Hous. J. Int'l L. 257(2003).

② See Moragne v. States Marine Lines, Inc., 398 U.S. 375,393(1970).

③ Ibid.

论上不无争议的问题。但一般认为,在美国海事司法管辖权的变迁过程中,一般海事法发挥了不可替代的作用。纵观美国海事法历史,以伊利案和詹森案为分水岭,其经历了几个颠簸起伏的发展阶段。

一、詹森案之前的一般海事法

(一)一般海事法概况

美国建国早期,海事法官面对宪法所确立的新格局,并没有看到一条清晰的道路。为了处理如潮水般涌来的案件,必须寻找救济的办法。一套实质性的一般海事法[①]成为应时之选。戴维·W.罗伯逊指出,"基于海事司法管辖权在历史上的独立性,美国宪法语言为我们揭示出一种实质海事法的形态,并被合众国以默示的方式采纳,这是为适应新世界的需要而制定和修改的'一般法'"。[②] 这里的"一般法"指的就是一般海事法。美国海事法官在早期机械地接受这样一种观念:宪法海事司法授予条款不仅使法院能够审理案件,而且还赋予它发现(制定)法律的权力。[③] 一般来说,一般海事法的地位是在斯威夫特诉泰森案中正式确立的。根据该案裁决,《1789年司法条例》第34条并没有限制联邦法院在审理不同国籍案件时,适用"自己的"普通法。它维持了下级联邦法院的一项裁定,即根据联邦普通法(参照商业判例的一般原则),预先存在的债务构成可转让票据的基础。虽然该案针对商业案件而发,但对海商业的影响是不言而喻的。

关于一般海事法,质疑的声音未曾间断。据说,所谓的联邦普通法区别于斯威夫特时代的"一般普通法"[④]。关于这个时代的具体情况,一位法律学会编辑在其法律笔记中不无幽默地说:"尽管这是长期被认为正确的观点(不存在普通法管辖权),美国最高法院继续安详自如地运用着普通法,按照自己的意愿判断普通法是什么以及应该是什么,而对那些关于普通法是否存在的争议置之不理。"[⑤]例如,在美国诉黄金德案中,其判决采用了"一个人的出生地是他的国籍认定标准"

---

① See The general smith,17 U. S. (1 wheat.) 438(1819).

② See Charles L. Black & Jr., *Admiralty Jurisdiction: Critique and Suggestions*, 50 Colum. L. Rev. 259(1950).

③ 当然,是制定法律还是寻找法律存在激烈争议,但付诸实践,更像是概念上的纠缠。

④ See Bradford R. Clark, *Federal Common Law: A Structural Reinterpretation*, 144 U. Pa. L. Rev. 1245(1996).

⑤ See Hunsdon Cary, *Federal Common Law*, 10 Va. L. Reg. 475(1904).

的普通法规则。该判决还声称,该规则“一直盛行于司法实践之中,自殖民地时期开始,直到独立宣言时代以及美国建国之后”。我们认为,联邦法院对普通法管辖权的承认是务实的,否则司法机构将会变得无能为力(如果还不至于荒谬的话),因为美国宪法正是孕育和成长于普通法的精神之中。①

(二)一般海事法对海事司法管辖权的影响

詹森案之前的时期,是海事司法管辖权的探索阶段。尽管联邦最高法院有信心在联邦海事司法管辖权领域塑造一个运转有力的联邦普通法体系,但依然存在许多有力的质疑声音。如奥利弗·温德尔·霍姆斯(Oliver Wendell Homes)法官曾不无忧虑地警告道,海事司法化立法行动在促进美国海事司法管辖权拓展的同时可能引发潜在的冲突。正是基于这种意识,作为马萨诸塞法官的他在个案中拒绝偏离州普通法。后来在联邦最高法院履职之时,霍姆斯再次支持在海事案件中适用州法,在其所受理的案件②中,虽然异议者声音响亮,但他依然判决在没有国会立法的情况下优先适用州法。显然,在美国建国初期,一般海事法已经出现在联邦层面,但其权威远不及后世。

二、詹森案之后伊利案之前的一般海事法

(一)一般海事法的尊崇时刻

自美国建国之后,一般海事法虽然不无争议,但一直在海事司法管辖权中发挥作用。早期的法官甚至不关心一般海事法的渊源问题,呈现出粗糙不拘的特点。虽然有宪法海事司法授权条款加持,但一般海事法的运用多止于联邦层面,在州相关实践中并没有得到有效的遵从。布兰德利法官在 1874 年 10 月的洛塔瓦纳案中指出,我们有自己的一般海事法,这是毋庸置疑的,海事法不应该交由部分州处置,否则将会损害海事法的一致性以及和外国的交往。在此基础上,詹森案③首次用判决的方式宣示了一般海事法的尊崇地位。在该案中,麦克唐纳法官代表联邦最高法院宣称,码头工人发生事故的地点及其工作皆具有海事性质,任何将州法适用于这类案件的做法都是违宪的。其理由在于,州法的介入损害了海事司法管辖权的统一性。为了将州法最大程度驱逐出海事司法管辖权领域,麦克唐纳法官提出了一个由三部分组成的测试,以确定州法律何时可以在海事司法管

---

① See Western Union Tel. Co. v. Call Publishing Co. , 181S. 92181 U. S. 92(1901).

② See The Hamilton,207 U. S. 398 (1907).

③ S. Pac. Co. v. Jensen, 244 U. S. 205(1917).

辖权中有效运作。首先,州法律不得与联邦法规相矛盾;其次,州法不得与一般海事法相抵触;最后,州法不得干涉海事法在国际和州际关系中的和谐统一。① 通过这种测试,麦克唐纳法官将一般海事法送至它的巅峰。然而,一般海事法的荣耀是以工业时代涌现出的大量弱势群体的权利为代价的。

两个类似案件,即史密斯父子公司诉泰勒案(T. Smith & Son, Inc. v. Taylor)②和明妮诉休伦港码头公司案(Minnie v. Port Huron Terminal Co.)③足以说明詹森案的错漏之处。在前一案件中,一个码头工人正站在码头上,被一架船上起重机的吊臂撞进水里,根据詹森案确定的原则,州赔偿法可以得以适用,因为撞击地点(撞击码头)是在陆地上。在后一案件中,工人在一艘船的甲板上被一辆陆基起重机撞到,并被撞倒在岸上,在这里,州法无法提供救济,因为撞击地点(撞击码头)是在航行水域上。两个案件中当事人迥异的遭遇恰恰说明了联邦法和州法存在某些强行嫁接之处。在这个时代里,原本简单快捷的诉讼程序被缓慢乏味的“法律拖延”所取代,并陷入法律技术问题的罗网之中。在这种情况下,当事人的紧急需要和冗长的审理程序相遇,产生了让人遗憾的结果,这本来是州赔偿法所竭力避免的。

也正因如此,在后世论者眼中,詹森案蒙受着恶劣的名声,认为其不负责任地将一般海事法扩张到前所未有的地步。许多法官质疑麦克雷诺这种将一般海事法视为宪法半影的假定。针对这种看法,霍姆斯法官曾经不无讽刺地评论道,普通法并不是天空中无所不在的存在,只不过是可以识别的主权发出的声音。麦克唐纳法官关于本案的判决备受批评,在接下来的时代里,该案在海事司法管辖权方面的扩张立场和一般海事法优先于州实体法适用的激进姿态让联邦法院感到不安,并呈现出一种退却的姿态。然而,詹森案有其特殊的限定。法庭认定一般海事法作用的范围取决于两个要素:雇佣活动的海事性质和其所处航行水域的位置。后世的海事法官们未必能够完全把握以前判例的精神,他们很可能有意无意地扩张了自己的理解,甚至出现了“无可避免的误会”。这纵然让尊重秩序和继承性的人们顿感残酷,但这才是真正的历史。事实上,詹森案对一般海事法的尊崇存在限度,詹森案审理法院并没有完全将前例置之一旁的勇气,在判决中把“人

---

① See J. B. Ruhl, *Finding Federalism in the Admiralty: The Devil's Own Mess Revisited*, 12 Tul. Mar. L. J. 263(1987).

② T. Smith & Son, Inc. v. Taylor, 276 U. S. 179 (1928).

③ Minnie v. Port Huron Terminal Co., 295 U. S. 647 (1935).

身死亡案件的追偿权”列为适用州法律的类别之一。詹森案审理法院据此宣布,在公海上适用州过失死亡补救法并不违反联邦法律或一般海事法,也不妨碍一般海事法在国际和州际关系中的协调或统一。[①] 虽然如此,其将一般海事法的优越性推到一个前所未有的高度,在实践中造成了大量问题,从而引起了国会力量的反弹。

(二)法院的对策与补救行动

这种严酷和极不公平的情况导致詹森案所确定的严格规则[②]产生了一个例外,即“海事但地方性”规则。在西部燃料诉加西亚案[③]中,按照詹森案确定的原则,原告是无法获得救济的。一般海事法又缺乏相应的救济规则。法庭为了让被害人的救济权利不至于落空,创造了“海事但地方性”规则,赋予了原告以州法救济。在又一案件中[④],联邦最高法院裁定,对一艘未完工的船舶进行的作业“虽属于海上,但属于地方作业”,因此可以适用州赔偿法。法庭在判决中指出,对于地方性事务,州相关工人赔偿法对一般海事法并没有实质性的损害,一般海事法规则可以由州法适当修改补充。

上述规则在某种意义上是一种基于妥协的政策性考量。这一深具人文关怀的例外规则从一开始就面临激烈的争讼。确定受伤雇员所从事的工作在多大程度上属于当地性质,以至于判断其与海商法的统一性有没有直接关系,并不是简单易明之事。更重要的是,虽然在一艘在建船上的各种商人被认为具备“海事但地方性”的性质,不至于引起太大的争议,但码头工人却难以逃离詹森案原则的笼罩,处于一片混沌状态之中,仍存在大面积“海事但地方性”原则所不能拯救的区域。从上述意义上讲,有盲目追逐“制度统一性”之失的联邦最高法院,却在客观上促成了相关救济的转型升级,在船员权利保护方面不可谓无功。一般海事法自哈里斯堡案以来自我设限,在相关救济方面无所推进。所以詹森案只不过从理论上夺回了由州法侵占的阵地,一般海事法在实际上却无力经营它,只能依靠国会出台相关保护性法规。一般海事法在这个领域的贡献还需要在下一个阶段来完成。

---

① See J. B. Ruhl, *Finding Federalism in the Admiralty: The Devil's Own Mess Revisited*, 12 Tul. Mar. L. J. 263(1987).

② 当然,麦克唐纳法官也保留了一些例外,正是这种空间提供了后来的诸多可能性实践。

③ 在西部燃料诉加西亚案中,一名码头工人的遗孀提起了不当死亡诉讼,她的丈夫在一艘停泊在旧金山湾的船上卸货时遇难。Western Fuel v. Garcia, 42 S. Ct. 89, 257 U. S. 233 (1921).

④ See Grant Smith-Porter Ship Co. v. Rohde,642 S. Ct. 157, 257 U. S. 469 (1922).

三、伊利案之后的一般海事法

(一)"消失"的联邦普通法和一般海事法的危机

在联邦层面找到位置之后,一般海事法很快遭遇到合法性危机。在推翻斯威夫特诉泰森案先例的基础上,联邦最高法院在伊利铁路公司诉汤普金斯案(以下简称伊利案)中宣称"不存在联邦普通法"。该判决虽然被放置在多样性管辖权的背景之下,但在事实上却影响着海事司法管辖权的实践。一般认为,一般海事法是联邦海事法的组成部分。联邦普通法不存在的话,一般海事法很难能独善其身。对于伊利案对联邦普通法的刻薄态度,有尖锐的反对意见。有论者指出,"在伊利案的指引下,法律统一性的缺乏比以前的情况更糟糕。在伊利案之前的一个世纪里,联邦法院在需要适用一般(而不是地方)法律的领域中制定了连贯一致的原则。虽然各州的法律可能有所不同,但联邦法律是统一的。伊利案虽然排除了统一联邦法律的可能性,但没有消除各州法律的异质性"。① 但伊利案绝非只是法官们对联邦普通法的情绪性打压,对伊利案的批评也并非没有对立的声音。关于联邦普通法的批评主要集中在两个方面:一是不符合实证主义对法律的基本理解;二是对三权分立和联邦主义构成现实的威胁。② 显然,伊利案是对相应批评的支持性回应,联邦普通法因此遭受到毁灭性打击。

面对联邦普通法的阵地失陷,有学者另辟蹊径,企图将一般海事法同联邦普通法区分开来,通过将一般海事法进行特殊化,从而为一般海事法的适用确立合法性基础。他们认为,伊利案的适用范围是有限定的,主要适用于一些多样性管辖案件,并不包括海事管辖案件,海事法庭依然具有适用一般海事法的权力。这种观点事实上也得到了相关案例的支持。在德克萨斯工业公司诉拉德克利夫材料公司案中,法院赞同伊利案中不存在"联邦普通法"的观点。然而,法院进一步指出,联邦普通法的司法造法能力在"少数和有限"领域之中是允许的。一般海

---

① Suzanna Sherry, *Wrong*, *out of Step*, *and Pernicious*: *Erie as the Worst Decision of All Time*, 39 Pepp. L. Rev. 129, 154(2011). 同时,作者哀叹道,我们已经摆脱了这样一种制度,在这种制度中,至少有一个统一的法律机构,最终由一个法院来管理,在新制度中,统一性却不得不听命于50个州的法院。

② Bradford R. Clark, *Federal Common Law*: *A Structural Reinterpretation*, 144 U. Pa. L. Rev. 1245(1996).

事法就在这个区间之内。[1] 更有论者为之辩护道,联邦法庭创造一般海事法的努力并不违反三权分立原则,假如这些努力限于对一些肯定性法规的政策性表达上的话。[2]

对上述另辟蹊径的做法,有些人不以为然。他们坚持认为,在联邦层面没有一般海事法存在的空间,这种攻击背后的基本理论很简单,即一般海事法只不过是联邦普通法的一种形式,不应成为伊利案的例外。克拉克教授更质疑一般海事法存在的合法性基础。他指出,联邦普通法只在以下情况下是合法的:首先,所涉业务超出各州立法权限;其次,联邦法律进一步深化了宪法体系的一些基本方面。海事法庭在这两方面都不符合。在克拉克教授看来,海事案件属于私法范畴(处理合同、侵权、救助等事宜)并不是基本宪法体系的一部分。还有人认为,联邦司法在海事事项方面的立法权力只意味着包括商业性海事事项,如海事保险和因货物运输而产生的索赔,这符合所有航运国家的惯例。[3] 此外,尹钟隆(Yong)教授也对一般海事法的适用提出了质疑。他指出,在海事司法管辖权中纳入私法案件并非制宪者的本意,而是意外之结果。[4]

(二)作为“狭窄领域”的一般海事法

在伊利案原则的限制之下,在激烈的争议面前,联邦最高法院在联邦普通法上的立场是谨慎的,仅仅将其运用于包括海事法领域在内的少数几个关乎国家利益的狭窄领域。有论者指出,“如果越过这些界限,就会干涉各州的自治权力,从而违反联邦主义的基本原则。国会可以在其授权范围内合法行使这一领域的权力,但如果法院这样做,就会违反确保代议制正常运转的三权分立原则”[5]。值得注意的是,美国联邦主义存在纵向和横向之分,在全国织成一张权力之网,联邦最高法院在其中微妙的节点上。所以,联邦普通法失势的这一时期正值罗斯福总统扩大联邦行政权力之时。其间的反差并不奇怪,恰恰反映了此消彼长的形势。

在一般海事法的阵地之上,联邦法院一直在争议中坚守。以至于在 1981 年德克萨斯实业公司(Texas Industries)反垄断案中,法院依然需要明确,海事案件

---

① 451 U. S. at 630, 640 (1981)[quoting Erie R. R. Co. v. Tompkins, 304 U. S. 64, 78 (1938)].

② See Donald L. Doernberg, *Juridical Chameleons in the New Erie Canal*, 1990 Utah L. Rev. 759 (1990).

③ See William H. Theis, *United States Admiralty Law As an Enclave of Federal Common Law*, 23 TuL. MAR. L. J. 73(1998).

④ See Ernest A. Young, Preemption at Sea, 67 Geo. Wash. L. Rev. 273(1999).

⑤ Louise Weinberg, *Federal Common Law*, 83 NW. U. L. Rev. 805 (1988 - 1989).

属于一个“狭窄领域”，在该领域内，联邦法院仍然可以制定“联邦普通法”，并宣称，“我们的联邦制度不允许相关争议在州法律下得到解决”。[①] 联邦最高法院常常付诸宪法原教旨主义。其坚称一般海事法并非法官们立法冲动的结果，而是宪法制定者的本意。宪法概括的用语决定了一般海事法并非一成不变，而是动态变化和发展着的。毫无疑问，这种宪法权力被赋予了联邦最高法院，且采取了普通法的方式。[②] 当然，一般海事法并非基于法官的恣意；相反，一般海事法规则是由长期确立的海事原则和习俗惯例指导的，而不独依靠法官的公平信念。[③] 无论联邦法院在发现（制定）一般海事法规则时向何处寻求指导，它们都应该在确定相关政策和原则时，充分考虑宪法海事司法授权条款的限制。此外，规则一致性和海商业发展需求是海事司法管辖权正当化的必然要求。借助一般海事法，当事人对法律的期望反而更有可能实现，可以更好地规划自己的行为。

不得不说，随着海商业在国民经济中比重的相对下降，海事司法管辖权存在边缘化的趋势。这在某种程度上为反对力量提供了口实。有作者将海事法比作古罗马康茂德皇帝所刻意选择的决斗士，认为海事司法管辖权正是这个可怜的决斗士，被抨击联邦司法的人们当作一个靶子攻击。[④] 以至于威廉·台特雷教授在其文章中设问，在20世纪末还有公认的商事习惯法吗？其答案是肯定的，一般海事法依然在海事领域内存在着。[⑤] 事实上，一般海事法并没有失去生存的土壤。在海事司法管辖权范围之内，尚有国会立法难以涵盖的事项，国会已将其部分立法职能委托给联邦法院。有论者认为，海事法院在立法权委托方面，与其他法律领域的立法权委托一样，具有良好的民主理论基础，足以回应伊利案关于联邦主义的所有关切。[⑥] 正是在这种海事共同法即“一般海事法”助力之下，海事司法管辖权延展着自己的扩张之路。

---

① See Texas Industries, 451 U. S. 630, 640 - 641 (1981).

② See Geoffrey L. Wendt, *The Fog of Uncertainty Enshrouding Employer Punitive Damage Liability under General Maritime Law*, 2 Malabu: Maritime L. Bull. [i] (2010).

③ Ibid.

④ See Jonathan M. Gutoff, *Federal Common Law and Congressional Delegation: A Reconceptualization of Admiralty*, 61 U. Pitt. L. Rev. 367(2000).

⑤ See William Tetley, *The General Maritime Law-The Lex Maritima*, 20 Syracuse J. Int'l L. & Com. 105 (1994).

⑥ See Jonathan M. Gutoff, *Federal Common Law and Congressional Delegation: A Reconceptualization of Admiralty*, 61 U. Pitt. L. Rev. 367(2000).

四、持续变迁中的一般海事法

作为海事司法管辖权的运行依据,一般海事法通过自身的弹性功能推动了海事司法管辖权的扩张。其推动统一的功能和额外保护的取向汇聚成两股力量,为海事司法管辖权在许多案件中的运用提供了有力支持。例如,在美国海事司法管辖权产生早期,由于受到英国普通法传统的影响,海事人身死亡赔偿方面一直缺乏相应的救济手段,造成了严重的不公正,甚至隐藏着巨大的道德风险。一般海事法如何在这些空白地带发挥作用,极大地考验着海事法官们的智慧。蔡斯法官在这方面做出了可贵的探索。他在"海鸥案"中指出,在没有刚性规则作出相反规定的情况下,提供救济相对于拒绝救济,更能彰显出海事法的人道和自由品质。① 由此可见,海事法官们正是运用一般海事法在制定法的缝隙之中拓展着海事司法管辖权的空间。20 世纪初的《琼斯法案》和《公海死亡法》都将救济限定在金钱损失上,致使精神损失等社会损失在这些法规下难以恢复。布伦南法官指出,"要塑造海事法律中的人道主义政策,以显示对在其管辖范围内受伤的人的额外保护,我们就必须做出类似的决定"。② 显然,这样的决定是通过一般海事法实现的。

虽然国会在海事事项方面的立法大量出现,在一定程度上挤压了一般海事法的空间,但一般海事法仍然发挥着补充国会立法的独立功能。以海事产品责任为例,在 1986 年一产品责任案件中,联邦最高法院将产品责任法中的普通法侵权概念纳入一般海事法,在事实上将产品责任诉讼纳入了海事司法管辖权的范围。在该案中,联邦最高法院认定产品责任的一般规则符合海事法一般原则的要求。③ 这一论断建立在联邦上诉法院对此类产品责任案件普遍赋予海事司法管辖权的基础之上,④是美国海事司法管辖权自下往上变迁路径的一个实践性确证。在上述案件中,法院以一般海事法的方式采纳了非侵权原则,从而实现了对海上产品责任受害当事人的救济。正是在这种司法反复试探中,海事司法管辖权实现着自己的扩张目标。

作为最古老的联邦普通法,一般海事法似乎活得最为长久,至今仍然充满活

① See The Sea Gull, 21 F. Cas. 909, 910(1865).

② See Am. Pipe & Constr. Co. v. Utah, 414 U.S. 538(1974).

③ See East River Steamship Corp. v. Transamerica Delaval Inc, 476 U.S. 858, 859, 1986 AMC 2027 (1986).

④ See E. River S.S. Corp. v. Transamerica Delaval, 476 U.S. 858(1986).

力。长时间的沉潜之后,麦克唐纳法官在詹森案中确立了一般海事法的尊崇地位。在伊利案之后,纵然反对声蜂起,一般海事法依然是“海事法中无所不在的魅影”。[①] 直至今天,面对激烈的反对声音,[②]联邦法院依然拒绝推翻詹森案确定的先例。[③] 由此可见,一般海事法和海事司法管辖权紧紧地联系在一起,并持续推动海事司法管辖权向前发展。

第五节　一般海事法的机构运作

一、法院与一般海事法

美国建国伊始,战事方息,诸事未定,处于破旧立新的过渡时期。随着社会的进步,人们的法律观念开始具有浓重的工具主义色彩。以斯托里法官为例,尽管其相信自然法是法理学的基础,但他同时强调,一种工具性的或实用主义的法律进路会产生进步。[④] 正是在这种认识之下,美国的司法裁判者们拒绝自然法而倾向于更实用的工具主义的观点,司法裁判日益变得具有实用性和政策导向性。[⑤] 相对于立法,更具有政策上灵活性的联邦法院,自然在社会变革中发挥关键性作用,这在《美国法的变迁》中有清晰的说明。[⑥] 相对于国会立法,“司法在塑造公平灵活的海事新规则方面更能发挥引领者的作用”。[⑦] 显然,这便是法院具有制定一般海事法权力的依据。更有法官指出,“国会将大部分制定决定性海事规则的权力留给了法院系统”。[⑧] 布拉德利大法官在 1875 年洛塔瓦纳案中指出,海事司

---

① See David W. Robertson, *Admiralty and Federalism: History and Analysis of Problems of Federal-State Relations in the Maritime Law of the United States*, The Foundation Press, Inc., 1970, p. 193.

② 例如欧内斯特·阿·杨(Ernest A. Young)认为,一般海事法优先于州法适用是违宪的。See Ernest A. Young, *The Last Brooding Omnipresence: Erie Railroad Co. v. Tompkins and the Unconstitutionality of Preemptive Federal Maritime Law*, 43 St. Louis U. L. J. 1349(1999).

③ See American Dredging Co. v. Miller, 510 U. S. 443, 447 n. 1 (1994).

④ 参见[美]斯蒂芬·M. 菲尔德曼:《从前现代主义到后现代主义的美国法律思想》,李国庆译,中国政法大学出版社 2005 年版,第 82 页。

⑤ 参见何勤华、魏琼主编:《西方民法史》,北京大学出版社 2006 年版,第 391 页。

⑥ See Morton J. Horwitz, *The Transformation of American Law*, 1780 – 1860, Mass. : Harvard University Press, 1938, p. 16 – 30.

⑦ See United States v. Reliable Transfer Co., 421U. S. 397, 1975 AMC 541(1975).

⑧ See Fitzgerald v. United States Lines Co., 374 U. S. 16, 20 (1963).

法管辖权的真正界限“完全是一个司法问题”,①“没有任何州的法律或国会法案能比司法权更合适决定海事司法管辖权范围的大小”。② 布拉德利法官特别指出,这种范围的大小是被“发现”的,而不是被“制造”出来的。③

(一)在“发现”和“制造”之间

布拉德利法官在相关议题上的谨慎并非没有道理,法院在塑造一般海事法上的适宜性并不能用来论证其合法性。在海事法官是否能够创造一般海事法上有激烈的争议。这种所谓的海事共同法是被发现的?还是被制造出来的?涉及人们对当时联邦主义的看法。这种对法官造法的普遍质疑确实在很大程度上影响到一般海事法在海事司法管辖权中的参与方式。以至于在莫莱格尼诉美国海运公司案中,法官遗憾地强调,最高法院与其说是在制定一项新规则,不如说是在“移除一个通往一般海事法的障碍”。④ 由此可见,法官通过概念的精巧解释为一般海事法的运用提供合法性基础,显现出在造法和找法之间的犹疑与不自信。

司法能动主义通常被描述为一种自由主义恶习,很大程度上在于其似乎违背了三权分立的制度理念。“宪法的制定者认为,一个界限分明的权力分立十分必要,其是美国人享受自由的保证,否则,我们建立起来的将是一个人治政府,而不是一个法治政府”。⑤ 但在联邦党人看来,不可机械地去理解三权分立原则,在联邦党人文集之中,詹姆斯麦迪逊不无深刻地指出,三权分立要求权力之间要彼此交叉,唯有如此,才能确保这种制度得以在实践中正常运行。⑥ 关于司法能动主义,有很多批评的声音,但是辩护的力量似乎并不微弱。有论者指出,联邦司法一直是一种积极的制度,在适用实体法和管辖权规则同时,实现着自己的政策目标。⑦ 具体而言,美国最高法院在积极形塑自己的海事司法管辖权制度时,遵循着一种克制且整体上保守的方式。⑧

---

① Lottawanna,88 U. S. 576 (1875).

② Ibid.

③ Ibid. ,576 - 577.

④ See Moragne v. States Marine Lines, Inc. , 398 U. S. 375, 405 - 06, 1970 AMC 967 (1970).

⑤ Letter from Steven G. Calabresi and David M. McIntosh (Nov. 27, 1989) (announcing a Federalist Society conference on “The Presidency and Congress: Constitutionally Shared and Separated Powers” to be held on January 19 - 20, 1990).

⑥ J. Madison, et al. , *The Federalist*, No. 48, Vol. 1, M. Walter Dunne, 1901, p. 338.

⑦ See Jack M. Beermann, *Bad Judicial Activism and Liberal Federal-Courts Doctrine: A Comment on Professor Doernberg and Professor Redish*, 40 Case W. Res. L. Rev. 1053(1989).

⑧ Ibid.

谨慎的法官们常常宣称自己并没有创造一般海事法，然而许多案例的实践说明，"就像逻辑学家最喜欢的命题之说谎者坚称自己不能说真话一样，制定联邦法的法官告诉我们，法官不能制定联邦法律"。[①] 一般海事法在事实上不断被海事法官创造出来，以至于许多论者认为，海事法是一个特殊的领域，出于实际原因，允许在法院进行司法立法。[②] 事实上，庞德在其名著《法律与道德》中就曾经指出，19 世纪将法院变成司法场域之"自动售货机"的尝试是劳而无功的。[③] 然而，如果承认法院创造一般海事法的话（至少在实践意义上），那么它创造普通法的合法性基础为何，不无争议。有人认为，宪法海事司法授权条款本身授予了法院创造一般海事法的权力；有些人则将其权力来源归结为宪法的联邦至上条款，根植于国家利益，内在于海事法自身的品格。海事法的统一性正是国家利益之所在。[④]

（二）一般海事法的实践性格

在很大程度上可以认为，法院在海事司法管辖权的制度设计上担当着总导演的角色。当然这又绝非联邦最高法院运筹帷幄理性设计的结果，更非哪个天才的海事法官灵光一闪的智慧，而是通过基层法院的逐级反馈，通过个案试错形成的。事实上，这正是一般海事法的实践形成路径。主要着眼事实问题的地方法院，显然更熟悉海事司法管辖权在海事一线的运作情况，也更能体会海事司法管辖权的真正问题之所在，各级海事法官的公平正义观念以及其海事法知识储备，都为一般海事法的规范化和判例化奠定了基础。以轮船为代表的时代为一些特殊个人的理智能力所渗透，这些特殊人物推动了时代的变革。[⑤] 斯托里在担任马萨诸塞地区法院法官之时，就对海事司法管辖权的完善作出了重要贡献。相反，最高法院在海事司法管辖权事项上，常常采取观望的态度，除某些情况下可以归结为理念的保守外，更多时候在于给基层法院充分试错的机会。由此可见，与大陆法系海事管辖依赖立法设计不同，美国海事司法管辖权制度变迁路径呈现司法主导的特点。海事司法管辖权的美国方案不是立法理性设计的结果，而是通过对传统和

---

① Louise Weinberg, *Federal Common Law*, 83 Nw. U. L. Rev. 805 (1988 – 1989).

② See Lee A. Handford, *Do Not Fear to Tread on Solid Ground: The Role of the Supreme Court in Furthering niformity in Admiralty Law*, 10 U. S. F. Mar. L. J. 235(1998).

③ 参见［美］罗斯科·庞德：《法律与道德》，陈林林译，商务印书馆 2015 年版，第 45 页。

④ See Louise Weinberg, *Federal Common Law*, 83 Nw. U. L. Rev. 805(1989).

⑤ 参见［英］艾尔佛雷德·诺思·怀特海：《观念的历险》，洪伟译，上海译文出版社 2013 年版，第 7 页。

现实资源进行综合加工"锻炼"出一般海事法的过程。

总而言之,以斯托里为代表的美国海事法官在巨大的争议面前,通过灵活解释宪法海事司法授予条款,整合锻造出具有美国特色的一般海事法,既有宪法性高度,又有操作性考虑。通过对一般海事法自下及上不拘一格的运用,为海事司法管辖权的拓展开辟了道路。一般海事法长期徘徊于英国传统和美国现实之间,时而保守,盲从于英国权威可疑的解释,时而激进,抛出一些让人耳目一新的方案。从历史和传统中解脱,迈向全新的不确定性,并非简单易行之事。尽管"实验"的经验和理论之间代表了一种令人感兴趣的中间立场,尽管美国的实验正向人们显示成功的迹象,但是大部分人还是喜欢倾向于已知的可靠性。① 在传统的余威面前,勇于开拓新路,非一般人可为。抱有同情之理解,便不会过于苛责法院在相关问题上常常显现出的"犹豫和滞缓"②。

二、法院和国会的角色互动

诚然,法官在一般海事法的打造运用上承担着宪法性角色,但这并非完全排除国会在一般海事法形成方面的作用。

(一)逐渐清晰的国会角色

在早期,国会似乎置身于海事司法事项之外,表现为出奇的静默。这和人们认为宪法海事司法授予条款专属于联邦法院有关。在1861年圣劳伦斯案(The Steamer St. Lawrence)③中,托尼(Taney)法官描述了国会与联邦法院之间的关系。国会仅能就诉状形式等程序事项做出规定,④不能扩大法院的海事司法管辖权的边界,也不能"使其边界比司法权力所能够达到的程度更大"。⑤ 逐渐地,随着海事司法管辖权进一步发展,司法分支难以独立应对复杂的情势,加上人们认识的深入,国会挣脱了宪法商业条款的限制,开始分享宪法海事司法授予条款赋予的权力,但其和法院之间的关系并非流水线式的配合关系,国会早期根据宪法授权建立的联邦下级法院系统,更是为两者之间的冲突埋下伏笔。

---

① 参见[美]苏珊·邓恩:《姊妹革命——法国的闪电与美国的阳光》,杨小刚译,商务印书馆2015年版,第47页。

② See The Hine, 71 U. S. 563 (1866) .

③ Steamer St. Lawrence,66 U. S. (1 Black) 522 (1861).

④ See The Propeller Genesee Chief v. Fitzhugh, 53 U. S. (12 How.) 443, 459 - 460 (1851).

⑤ Steamer St. Lawrence,66 U. S. 522(1861).

（二）国会和法院关于一般海事法的互动

随着海事管辖事项的进一步复杂化，厘清国会与海事法庭之间的界限关系成为必要。法院权力的边界并不固定，主要是通过对宪法措辞进行解释来确定的，并考虑整个法律体系以及海事司法管辖权被授予联邦政府的目的。由此可见，正是文义解释、体系解释、目的解释等解释方法框定了法院权力的边界。[①] 在一般海事法的运用方面，海事法官赖以凭借的资源包括法国、德国和意大利的外国法法典以及法律历史、立法和美国法庭裁决。当一般海事法需要因应时代变化时，国会有权力做出立法调整。布拉德利法官认为，"毫无疑问，国会的商业权力（如果没有其他权力的话）可以促成这样的改变"。[②] 在后期，国会的角色得到进一步凸显。在莫莱格尼诉美国海运公司案中，法官针对不当死亡案件的一般海事法创制强调了国会的方向性角色并指出，"我们的任务在于确定国会是否已经在其立法中给出了这样一个方向，即对部分海域的非正常死亡提供救济"。[③]

国会修改一般海事法的权力逐渐被承认，同时也受到诸多限制。在海事法中，国会的肯定式介入应该被理解为以积极和支持的方式支持海事司法管辖权，而不应被用来剥夺海事法庭法官宣布一般海事法的权力。[④] 斯托里法官也指出，甚至国会的强烈暗示也不足以削弱海事法官按照与海事原则相契合的方式宣布一般海事法的权力。这意味着，除非有国会明确的禁止性规定，否则法官有宣示一般海事法的权力。传统上，最高法院尊重国会整合信息和建立共识的能力。在早期，大量的海事司法管辖权拓展都是由司法完成的，国会处于相对消极的位置。19 世纪末 20 世纪初，大量国会法规出现，国会在海事法领域中的地位显著上升。代表法院权威的一般海事法，总体上还是匍匐在联邦立法的权威之下。当然，最高法院曾经以违宪的名义驳回国会的相关授权法案，这实质上是对州权的一种否定。

第六节　一般海事法的效果评价

综上所述，一般海事法在海事司法管辖权的统一性方面发挥着基础性功能。

---

① Steamer St. Lawrence, 66 U. S. 522 (1861).

② Lottawanna, 88 U. S. 577 (1875).

③ Moragne v. States Marine Lines, Inc., 398 U. S. 375, 394 (1970).

④ See John R. Brown, *Admiralty Judges: Flotsam on the Sea of Maritime Law*, 25 Hous. J. Int'l L. 257 (2003).

同时,一般海事法还有强烈的额外保护取向,这种取向深深影响着法官们的裁判行动。总体来讲,海事法庭运用一般海事法的权力得到了广泛认可。但在海事司法管辖权制度实践中,一般海事法及其现实运用是否能产生很好的效果呢?

答案是肯定的。一般海事法具有变革力量,作为联邦普通法的一种,其倾向于从前例中寻找资源,作为其开拓的力量。在海事司法管辖权领域内,一般海事法发挥着统一性的制度功能。可以说,美国海事司法管辖权从开始到现在,从弱小到强大,一般海事法发挥了不可替代的作用,它正在并仍将发挥其统一性功能。尤其在当下国际一体化的大形势下,一般海事法在美国国内和国际必将发挥其不可替代的作用。此外,一般海事法中有强烈的额外保护取向。无论是中世纪海法典对船员的保护,还是英美海事法庭"海事法庭是船员的监护人"这一理念;无论是殖民地附属海事法庭对船员工资案件的强力保护,还是建国初年斯托里法官对弱势群体的关怀,在事实上都使得海事司法管辖权增添了一层温馨的色彩。这也在一定程度上使得海事司法管辖权的统一性追求更具有正当性。

事物常常有不尽如人意之处,一般海事法也不例外。在某些历史时期,法院在一般海事法的适用上显露出保守的倾向。法院并没有将一般海事法视作自己神圣不可侵犯的领域。事实上,最高法院经常拒绝制定一般海事法,其理由在于该角色是留给国会的。① 在翡翠鸟班轮公司诉海恩船舶天花板改装公司(Halcyon Lines v. Haenn Ship Ceiling & Refitting Corp.)案中,法院基于无法实现最佳正义的确信,拒绝适用一般海事法,并得出结论,"这样做是不明智的,将该问题交予国会才是更好的解决方案"。② 例如,在传统潮汐原则问题上,在美国建国后的相当长时期,一般海事法故步自封,限制了海事司法管辖权向西部水域的拓展进程。有论者指出,关于一般海事法权力的有力声称令人好奇的是,最高法院在许多有关海事不当死亡救济的判决中丝毫没有体现出对联邦普通法(一般海事法)崇高地位的尊崇。③

当然,如果将之归结为法院主观上的消极,未免失之肤浅。法院关于一般海事法的运用经常受到挑战,并被局限于几个限制框架之内。这些限制包括联邦主义对州主权的担忧、司法机构与立法机关之间的权力分立、对国会先占性立法的

---

① See Lee A. Handford, *Do Not Fear to Tread on Solid Ground*:*The Role of the Supreme Court in Furthering Niformity in Admiralty Law*, 10 U. S. F. Mar. L. J. 235(1998).

② See Halcyon Lines v. Haenn Ship Ceiling & Refitting Corp., 342 U. S. 282(1952).

③ See J. B. Ruhl, *Finding Federalism in the Admiralty*: *The Devil's Own Mess Revisited*, 12 Tul. Mar. L. J. 263(1987).

尊重以及最高法院缺乏选举问责制的民主性。在海事司法实践中，针对一般海事法的反对主要基于如下两个理由：一是缺少合宪性，二是不符合联邦主义的要求。① 毫无疑问，对海事司法管辖权的宽泛理解，导致海事司法管辖权的扩张，这一点确实对联邦主义产生了影响。②

总体来讲，一般海事法在美国海事司法管辖权历史上充当着积极的角色。海事法官们在一片蛮荒之地上建立了独具特色的海事法制度，其工具就是一般海事法。正是一代代海事法官殚精竭虑编制一般海事法的努力，使海事法庭的受案范围在随时纠错的基础上得以稳步拓展，海事司法管辖权以崭新的面貌呈现在美国司法实践之中。

---

① See Robert Force, *An Essay on Federal Common Law and Admiralty*, 43 St. Louis U. L. J. 1367 (1999).

② 然而将之视之为对联邦主义的违反，是非常可疑的。因为联邦主义不是一个静态的关系，是一个动态的过程。在维系联邦主义各力量的平衡之下，必然有挤压现象，这不仅不必然违反联邦主义，而且还是联邦主义获得生命力的真谛之所在。

第五章　扩张下的美国海事司法管辖权及其功能失落

宪法海事司法管辖权条款的确立，只是在纸面上搭建了一个让人不无疑虑的海事管辖统一于联邦的愿景，然而现实却是完全另外一幅图画。支持海事管辖联邦化的力量自然有心改变，然而真正起到推动作用的，还在于现实层面的需求。毫无疑问，这种需求来自海商业在新时代的发展需要，具体而言，在于统一性的需要。在制定法不遑制定的新生共和国时代，加之普通法无远弗届的影响，面对海事案件受案范围狭窄的现实，海事司法管辖权拓展的任务责无旁贷地落在法院肩上。

面对全新的局面，法院机械地向殖民地和英国寻找前例，终究不是长久之计，事实上也不可行。创造性地汲取海事自体法，吸收先进航海国成熟的历史经验，成为不二之选。这就为司法领域中一般海事法的出现带来了契机。作为海事自体法在美国新时期的呈现形式，一般海事法自然继承了海事自体法的相关精神，包括对弱势船员群体的额外保护取向。事实上，正是这种额外保护取向和统一性追求一起，促成海事管辖范围的良性扩张，成为海事司法管辖权在美国开疆拓土的两股动力源。这在以下各节之中，都有或明或隐的体现。

海事法的统一性追求在1874年洛塔瓦纳案中显露无遗。法院在该案中宣称，“有一件事是确凿无疑的：既然宪法将海事法律制度通行于全国，那它肯定没有打算把海事法的规则与界限置于各州的规定和处分之下，因为那样会破坏统一宪法所追求的统一性和连贯性"。① 在这种统一性追求之下，海事法各领域都发生了相应深刻的变化。在统一性目标的渐进性追求上，虽然未尽成功，甚至引发了混乱，然而，在一定程度上拓宽了联邦层面海事案件的受案范围，将海事司法管辖权推向了一个更高的阶段。

第一节　向西部水域进军：海事司法管辖权空间维度的拓展

在美国建国早期，海事司法管辖权的案件范围仅仅局限于受潮汐影响的水域之上，广大的西部水域游离于海事司法管辖权的影响之外。随着海商业的发展，西部水域在国家经济中的地位进一步凸显，如何扩大对发生于该水域之上海事案件的管辖权，增强海事司法受案范围的覆盖性，成为人们的首要关切。

一、物理空间的重构：船舶和可航性水域概念的变迁

欲真正理解美国海事司法管辖权的变迁，不宜简单满足于叙说其在法律上的呈现形式，对其运行载体和存在环境进行全面考察亦属必要。正是基于上述考虑，大卫·J. 比德曼教授在其论文中将船舶和可航性水域视为海事司法管辖权的空间基准。② 他进而指出，通航水域和船舶的定义是海事司法管辖权演进的主要法宝。③ 鉴于其基础性地位，了解船舶和可航性水域的概念流变是展开进一步论述的必要前提。

（一）船舶概念的变迁

有论者指出，"船舶地位问题是其是否能进入海事法庭的关键"。④ 可见船舶地位问题之于海事司法管辖权的影响。在很大程度上，技术变革决定了船舶概念的变迁。当然，除技术因素外，政治权宜并非不关键，正如有人指出，"一种设备或

---

① Lottawanna, 88 U. S. (21 Wall.) 575 (1874).

② See David J. Bederman, *Admiralty Jurisdiction*, *Journal of Maritime Law and Commerce*, 31 J. Mar. L. &Com. 189(2000).

③ Ibid.

④ See Reinhardt v. Newport Flying Service Corp. 232 N. Y. 115, 133 N. H. 371, 372 (1921).

结构是否被恰当地描述为一艘船舶,往往决定着联邦和州权力在海事法领域的界限”①。很难想象,在船舶概念的界定过程中,不掺杂人为的因素。

1.技术变革之下流动的船舶概念

船舶概念之所以产生巨大的流变,并非只是因为认知方面的深化,在很大程度上是由技术变革推动的。在人类发展的早期,船舶的形态原始粗糙,功能也比较单一,即便引发争议,也相对容易解决。总体来讲,在18世纪之前的前工业时代,船舶概念相对简单。“船舶”的定义不可能是静态的,因为不断变化的技术需要新的(有时是全新的)标准。随着工业时代的到来以及蒸汽船的出现,和统一性追求下的海事司法管辖权扩张同步,船舶的概念外延开始得以扩充。诚如怀特海在《观念的历险》中所言,蒸汽机时代属于充满希望的时代。② 在船舶定义的变迁历程中,蒸汽机的意义不容忽视。

1871年,在不引人注意的萨吉诺·河斯考(Saginaw River Scow)一案中,联邦海事法庭行使管辖权,承认船员对未付拖航费的行为行使海事留置权。法官指出,蒸汽技术在航海中的应用颠覆了海事司法管辖权所依据的许多旧理论,并对其他理论进行了实质性的修改。在此之前,水上贸易几乎完全依赖于桅杆和帆带来的风力。当蒸汽动力出现在水面上的时候,它就像一个陌生人闯进了这个海洋家族,海事法庭抱以一种将信将疑的态度,几乎不知道把它放在什么地方,或者根本不知道是否有必要承认它。但它很快就赢得了人们的青睐。不久,它就在世界商业中获得了支配地位,很快就被海事法庭接纳和驯养。蒸汽在水面上的使用很快在旧做法上产生了其他的创新,如驳船。……在这个国家的湖泊和河流上的商业现在主要是在这类船只上进行的。③

显然,海事司法管辖权的变迁和船舶的概念紧紧捆绑在一起,随着新时代的到来,很多海事司法管辖权依赖的旧理论将不再具备当然的解释力。如果海事司法管辖权不针对技术的发展作出相应调整,而是固守陈旧的先例,无疑将会使得大量的商业活动置身于海事司法管辖权之外,导致统一性的丧失。因此,及时更新船舶概念,将其纳入海事司法管辖权的范畴之内,可以确保整个国家海商事的统一性。方向诚然是笃定的,技术变革的推力也不会被人为意志改变,但在联邦

---

① See David W. Robertson & Michael F. Sturley, *Vessel Status in Maritime Law: Does Lozman Set a New Course*, 44 J. Mar. L. & Com. 393(2013).

② 参见[英]艾尔佛雷德·诺思·怀特海:《观念的历险》,洪伟译,上海译文出版社2013年版,第6页。

③ The General Cass. 10 F. Cas. 169(1871).

主义的背景之下，当将船舶概念界定置入海事司法管辖权的场域之中时，其步履开始变得越发艰难。

2. 海事司法管辖权中变动的船舶概念

和有些问题一样，联邦最高法院在船舶概念问题上长期保持沉默，将船舶地位的探索重任留给了下级法院。船舶概念除具有流动性特征之外，在不同的法案之下还呈现出参差不同的面貌。根据《琼斯法案》，不符合船舶资格的结构可能被视为《码头和港口工人赔偿法》下的船舶。① 1887 年，联邦最高法院在柯普诉瓦列特干船坞公司案（Cope v. Vallette Dry—Dock Co.）中对船舶下了一个相对宽泛的定义，"'船舶和船只'一词在一种宽泛的意义上被用于包括所有用于运输的水上可航建筑"。②《美国法典》第 3 条③似乎走得更远，作为目前决定船舶地位的制定法依据，这种关于船舶的制定法定义在 1873 年就开始存在。该条法规规定："船舶"一词包括所有能够作为水上运输工具使用的水运工具或其他人造装置。单从字面意义理解，该法关于船舶的定义非常宽泛，一些法院对这一范围之广表达了不满。正如一位法官所说："在浴缸里如果有三个人，也符合我们对《美国法典》第一章第三节下的船舶定义，该法甚至可以为约拿置身的鲸鱼肚子船舶化提出一个令人信服的理由。"④基于这个原因，法官一般倾向于对船舶作狭义的解释，由于解读的空间无限，导致实践中诸多乱象的发生。

为寻求一种相对确定的标准，法院进行了探索。在 2013 年洛兹曼诉里维埃拉市海滩案（Lozman v. City of Riviera Beach）⑤（以下简称洛兹曼案）中，多数意见认为，在法院面前，船舶资格问题首先是一个制定法解释问题，其任务是解释《美国法典》第一章第三节。法院提出了一个"合理观察者"标准。根据该标准，一个理性的观察者在观察一个人造装置的物理特征和实践活动时，如果不认为它的设计旨在用于在水上运输人和货物的话，那么它就不具有作为船舶的资格。该案之所以上诉到联邦最高法院，一个很重要的原因在于解决巡回法庭之间关于船舶地位问题的分歧和冲突。

---

① See Hull & E. V., *Through the Looking Glass: Judicial Interpretation of Vessel Status Leaves Injured Workers Adrift in Uncharted Territory*, 16 University of San Francisco Maritime Law Journal 321 (2003).

② Cope v. Vallette Dry-Dock Co., 119 U. S. 625, 629 (1887).

③ 61 U. S. C. § 3.

④ Burks v. Am. River Transp. Co., 679 F. 2d 69 (5th Cir. 1982), 1983 AMC 2208.

⑤ Lozman v. City of Riviera Beach 113 S. Ct. 715, 2013 Anic 1 (2013).

在先前的判例中,第十一巡回法院对上述制定法规进行了扩大解释,针对该扩大解释,洛兹曼案法官给予了彻底的否定。为了说明这种扩大解释的荒谬,法院借用了上述“3 个男人在浴缸里”(three men in a tub)的夸张说法。法院强调,船舶的制定法定义涉及“运输”,即“涉及‘把(东西或人)从一个地方运送到另一个地方’”。这种运输必须是“实际的”而不是“理论上的”。法院的用意很明显,即应该对制定法定义采取更为狭窄的解释。在这种思路的指引之下,本案中的浮动趸船未被认定为船舶。由于该案是联邦最高法院在沉默几十年后少有的几次针对船舶地位的发声,这对今后的船舶司法认定实践无疑有重要的引领作用。

值得注意的是,上述权威论证在其铺陈的众多理由之中,“该水上漂浮物不存在海上风险”显然不足以得出不应认定为船舶的当然结论,这顶多算是法院的辅助性论证。此外,在论述联邦法律和州法之间的关系时,法院还不无感性地声称,“统一解释相关的州和联邦法律是一种美德”。[①] 在本案中,法院否定了船舶资格问题上的“所有人主观意图”标准,即“为了避免主观因素,例如业主的意图等,我们只允许考虑客观证据,船舶资格的获得需要具备水路运输的目的。这就是为什么我们提出了理性观察者的测试标准,这就是为什么我们把水上漂浮物的物理属性和具体行为看作是目的的客观表现,而不是所有者的主观意图的原因”。[②]

(二)可航性水域概念的变迁

可航性水域概念是海事司法管辖权扩张的路标。英国的权威著作里有相当多关于可航性水域定义的阐述,有效地指导了本土的司法实践。但是对美国人来说,面对与英国迥异的水文地理形势,这些精微细致的指导并无太多实益,似乎只能印证“尽信书不如无书”的说法。对“可航行水域”定义的标准解释参差不齐,这是毋庸置疑的。如果要认定其尚有意义的话,其充其量只是一个证据规则,创造了航行能力的初步证据。可航性水域真正的定义需要美国人在实践中探索。

1. 潮汐水域原则的固守

在美国建国早期,潮汐水域原则是得到忠实信奉的。在斯托里法官裁决托马斯·杰弗逊案的那一年,美国海事司法中的可航行水域依然被定义为潮汐水域,而海事司法管辖权一般被限制在此水域之内。在托马斯·杰弗逊案中,在其他议题上十分激进的斯托里法官表达了对潮汐原则的坚定支持。在内河水运的新形势下,斯托里法官理当为海事司法管辖权的扩展再立新功,但让人意外的是,在

① Lozman, 133 S. Ct. at 744, 2013 AMC at 11.

② See Lozman, 133 S. Ct. at 744 – 745. 2013 AMC at 11 – 12.

1837 年一案[①]中,他并没有认真对待其足以改造潮汐原则的第二次机会,继续坚持他在托马斯·杰弗逊案中所表达的观点。在该案中,斯托里法官指出,虽然有一个终点站在潮汐水域,但这次航行“总体上”是非潮汐的,因此法院没有海事司法管辖权。

2. 一郡之内除外原则的废弃

将一郡之内的水域排除在潮汐水域之外,主要基于理查德二世时颁布的法规,但这种做法在北美殖民地从来没有得以奉行过。[②] 韦恩法官在 1847 年华林诉克拉克案中,首次考虑在潮汐水域但同时处于一郡之内的水上侵权行为是否属于海事司法管辖权的范围。在本案中,韦恩法官追随了斯托里法官在德罗维奥诉博伊特案中的推理方法,针对反对者主张海事司法管辖权应遵循宪法制定时英国管辖权范围的意见,认为同时期的殖民地海事司法管辖权范围显然要更大一些。在本案中,韦恩法官不过是将潮汐水域推至其逻辑的极限,归正于正常的语义射程之内。但是在州权者看来,这一结论是灾难性的,因为它显然打开了管辖权扩张的闸门。

3. 潮汐水域原则的突破

在美国早期的潮汐原则运用实践中,该原则已经有突破的迹象。《1789 年司法条例》规定,海事法庭对“载重 10 吨或 10 吨以上的在可航水域的船舶”征收的税收予以强制执行。这类没收案件在上圣劳伦斯和安大略湖的非潮汐区时有发生,纽约北区联邦法院毫不犹豫地行使了管辖权。然而这种小规模的灵活变通意义有限,与其说是美国海事法庭有意识的行动,不如说是一时的权宜。然而,这是否给后来的海事法官们传达过微弱的启示,也不能轻易否定。

美国最高法院用了近70 年的时间才正式挣脱了潮汐水域原则的限制,[③]最终在 1857 年的杰克逊诉马诺丽亚汽船案[④]中,海事司法管辖权宣告了其在可航水域上的全覆盖。[⑤] 在上述基础之上,1943 年的联邦最高法院进一步确认,将海事司法管辖权调整范围解释为包括“国内所有可航行水域”。[⑥] 在司法实践中,可航性

---

① The Orleans v. Phoebus, 11 Pet. 175 (U. S. 1837).

② See Waring v. Clarke, 46 U. S. (5 How) 461 (1847).

③ See David J. Bederman, *Admiralty Jurisdiction*, 31 J. Mar. L. & Com. 189 (2000).

④ Jackson v. The Steamboat Magnolia, 61 U. S. (20 How.) 296 (1857).

⑤ 必须承认,在广大的西部水域,即便在之后很长时间,依然在州法院行使管辖权,这和历史惯性有关,也和州法院对诉讼者保留条款的单方面解释有关。

⑥ See Southern S. S. Co. v. N. L. R. B., 316 U. S. 31, 41 (1943).

水域的认定常常遵循个案认定的方式,但一旦法院认定某个河流属于可航性水域,后来的法院通常会遵循。反之,如果某个河流被认为不属于通航水域的话,那么通过后天的改进,依然会归入通航水域的范畴。在这种机制之下,海事司法管辖权通过可航性水域的地理延伸得以扩大。

4. 可航性水域的识别

可航性水域在全国范围的铺展,并不能宣告最终的胜利。适航性的概念是如此难以捉摸,以至于连知识渊博的律师都会为此争论不休。有法院判例认定,如果水域在事实上是可航行的,那么该水域就是可航的。① 或许仅仅能漂浮起木舟还不足够,②但能够驾驶小型摩托艇的河流足以认定为可航性水域。③ 能认定为可航性水域的水流需要能够承载商业活动,然而并不需要事实上如此。④ 如果在河流上面有人为的障碍,并不足以排除海事司法管辖权。在经过 13 年的摸索之后,1870 年,可航性水域标准终于在丹尼尔·鲍尔案(The Daniel Ball)中得到确认,该案法官意识到必须采用一种不同于英国先例的测试来确定美国河流的通航能力,并进而指出,"当它们事实上被使用时,它们是可以航行的,或者在通常情况下,它们可以被用来作为水上商业公路,在其之上,贸易和旅行以习惯性水上贸易和旅行方式进行"。⑤

为了在可航性水域的认定上寻求指导,一个可行的途径就是付诸海岸警卫队的相关行动计划。不过虽然海岸警卫队关于可航性水域的认定是具有说服性的,但对法院并无约束力。⑥ 相关计划中列出了几个未被列入可航性水域的河流,但这并不是海岸警卫队作出的决定,而是国会通过立法指示海岸警卫队的结果。在这些被认定的非通航河流中,最引人注目的是普拉特河。在这个问题上,海岸警卫队和国会有截然不同的意见。⑦ 由于这是国会基于宪法商业条款作出的决定,并不能对法院在海事案件中的行为产生约束力,因为商业条款和海事管辖条款是各自独立的条款(虽然它们之间有一段彼此混淆的时期)。由此足见,在可航性水域认定上存在一定程度上的模糊性,这也一定程度上决定了海事司法管辖权扩

① See The Daniel Ball, 77 U.S. (10 Wall.) 557, 563 (1870).

② See Leovy v. United States, 177 U.S. 621, 683 (1900).

③ See United States v. Holt State Bank, 270 U.S. 49, 56 (1926).

④ See The Montello, 87 U.S. (20 Wall.) 430, 441 (1874).

⑤ See The Daniel Ball, 77 U.S. (10 Wall.) 563 (1870).

⑥ See Wreyford v. Arnold, 82 N.M. 156, 477 P.2d 332 (Ct. App. 1970).

⑦ See William P. Cronan, *Torts on Inland Waters—Admiralty Jurisdiction*, 39 Mo. L. Rev. 28 (1974).

张的探索性质。

二、不断扩大的疆域:海事司法管辖权向棕水水域的扩张

(一)从"潮汐水域"进发

虽然美国在很大程度上承继了英国的海事法传统,但和英国在国家地理上有明显不同。英国是岛屿国家,陆上并没有纵横绵延的大江大河;美国则不同,广阔的土地上通海河流密布。当然,英国也有内河航运,也经历过辉煌的时期,但这并不在英国海事司法管辖权的调整之下。在这一方面,英国海事法庭难以为师。

美国联邦最高法院在1866年松树案中认为,联邦法院对密西西比河上的船舶碰撞案件有专属管辖权,其依据为《1789年司法条例》(美国法典第28编第41节),①1845年《海事司法管辖权扩展法案》在本案不具有适用性。② 其原因在于,1845年《海事司法管辖权扩展法案》建立在1789年管辖权授予法案并没有扩展到潮汐水域之外的基础上。在松树案中,法院提出了一个问题,即美国联邦地区法院对内河海事案件的管辖在多大程度上是排他性的,以及州法院在多大程度上可以同时行使此管辖权?③实际上,在1866年以前,几乎所有的内河州法院均承认对物诉讼,而这种诉讼形式常常被认为是海事法专有的。这也是不难理解的,谁能说海事法庭与海洋的关系和其与内河的关系在实质上不一样呢?发生在内河水域上的诉讼无疑应该属于海事司法管辖权调整的对象。④

海事司法管辖权在西部水域的征程,离不开几代海事法官的不懈努力。19世纪中期的许多案件,⑤均尝试对这一伟业有所推进。回顾联邦最高法院在这一议题上的判决,让人感慨良深。传统总是企图牵绊人们的脚步,未知的河流上隐藏着太多的不确定性,在这种议题上,联邦最高法院也难免犹疑不定,以至于步伐缓慢沉重。联邦最高法院在海因案⑥中指出,从这片土地上有政府组织之时,直到当下的汽船时代,内河水域上的海事管辖诉求从未出现在海事法庭。在过去,内河货运尚不繁荣,没有太强的专业性,并不需要海事司法管辖权的介入。可现在情形大不相同。时代迅速发展,海商业贸易愈加繁荣,大量复杂的海事案件出

---

① 28 U. S. C. A. § 41.

② 28 U. S. C. A. § 770.

③ 2009 A. M. C. 266.

④ Ibid. ,267.

⑤ 从1851年田纳西酋长案到摩西·泰勒案。

⑥ See The Hine, 71 U. S. 555 (1866).

现。人们开始意识到设立海事法院的必要性,以及海事原则在解决运输系统中相关争议方面的价值。①

事实上,联邦最高法院早在1825年托马斯·杰弗逊案中就提出一个问题:国会是否有足够的权限将海事司法管辖权拓展到广大的美国西部水域。遗憾的是,法院似乎主动否定了自己。这是可以理解的,没有人能预知未来,在需求尚且微弱之时,改革缺乏推动力。虽然如此,却不失为一次不无启示的探索。值得注意的是,该案有突破之处。其通过实质解释的方式,将海事司法管辖权推进了一小步——即使航程起点和终点在潮汐水域之外,如果存在海事相关性,依然在海事司法管辖权的范围之内。在1834年奥尔良案(The Orleans)中,②法院再一次在海事司法管辖权的内河扩张之路上止步。上述两个判例鲜明地表明了传统作为约束条件的顽固性。突破还将由1847年的华林诉克拉克案来完成。该案仍然保留了传统潮汐原则,但终于将来自英国的"一郡之内"标准排除于美国海事司法管辖权之外。

(二)止于"所有可航水域"

真正的转折出现在著名的田纳西酋长案中。在经过漫长的探索之后,法院终于借助该案将海事司法管辖权扩展到所有通航水域之上。当然,该突破并非一蹴而就,而是建立在1845年《海事司法管辖权扩展法案》的基础之上。1845年《海事司法管辖权扩展法案》将海事司法管辖权拓展到湖泊及与湖泊相连接的可航水域,为田纳西酋长案做了观念上的先锋。在此之后,美国联邦地区法院开始将海事司法管辖权覆盖到所有内陆上的公共河流。③

在田纳西酋长案之后,内河海事案件在联邦地区法院呈现井喷之势。许多人赞赏立法层面的努力,将之归功于1845年《海事司法管辖权扩展法案》。揆诸事实,明显失之偏颇。显然,是联邦法院和国会联手助推了美国海事司法管辖权在西部水域的扩张。联邦法院在海恩案中指出,联邦海事司法管辖权在内陆水域得以推行的真正推动力在于田纳西酋长案。马尼奥利亚案(The Magnolia)是对田纳西酋长案原则的重申。其之所以重要,在于其进一步指出,海事法庭对西部河流的海事司法管辖权并不取决于1845年《海事司法管辖权扩展法案》,而是取决

① See The Hine, 2009 A. M. C. 263 (1866), at 267 - 268.

② See The S. B. Orleans v. Phoebus, 36 U. S. (11 Peters) 175(1837).

③ See The Hine, 71 U. S. 566 (1866). 作为海事司法管辖权适用方面的重要案例,一直到1972年才被著名的"行政喷气航空公司诉俄亥俄州克利夫兰市案"(Executive Jet Aviation, Inc. v. City of Cleveland, Ohio)案推翻。

于《1789 年司法条例》。在联邦海事司法管辖权似乎节节胜利的当时，州法院一直延续着裁决类似案件的习惯，甚至比同时管辖权时期更进一步。因为其管辖这些案件的原因无论在案件主题事项的性质上，还是在其他任何意义上都与公认海事司法管辖权原因相同，此外，在案件之中，他们有着与迄今为止被认为是海事法院特有救济在本质上没有区别的救济手段。在对物诉讼问题上，州法庭的权力是根据州法令行使的，而不是普通法权力。

田纳西酋长案是海事司法管辖权在扩张之路上的一次重大胜利，深受航运各方的欢迎。据说该案公布以后，涉及西部河流的海事案件迅速增加。① 当然，时而也有不满的声音。部分汽船船东埋怨法院对船员的偏袒，认为正是海事法庭对船员的纵容，导致其过分滥用自己的起诉权利。俄亥俄州进行过推动立法恢复传统潮汐水域原则的努力，但并没成功。从总体上看，这种突破潮汐水域的努力得到了各方的支持，内河航运对商业繁荣起到了巨大的促进作用。②

第二节　拓宽流动的边界：美国海事合同管辖权的扩张

在英国海事法早期，海事合同管辖权有一个自由无拘的开始。但在同普通法法庭进行纸上对抗的时代，法院在考虑管辖权归属时，却不问合同的主体事项，而是唯地点是从，以致使得合同管辖权变成一个畸形的存在。在海事合同管辖权和普通法管辖权的界限划定上，英国先例所提供给人们的是一个让人困惑的图景。其在海事合同管辖权的神秘疆域之中或排除或包括了某些常见类型的合同，常常让今天的人们不得其解。例如，船舶修理合同③等被划入海事司法管辖权的范围，而船舶建造合同却被弃置在外！④ 我们付诸逻辑，常常一无所获，但求助历史，就会恍然大悟。在殖民地母国，普通法基于对国王特权法庭强烈的警惕心，或者是基于利益而生发的嫉妒心，难免以非为是，以是为非，很难真正尊重海事合同自身的规律。

---

① See The Hine v. Trevor, 4 Wall. 555, 566 (1867).

② See The Hine v. Trevor, 4 Wall. 555, 562 (1867). 当然，在海事司法管辖权在内河扩张这一议题上，应该关注到更复杂的因素，比如铁路的出现，导致内河水运的萎缩。

③ See Endner v. Greco, D. C., 3 F. 411(1880).

④ See People's Ferry Co. of Boston v. Beers, 20 How. 393, 15 L. Ed. 961(1857).

一、先例难弃:地点标准的时代

(一)传统地点标准的适用

什么合同应该纳入海事司法管辖权的范围?什么合同应该被拒绝于海事司法管辖权的门外?这是相关法院审理案件时的第一关切,相关的标准选择十分重要,将直接决定合同案件之后的命运。大致上,地点标准的流动呈现一种之字形路线,其间有许多曲折,没有"明显的原则或……非常准确的历史"。悲观者经常沮丧地发现,在这个领域投注一些原则的努力最好选择放弃。然而,在认真梳理之后,可以发现并非毫无规律可循。在殖民地母国,海事合同管辖权以合同签订地为标准,在与普通法为敌的时日里,一度需要符合签订地和履行地在海上的严苛要求。美国建国之后,由于美国宪法和《1789 年司法条例》在相关事项上并没有具体的限制,联邦最高法院法官在作具体解释的时候,选择了最安全的保守做法,即仍然遵循其母国以合同签订地点决定海事合同管辖权的传统。

上述保守做法是可以理解的。百废待兴的时代,总是需要时间来告别过往。在麦克德莫特诉 S. G. 欧文斯案(M'Dermott v. The S. G. Owens)①中,宾州东区巡回法院似乎毫不妥协,其用当年英国普通法法庭发布禁止令状的腔调宣称,"相关的装货服务并非发生于海上,相关的服务合同也没有在海上制定,两种行为都是在宾州港口完成的,属于宾州地域之内",从而否定了原告的海事司法管辖权主张。在明特恩诉梅纳德案(Minturn v. Maynard)②中,法院同样否定了原告的管辖权主张,法官认为,合同既非在海上制定,也非在海上履行,也不存在针对船舶的留置权。以上两个案例充分反映了传统地点标准在美国早期海事法中的根深蒂固。

(二)传统地点标准的松动

随着时间的流逝,变化在悄然发生。在 1848 年新泽西蒸汽船运公司诉波士顿商业银行案(New Jersey Steam Navigation Co. v. Merchants' Bank of Boston)中,联邦最高法院宣称,一个合同如果要认定为海事性质,必须满足"实质上履行于海上或潮汐所至之地"的条件。可以看到,虽然其对英国的地点标准仅仅作了

---

① M'Dermott v. The S. G. Owens, 16 F. Cas. 15(1849).

② Minturn v. Maynard, 58U. S. (17How.)477(1854). 该判例后来被"埃克森美孚公司诉中央海湾公司案"[Exxon Corp. v. Central Gulf Lines, Inc. ,500U. S. 603(1991)]所推翻。

轻微的改动,但在一定程度上算是对备受束缚的海事合同放松了绳索。[①] 甚至在更早的年代,在案例中开始有了突破传统标准的零星尝试。例如,在斯密斯将军号(The General Smith)案[②]中,原告是一名物资供应员,涉及船舶修理合同的赔偿问题。法庭建议这种合同管辖权应该根据主题事项确定,回避了长期被坚持的英国法规则,这种规则禁止物料工人主张海事司法管辖权,因为其合同履行地位于"一郡之地"。

以上案例说明,在美国建国已经半个世纪之后的19世纪四五十年代,美国海事司法管辖权仍然笼罩在其母国包括殖民地所投射的阴影里,一定程度上也反映了法律本身的保守倾向以及人类在制度变革征途上的艰难。不难想见,由于地点标准的存在,大量的合同被排除在海事司法管辖权之外,这不利于弱势当事人得到海事法庭的有力保护。当然,由于工资案件一直在海事司法管辖权的范围内,船员权益并没有明显地受制于这种地点标准的偏见。合同管辖权的管辖因为签订地点有别,导致同等性质的合同往往接受不同种类的法院管辖;因为统一性的缺失,导致合同订立效率下降。这对海商业发展无疑产生了不利影响。

二、告别传统:地点标准在合同中的消亡

(一)斯托里的雄心和管辖权的拓展

在斯托里法官的海事司法管辖权拓展事业中,一般海事法得到最大限度地运用。斯托里法官在著名的德罗维奥诉博伊特案中一锤定音地说道,总的来说,我毫不犹豫地宣布,美国法院的海事司法管辖权包括"所有海事和海事司法管辖权的民事案件",包括所有的海事合同、侵权和伤害案件。后者(侵权和伤害案件)必然受到发生地标准的限制。由此可见,其并不认为海事合同在发生地标准的限制之中。

在德罗维奥诉博伊特案中,斯托里的雄心之一,就是将所有的海事合同纳入海事司法管辖权的范围之内,虽然据称该案成为该巡回法院一直遵循的先例,但是这种努力更多是宣示性的。斯托里希望该案能够得以上诉,以获得更多范围的影响,但显然没有上诉结果的发生。波士顿的商人阶层对该案反应冷淡,仍在普

---

① 当然在案件的不同意见中,完全恢复了英国的传统标准,要求合同既要履行于海上,又要签订于海上,可见海事司法管辖权突破传统束缚之不易。See New Jersey Steam Navigation Co. v. Merchants' Bank of Boston,47U. S. (6How.)344(1848).

② The General Smith,17 U. S. (1 wheat.) 438(1819).

通法法庭上就海事合同提起诉讼。[①] 为什么商人会反应冷淡呢？与其说是海事法庭自身的原因，不如说是在那种仍笼罩在传统之下的时代里，斯托里过于激进，不符合英美渐进主义的文化传统。此外，这一决定依然在州的阶段，显然最高法院在这一问题上的缺位让商人们缺少信心。

由此可见，自下而上的路径要变得有效，不仅依赖于初审法院积极的探索，更需要上层机构的呼应支持。华林诉克拉克案件和新泽西蒸汽船运公司诉波士顿商业银行案是拒绝一切英国先例和接受一切海事合同的权威案例，在此两案中，法院除了为了方便起见，显然规定潮汐的限制外，并没有明确划定海事管辖范围。法官在案中对国会能做什么、不能做什么以及法院是否能够在不受国会影响的情况下采取行动表达了困惑，但这已足使丹尼尔等州权者感到震惊。更让他们震惊的是，法院不惮于依靠历史记录中最薄弱的推理来支持海事司法管辖权的扩张，这表明了法院不惜一切代价攫取海事司法管辖权力的愿望。[②]

(二)海事合同管辖权的迷茫新征途

海商业具有高度的协作性质，主要通过合同的安排进行。任何一个新兴的商业体都强烈依赖一个有效率的合同体系，以海商立国的新生共和国自然也不例外。显而易见，和海事侵权相比，海事合同和海商业的关系更加直接。合同之所以具有海事性质，主要在于其性质和所包含的主体事项。相对于地点在海事侵权管辖中的重要意义，合同签订的地点在本质上对于其管辖归属并无太大意义。和大量海事侵权判例广泛引用严格发生地标准，即在决定海事法院对侵权的管辖权时，侵权发生地成为唯一的决定标准不同，法院倾向于在海事合同案件中声明：在合同问题上，海事法院的管辖权取决于合同的性质。

相对于海事侵权管辖权，海事合同管辖权呈现出更复杂的面貌，诚如哈兰法官于1961年在科西克诉联合水果公司案(Kossick v. United Fruit Co.)中所说，相对于海事侵权或海事犯罪案件，海事法庭对合同的管辖范围是概念性的，而非空间性的，一直以来都很难划定。[③] 哈兰法官的认识是深刻的，即便在今日，海事司法管辖权的基础并非全然清楚。海事合同管辖权被认为是概念上的，其连结点完全依赖于和海商与航行相关的贸易，而海事侵权管辖权的标准在于侵权行为是否

---

① See In Gloucester Ins. Co. v. Younger, 10 F. Cas. 498 (C. C. D. Mass. 1855) (No. 5,487).

② See William W. Adams, *Constitutional History—Development of Admiralty Jurisdiction in the United States, 1789 –1857*, 8 W. New Eng. L. Rev. 157(1986).

③ See Kossick v. United Fruit Co., 365 U. S. 731 (1961).

发生在通航水域之内。概念的抽象性导致人们在海事合同管辖权标准认定上感到困惑，相对于地点标准的明确性，合同的性质判断更具有不确定性，对于该类合同，法官判断的方法随意，在某些情况下会产生奇怪的结果。① 例如，在船舶建造合同是否应该纳入海事司法管辖权问题上，人们争论不休，各执己见。在杰裴逊（The Jefferson）案②中，法院认为船舶建造合同纯属陆上事务，无论在任何意义上都不属于海商贸易范畴，虽然其趋向于海事事务，但这并不是赋予其海事司法管辖权的有力理由。③ 这种观点似乎超越一般人的观念，远不能收获共识，因为船舶建造合同的海事性质十分突出，如果将之排除在海事合同管辖权之外，必然使得相关边界变得模糊起来。事实上，在很长一段时间，对合同管辖权的裁决是非常随意和特别的，判例法累积式运用逐渐为海事合同和非海事合同划定了边界。④

三、扩张争议：以船舶保险合同和代理合同为例

英国旧传统将地点标准作为确定海事合同管辖权的标准，不能全部归因于普通法院的无情压制，在一定程度上，也和标准的简明化需要有关。所以，地点标准的消亡并非自动代表着海事合同管辖的良性回归。何谓合同的海事性质？在许多情况下并非自明的，如海事建造合同和海事保险合同就是其中的著例。随着海上贸易中新生交易形式的出现，这一情况变得愈加复杂，所产生的合同形式常常需要经过类比和分类。⑤

（一）海事保险的管辖权争议

在美国建国初期，受制于英国先例的影响，保险合同管辖权并不在海事专属管辖权的范围之内，这在很长时间影响到美国海事司法管辖权实践。纵观美国海事法院数百年来的司法历史，联邦地区法院是否可以对涉及海事保险单的案件行使管辖权是一个争论不休的问题。事实上，保险合同与海事司法管辖权大有渊源。包含殖民地海事法庭会议记录案牍的发现，让人们意识到足以提供解决方案的时代即将到来，有确凿的证据表明殖民地海事法庭对这类案件行使管辖权，⑥

---

① See David J. Bederman, *Admiralty Jurisdiction*, 31 J. Mar. L. & Com. 189(2000).

② People's Ferry Co. v. Beers, 61 U. S. 393 (1857).

③ See The Jefferson, 61 U. S. 393 (1857).

④ See David J. Bederman, *Admiralty Jurisdiction*, 31 J. Mar. L. & Com. 189(2000).

⑤ Ibid.

⑥ See The Lottawanna, 88 U. S. 558 (1874).

海上保险合同属于海事司法管辖权的范围,但不属于美国联邦法院专属管辖权范围。[①] 斯托里法官在关于什么是海事合同这个问题上发表了意见,他说,"非常幸运,在这个问题上,并没有太多争议的空间,几乎所有人都赞同,承租合同、租船契约、担保契约、共同海损和弃货,还有对我们当前更重要的海事保险合同都属于海事合同"。[②] 在德罗维奥诉博伊特案中,斯托里法官将海上保险合同与船舶抵押契约(bottomry bonds)[③]相提并论,并将它们与本应不在该海事管辖范围内的陆基合同区分开来。[④]

例如,在英国海事法限制上,要对一个人提起海事诉讼,必须要求对船舶具有留置权,美国法院在新英格兰互助保险公司诉邓纳姆案(New England Mutual Insurance Co. v. Dunham)[⑤]中,对这种要求进行了否定,支持了原告对海事保险合同的管辖权主张。在著名的克劳斯兄弟木材公司诉戴蒙轮船公司案(Krauss Brothers Lumber Co. v. Dimon Steamship Corp.)[⑥]中,法院也有突破性的结论。在本案中,原告主张返还多支持的运费,被告挑战法庭的海事司法管辖权,认为多付运费的行为纯属错误,该种行为的规制在于普通法,和海事管辖无涉。虽然,这曾经是非常有力的排除海事司法管辖权的理由,但是时移世易,最高法院掷地有声地回应,"海事不关心诉讼的形式,只在意它的实质"。

(二)初步合同原则和代理合同

在美国海事法中,港口代理人和船舶经纪人作为代理人的法律地位存在重要的区别,这也影响着法律的选择。最初,根据初步合同原则和自身违法原则,大多数代理活动都被排除在海事司法管辖权之外。在明特恩诉梅纳德案中,最高法院裁定,一名代表船舶经营人预先准备修理和必需品的代理人被排除在海事司法管辖权之外,因为代理合同本身不在联邦法院的管辖范围之内。在本案中,美国法院采用了"初步合同原则",根据这一原则,对于某些合同,如代理协议和船舶经纪人合同,由于其只是海事活动的先决条件,被排除在海事司法管辖权之外。正如纽约南区地区法院在1881年所指出的那样,"在这个国家,从一开始就确认了

① See Ins. Co. v. Dunham,1997 A. M. C. 2394, 20 L. Ed. 90, 11 Wall. 1(1870).

② See Armand M. Jr. Pare, *Admiralty Jurisdiction at the Millennium*, 24 Tul. Mar. L. J. 187 (1999).

③ 一种原始形式的船舶抵押,传统上由英国高等海事法院管辖。

④ 7 F. Cas. at 433 –34, 436 n.37, 439, 444.

⑤ New England Mutual Insurance Co. v. Dunham,1997 A. M. C. 2394, 20 L. Ed. 90, 11 Wall. 1 (1870).

⑥ Krauss Brothers Lumber Co. v. Dimon Steamship Corp. ,77 L. Ed. 1469(1933).

一项初步合同和海事合同之间的区别,而且至今没有融合”。

在实践中,判例法倾向于将初步合同原则与本身违法规则相结合。1991 年,美国最高法院在埃克森石油公司诉中海湾班轮公司(Exxon Corp. v. Central Gulf Lines, Inc.)案①中推翻了明特恩诉梅纳德案,指出,“海事司法管辖权旨在保护海上商业,它在本质上并不必然将这种关系(代理关系)排除在海上贸易领域之外”。并谆谆告诫下级法院,“与其简单应用一项规则,将所有或某些代理合同排除在海事司法管辖权之外,下级法院应着眼于并仔细探究代理合同的标的物,并借此确定合同提供的服务是否具有海事性质”。由此可见,法院倾向于将提供港口代理服务或燃料供应的合同认定为海事性质,而且这种合同在传统上通常被授予海事司法管辖权。例如,1984 年联邦第二巡回上诉法院在佩拉尔塔航运公司诉史密斯约翰逊航运公司案[Peralta Shipping Corp. v. Smith & Johnson (Shipping) Corp.]②中指出,“一般代理关系与航运业密切相关,应纳入海事司法管辖权范围”。

虽然埃克森石油公司诉中海湾班轮公司案在某种程度上推翻了明特恩诉梅纳德案的结果,但是这并不意味着初步合同原则的消亡,它事实上回避了初步合同原则。初步合同原则依然有它的适用空间。在船舶经纪合同中,该合同依然不被认定为具有“海事性质”。例如,在航运金融服务诉德拉科案(Shipping Fin. Servs. Corp. v. Drakos)③中,联邦第二巡回法院认为,并不必讨论初步合同原则的适用性问题,因为船舶经济人对佣金的声称并不符合埃克森石油公司诉中海湾班轮公司案关于服务应该具有海事性质的检验要求。原告(船舶经纪人)未能证明“其经纪协议具有足够的海事性质,所以不属于海事司法管辖权范围”。当然,这个裁决也引发了争议,反对方认为,相关认定和海事经纪人的实务并不契合。

毫无疑问,法庭认为,相对于代理合同,经纪合同距离“海事性质”要更远一点。法院现在正考虑是否可以将其他合同,如船舶管理协议同船舶经纪人合同一样被排除在海事司法管辖权之外,或者像代理合同一般,纳入海事司法管辖权的射程之内。是否纳入海事司法管辖权,是有重要意义的,因为只有在这种情况下,海事救济措施,才可供双方适用。总而言之,联邦海商法可能适用于涉及港口代

---

① Exxon Corp. v. Central Gulf Lines, Inc., 500U. S. 603(1991).

② Peralta Shipping Corp. v. Smith & Johnson (Shipping) Corp., 739 F. 2d 798(1984).

③ Shipping Fin. Servs. Corp. v. Drakos, 140 F. 3d 129(1998).

理人的案件,而船舶经纪人的活动不属于海事管辖范围之内。一般来说,这类案件属于州法范畴。但这并非说,在船舶经纪人的案件中,海事法庭与案件毫不相关。事实上,即使是在涉及船舶经纪人的案件中,也可能存在与美国海事或联邦法律相关的情形。诚然,在放弃旧的局限的同时,也意味着将它的优势一并放弃。必须承认,传统标准纵有不适之处,但毕竟界限分明、容易确定。在人们迷惑于不确定的年代,多少还是有一些镜鉴。①

四、总体评价:统一性视野中的海事合同管辖权

海事合同管辖权从英国法的禁锢中走出,美国法院重新认识其本质,是海事法内在统一性的一次复归。然而,法院关于合同的"海事性质"的讨论并不清楚,这无疑对海事司法管辖权的统一性构成了伤害。必须承认的是,和海事侵权管辖权相比,海事合同管辖权较少受到联邦主义的影响,在联邦和州之间制造的紧张相对较少,更多地可能受限于事物的复杂性和人类认知方面的不足。

第三节　严格地点标准的变迁:美国海事侵权管辖权的消长

两个世纪以来,美国海事侵权管辖权在旧传统的基础上经历了巨大变迁,总体上遵循着一条扩张的路线。随着海商事活动的进一步发展,海事侵权管辖权的疆域从潮汐水域扩张到所有可航水域,侵权发生地点从水上延伸到岸上,实现了空间上的大规模扩张。同时借由传统海事活动标准的限缩,一些和海商事明显无关的活动被从管辖主体事项中驱除,更加契合海事司法管辖权的本质属性。在现实合理性和联邦主义制度的平衡之中,海事侵权管辖权标准从混乱和无序中挣扎而出,并在实践中不断得以重塑。

一、无尽的困惑:寻找海事侵权管辖权的界线

美国海事司法管辖权标准问题一直是一个令人困惑的问题,以至于有学者不无悲观地感叹道,任何企图从中寻求意义的人最好将它视为一系列不规则动词,

---

① See Theophilus Parsons, *Treaties on Maritime Law*, Little, Brown, 1859, p. 502.

只需要记忆在脑海中，而不必费心去寻找其所依据的原则基础。[①] 无独有偶，霍姆斯法官在1904年指出，在海事司法管辖权的范围方面，不存在明显的原则，也没有清晰的历史。海事侵权管辖权似乎更是如此。从一开始，在伤害结果发生地点抑或伤害行为发生地点决定海事司法管辖权这一问题上，人们存在一些混淆。追根溯源，在诸如通过对发生在船舶或码头上的人身伤害进行“位置定位”的方法来决定“海事司法管辖权”等问题上，许多看起来仅仅是形而上学的玄谈或者更为糟糕的东西，都可归因于联邦和各州之间微妙的界线。[②]

美国建国伊始，海事司法管辖权标准采取“拿来主义”的做法，暂时解决了匮乏时代的制度需求。海事侵权管辖权的范围被限定在潮汐水域，这承继于英国的古老传统。坦尼法官认为，早期对英国潮汐规则的采用既明智又合理，但随着西部领水的获得和蒸汽船的发明，这种固守逐渐显得更加不合时宜了，急需与时俱进的新标准。新方法逐渐出现，新问题也层出不穷，海事司法管辖权新标准在解决传统流弊的同时，也存在过于抽象、不易把握的问题，引发了回归原有严格地点标准的呼声。面对种种乱象，人们不免悲观，然而秩序常存在于化约之后，将被随意错置的不规则动词组合成为可用于交流沟通的语言，还是可以为之努力的。

二、流变的标准：严格地点标准的确立与松动

在早期严格地点标准之下，海事侵权管辖权主要受两方面的限制：首先，海事侵权管辖权的范围被严格限定在潮汐水域这一严格地点之内；其次，海事侵权管辖权除了受地点标准影响之外，不再有另外的标准。严格地点标准具有简洁明了的优点，同时也存在僵化不明之处。在确保海事侵权管辖权正常运行的同时，也导致大量悖谬情形的发生。在一定意义上可以说，从上述两方面对严格地点标准进行改造的过程，正是海事侵权管辖权逐渐走向自身合理化的过程。

（一）启航的时期：潮汐水域原则下严格地点标准的坚守

1. 地点标准对于早期海事侵权管辖权的宰治

和海事合同管辖权不同，海事侵权管辖权对发生地点的依赖是符合其本身性质的，地点一般是海事主体在海事水域之上发生侵权行为的具体地点。在高地之

---

① See Armand M. Jr. Pare, *Admiralty Jurisdiction at the Millennium*, 24 Tul. Mar. L. J. 187 (1999); See Charles L. Black & Jr., *Admiralty Jurisdiction: Critique and Suggestions*, 50 Colum. L. Rev. 259(1950).

② See Gustavus H. Robinson, *Tort Jurisdiction in American Admiralty*, 84 U. Pa. L. Rev. 716 (1935-1936).

光(Highland Light)案①中,巡回法庭蔡斯法官用充满诗意的语言强调了地点在确定海事侵权管辖权方面的重要性:海事法庭自有风格,从未偏离正义的航道,好比仁慈的上帝,无时无刻不在注视着航海者的权益,让他们得以在浩渺的海洋上拓展贸易。关于严格地点标准,斯托里法官在著名的1815年德罗维奥诉博伊特案中一锤定音地说道,"总的来说,我毫不犹豫地宣布,美国法院的海事司法管辖权包括'所有海事和海事司法管辖权的民事案件',包括所有的海事合同、侵权和伤害案件。后者(侵权和伤害案件)必然受到发生地标准的限制"。在斯托里法官为地点标准背书的基础上,在1859年费城、威明顿及巴尔的摩铁路公司诉勒阿弗尔德恩蒸汽轮船公司案(The Philadelphia, Wilmington and Baltimore Railroad Co. v. Havre de Grace Steam TowBoat Co.)②中,法院更是明确宣布,"海事侵权管辖权完全依赖于地点标准"。

将海事侵权管辖权完全委之于地点标准本身,有其僵硬不合理之处。在美国建国早期,海商业活动尚处于初始阶段,严格地点标准比较适合当时的实际情况。随着海商业活动的复杂化,一些临界案件纷纷出现,法院不合时宜地严守旧的严格地点标准,未能与时俱进,导致大量不合宜的情况出现。这一点从下面的两个案例的鲜明对比中可看出。在1886年单方凤凰有限公司案(Ex parte Phenix Ins. Co.)③中,一艘汽船的烟囱里冒出火花,把河岸上的财产付之一炬。同样在这一年,因为船舶吊臂撞击仓库,里面的玉米被淹没,岸上仓库主人显然领受了以前案例的教训,在州法院起诉船舶所有人。船舶所有人以海事司法管辖权抗辩,最高法院在此案中维持了州法院的管辖权。人们现在感到好奇的是,虽然岸上受害人本人不能援引海事司法管辖权,但水上侵权行为人可以援引海事司法管辖权来反对岸上受害人的普通法诉讼。这种不平等保护的情况说明了地点标准无力独自承担界定海事侵权管辖权的重任。

2. 传统潮汐水域原则对地点标准的地理切割

地点标准对海事侵权管辖权具有决定性。然而,这并不意味任何水域都可能构成海事司法管辖权的运行空间。潮汐原则的限制使地点标准变得有点名不副实。在英国先例中,可航性水域包括公海以及其他受潮汐影响的水域。公海侵权

---

① 12 F. Cas. 138 (No. 6477) (D. Md. 1867).(比如不承认码头工人因在码头操作有缺陷的叉车时受伤而提起诉讼属于海事司法管辖权范围。)

② The Philadelphia, Wilmington and Baltimore Railroad Co. v. Havre de Grace Steam TowBoat Co.,64 U.S. 209, 215 (1859).

③ Ex parte Phenix Ins. Co., 118 U.S. 610(1886).

案件,即使是在英格兰,也一直被认为属于海事司法管辖权所及。这种情况下的海事侵权管辖权一般依赖于发生地标准,包括海上或其他通航水域的民事侵权和伤害,在那里,流水会随着潮汐变化。在美国,由于长期受到英国海事文化的浸染,同样的认知被保留了下来。海事司法管辖权止于潮汐水域之上,似乎是不言自明的。根据传统潮汐原则,海事侵权管辖权仅限于"公海以及港口内受潮汐涨落影响区域的伤害和不法行为"。在一个发生于1859年的案件①中,法院声明:在侵权行为中,管辖权完全取决于发生地。如果过错发生在公海上,或者在潮汐线之内,海事法庭对此拥有管辖权毋庸置疑。

以斯托里为代表的美国早期海事法官们在海事司法管辖权扩张方面有着巨大的雄心,然而其似乎无意超越潮汐原则的限制。激进的斯托里法官连续在两起案例中坚守潮汐原则的合理性。在斯托里法官的论断和大量判例的有力加持下,海事侵权管辖的潮汐水域标准得到严格的坚持。以至于有判例认为,对仍在建设中的不完整船舶的侵权行为,只要其在通航水域,便属于海事管辖范围内。② 休斯法官在拉塔·泰利建设公司诉英国蒸汽船"莱特·莫尔"案(Latta & Terry Const Co. v. British Steamship "Raithmoor")③中以肯定的语气确认了这一点,其说道,"需要记住的是,只要一艘船下水,尽管还不完全建成,它就受海事法院管辖"。海事法官们的自信显然有其现实性基础,事实上,以后的大量判例广泛引用了潮汐水域标准,即在决定海事法院对侵权案件的管辖权时,位于潮汐水域的侵权发生地成为唯一的决定标准。

和英国不同,潮汐水域原则毕竟不符合美国的地理水文形势,该原则遂成为海事侵权管辖权首先要突破的堡垒。当海事侵权管辖权挣扎着从潮汐水域原则的牢笼中挣脱之后,严格地点标准依然在海事侵权管辖权中发挥着重要作用,甚至决定着海事侵权管辖权的归属,虽然在后世得到改造,但依然作为海事侵权管辖权的基础,只不过其呈现形态从"严格"走向了"非严格"。当然,严格地点标准早期的运作形态也不宜全盘否定,有其存在的历史合理性。随着时代的快速演进,其存在的合理性逐渐消失。普利茅斯案(Plymouth)④及其引发的一系列案

① Philadelphia, W. & B. R. Co. v. Philadelphia & Havre de Grace, 64 U. S. 209 (1859).

② 英美海事法中,建造中的船舶并不被视为船舶。

③ Latta & Terry Const Co. v. British Steamship "Raithmoor", 241 U. S. 166 (1916).

④ The Plymouth, 70 U. S. 20 (1865).

件,预示着“严格地点”标准在实践中的演变。①

在普利茅斯案中,“严格地点”标准得到了最完整的阐释,法院指出,海事司法管辖权并不取决于伤害是否由船只造成的,而是取决于伤害发生的地点。法院对“地点标准”所作的严格解释,为许多不一致和不公平的结果提供了策动源。在1935年,在一名码头工人在一艘船上被摆动的起重机击中,并被抛向码头的案例中,该案被认定为在海事司法管辖权的范围之内。② 在另一个发生于1925年的案例中,沙丁鱼被从码头扔出,与水撞击后受损,该案也被归入海事司法管辖权。③ 可以看到,在这两个案件中法律的适用并不一致。但是1935年的案件似乎突破了普利茅斯案所规定的范围。但由此也可以看到,伤害的完成具体是在撞击的一瞬间,还是在落地之后,本身并不明晰,甚至可以说是个无解的事实问题,足见普利茅斯案所设定标准的模糊性和不确定性。正是对这一问题的深入认识进一步加强了对新标准的需求。

(二)更辙的时代:“著名的怀疑”与严格地点标准的突破

1. 潮水的褪去:从潮汐水域原则抽离的严格地点标准

(1)不合时宜的潮汐水域原则

在美国建国之后一个很长的时间内,潮汐水域原则在海事司法管辖权领域中发挥着影响。在1851年著名的田纳西酋长案中,坦尼法官认为,早期对英国潮汐规则的采用既明智又合理,虽然有很多来自传统的限制,但仍不失为一种简单可行的标准。④ 关于这一点,美国最高法院指出,最初的规则之所以被采纳,主要因为“西部河流和湖泊上的商业还处于起步阶段,在整个国民贸易中占比不太重要,还处于几乎没有受到重视的时候”。⑤但随着西部领水的获得和蒸汽船的发明,这种固守逐渐显得更加不合时宜了。论者常常将之归因于美国与英国迥然不同的

① See Dale Van Demark, *Grubart v. Great Lakes Dredge &(and) Dock Company: A Reasonable Conclusion to the Debate on Admiralty Tort Jurisdiction*, 17 Pace L. Rev. 553(1997).

② See Minnie v. Port Huron Terminal Co., 295 U.S. 647 (1935).

③ See Fireman's Fund Ins. Co. v. City of Monterey, 6 F.2d 893 (N.D. Cal. 1925).

④ See Ronald J. Bacigal, *Admiralty Jurisdiction in Tort Actions*, 23 Wash. & Lee L. Rev. 345 (1966).

⑤ See Propeller Genesee Chief v. Fitzhugh, 53 U.S. 456 (1851).

水文环境,[①]同时也与这一时期商业在内河水域的扩张密切相关。

然而,上述归因并不全面。据称大约从1600年开始,内河航行就在人们中间开始传播。国会议员和乡村绅士们在国会大厅或乡村旅馆的客厅里讨论水上交通的优缺点。为了提高英国河流的通航能力,人们实施了许多计划,至少偶尔会涉及非潮汐水域,但也一度受到了普通法规则的阻止。[②] 不难观察,普通法法院的压迫可能是最大的肇因。所以,即便从历史事实看,潮汐水域等于可航水域的判断也不准确。之所以存在对水文差异的强调,不排除是普通法法院拥护者的一种洗白,也可能基于一种知识的匮乏。幸运的是,早期的潮汐水域标准废弃论者在对历史的多元诠释之中增强了自己的自信。这不足以苛责,很多成功的建树不正是在一些话语建构之中完成的吗?毕竟这在一种间接意义上加快了海事司法管辖权前进的脚步!

(2)潮汐水域原则的死亡

在经过半个世纪的墨守之后,潮汐规则终于被后案推翻。在此以后,所有的案件不再依赖于潮水标准,而是由相关伤害地点是否属可航水域来确定。规则的变化主要是由于环境的变化而引起的。[③] 对潮水标准的拒绝是在进击内河的过程中完成的。欲将海事司法管辖权拓展到内河水域,以取代州事实上对内河水域的海事司法管辖权,打破潮水标准的桎梏十分必要。

随着时间的推移,美国法院开始意识到固守英国标准的局限,北美大陆全新的形势更是使这种限制成为压制。于是,原本继承自英国传统的一些做法渐渐得到修正。首当其冲的是潮汐标准和相对应的“一郡之内”标准。在华林诉克拉克案中,法院以高度分裂的观点表达对发生在“一郡之内”水域上海事侵权案件的支持,当然,这种先例自然也适用到合同案件中。在田纳西酋长案中,最高法院偏离最初的立场,果断跟进国会关于将海事司法管辖权延伸到大湖区域和潮汐不及之地的立场,在具体案件中废弃了潮水标准的限制。该案首席大法官坦尼指出,

---

① 事实上,英国内河航运并非付之阙如,只不过在航运贸易中所占的比重相对较小罢了,相对美国数万公里的内河水系,自然有点渺小。在14世纪早期,英国海事法庭成立的时候,国内航行实际上是不存在的。但到伊丽莎白一世统治后的那个充满活力的发展时期,河运开始成为英国人生活中的一个因素。在英国历史上,这种运输方式的发达程度通常没有引起人们的注意,直到1936年才被一项研究所揭示。See Willan & Thomas Stuart, *River Navigation in England, 1600 – 1750*, London F. Cass, 1964, p. 6 – 22.

② Ibid., p. 21 – 22.

③ See Dale Van Demark, *Grubart v. Great Lakes Dredge & (and) Dock Company: A Reasonable Conclusion to the Debate on Admiralty Tort Jurisdiction*, 17 Pace L. Rev. 553 (1997).

对海事司法管辖权的真正考验,在于有关水域实际上能否通航,而潮汐的存在与否无关紧要,[1]直接宣告了潮汐原则的死亡。

2. 渐进的扩张:从水上走向岸边的海事侵权管辖权

(1)司法实践的推进及失序

传统的未必一定是保守的,有论者指出,在英国海事司法管辖权下,如果损害是“由任何船只造成的”,就属于海事司法管辖权范围。[2] 但在美国海事司法管辖权初期,地点标准的固守似乎比英国更顽固。这首先表现在海事司法管辖权对岸上建筑物的无视。例如,在1928年的一个案例中,一名码头工人站在码头上时被一根摆动的吊货索吊死,并被扔进水里,该案的海事司法管辖权被驳回。[3] 其原因就是死亡的损害后果发生在码头之上。在本案中,受害人的遗孀接受了州法的救济,被告提出了海事司法管辖权的异议。法院最后认定,该案不属于海事司法管辖权范围。然而,在1935年一名乘客从跳板上摔下并在下面的码头上受伤的案件中,法院维持了这一管辖权。[4]

早期著名海事法官似乎无可置疑的断言,以及直至今日依然层出不穷的支持性判例,似乎说明着人们在严格地点标准方面存在高度共识,但这并不能阻止实务中精于观察的人们产生怀疑。事实上,揆诸历史和现实,严格发生地标准并非拥有如此坚不可摧的地位。本尼迪克特法官在他的著作首版中率先对严格发生地规则提出了质疑,[5]该质疑被誉为“著名的怀疑”。之后,在司法实践之中,海事司法管辖权开始从水上走上了岸边,在1904年布莱克·希斯案(Blackheath)[6]中,霍姆斯法官似乎支持对岸边固定航标的管辖权,至少布朗大法官在赞同意见中这样认为。一系列后来的案件表明,霍姆斯大法官意不在“对抗”普利茅斯案,

① See Propeller Genesee Chief v. Fitzhugh, 53 U. S. (12 How.) 454 (1851).

② See Farnum, *Admiralty Jurisdiction and Amphibious Torts*,43 Yale L. J. 34(1933).

③ See T. Smith & Son, Inc. v. Taylor, 276 U. S. 179 (1928).

④ See The Admiral Peoples, 295 U. S. 649 (1935).

⑤ See Alfred S. Pelaez, *Admiralty Tort Jurisdiction—The Last Barrier*, 7 Duq. L. Rev. 1(1968).

⑥ 霍姆斯法官代表法院裁定,船只对浮标的伤害导致了海事司法管辖权的产生,因为浮标是政府对航海的援助——传统上属于海事侵权管辖权的范围。对此,布朗法官表示赞同,他认为布莱克·希斯(Blackheath)案的判决“实际上推翻了前例”,使海事司法管辖权承认了船舶对陆地结构物的加害行为。后来的情况表明,布朗法官可能曲解了霍姆斯法官的原意。事实上,本案并没有破坏原来的管辖权测试标准,在本质上,法院扩大海事司法管辖权的范围,是通过对事实的认定完成的,将浮标位置解释为政府的辅助海事设施,而非传统上陆地的延伸,通过这样的解释,原有的管辖权测试标准得到满足。See The Blackheath, 195 U. S. 361 (1904).

布朗大法官秉承的船舶造成的陆地损害属于司法管辖范围的观点过于乐观和超前。① 后来的诸多案例佐证了这一点。② 即便如此,该判决为这种临界案件的处理提供了一个值得重视的新起点,推动着海事司法管辖权对这种损害的覆盖。

海事侵权管辖权的扩张之路充满反复,这折射出历史的复杂性。在1916年拉塔·泰利建设公司诉英国蒸汽船"莱特·莫尔"案中,船舶对"助航设备"所造成的损害,被纳入海事司法管辖权的范围。以至于出现一种全新的流行话语,简单地说海事司法管辖权不适用于陆地结构已经不合时宜,③因为传统概念上的陆地结构也可能是助航设备。虽然如此,本案的逻辑并没有被普遍奉行,以后的案例依然固守原来的标准,旧的规则亦即船舶对岸上结构物的损害不具有管辖权(尽管后者一度在广义上被作为航行的辅助工具避免适用),仍然是实际中被奉行的规则。在随后的几个案例中,法院判定,海事司法管辖权不涉及船舶对岸基商业结构的损害。这些案件之所以重要,在于法院审查了相关损害是否和传统海事法有联系。正是这种对事实是否与海事法有传统联系的考虑,促成了海事侵权管辖权在未来的变化。当然,法院对此未必有清醒的认识。或许只有等到相关标准荒唐和背离的一面逐渐在实践中展现时,法院才可能考虑改弦更张。④

随着涉水活动的增多和管辖权的扩张,"严格地点"检验标准已经不再满足现实的需求,渐渐成为各方抨击的目标。正是在毁誉参半之中,海事侵权管辖权实现着自己的转变。在1925年帕诺欧案(Panoil)中,情况似乎有了转机。在帕诺欧案⑤中,虽然仍然将堤岸作为陆地的延伸,但法官宣称,"我们认为那些案件(Blackheath, Raithmoor)中的原则还不充分"。总体来讲,无论海事客体物的认定有什么困难,从前面的讨论中可以清楚地看出,任何标有"陆地建筑物"的东西都不在海事管辖范围之内。如果船舶受到损害,其所有人不能获得海事救济,不能

---

① See Gustavus H. Robinson, *Tort Jurisdiction in American Admiralty*, 84 U. Pa. L. Rev. 716 (1935 - 1936).

② See The Troy 208 U. S. 321 (1908). 该案涉及船舶碰撞密西西比河上的一座铁路桥;See The Phoenix Construction Co. v. Steamer Poughkeepsie, 212 U. S. 558 (1908). 该案涉及哈德逊河底部管道被船舶损坏。以上两个案例都没有被赋予海事司法管辖权。

③ See Gustavus H. Robinson, *Tort Jurisdiction in American Admiralty*, 84 U. Pa. L. Rev. 716 (1935 - 1936).

④ 在1925年杜吕特诉美国案(Doullut v. United States)中,法院在给予系泊桩损害管辖权时谨慎地指出,系泊桩不像"码头、桥梁和码头"那样构成海岸的一部分或延伸。因此,可以说,根据法院的最新意见,为了获得海事司法管辖权,这个结构不仅必须是航海辅助设施,而且不能是岸的延伸,尽管它可能位于水底。See Doullut & Williams Co. v. United States, 268 U. S. 33 (1925).

⑤ The Panoil, 266 U. S. 433 (1925).

依据有关合同援引海事救济,也不适用对物诉讼。①

(2)国会立法的跟进与纠偏

司法踟蹰不前,立法自然责无旁贷。1930 年,海商法协会的一个委员会记录说,它赞成将海事管辖范围扩大到船舶对陆地结构造成的损害。② 司法制定规则之时,自然也会考虑当时的政治经济背景,但是其被动性常常表现为其疏于论证的方面。这就要求立法应该尽快创造性转化司法的决断成果。早期最高法院规则的制定,更多地参照了历史的背景,并加入自己的理解。这在个案中可能保证了公正性,但如果作为一种垂范后世的先例,其合理性可能会受到质疑,所以说,因时而变,十分必要。

面对严格地点规则在实践适用中的严苛性,立法分支有相应的对策。首先是通过立法创设了一些例外,使得适用中的一些有悖常理的现象得到相当程度缓解。国会颁布了《琼斯法案》,③该法案规定,不管具体的伤害位置,海员都有权针对海事雇佣中的人身伤害提起诉讼。后来,1948 年《海事司法管辖权扩展法案》④获得通过,允许海事司法管辖权扩展到船舶在陆地上造成的伤害或损害。该法案规定:美国海事司法管辖权范围应扩大到包括所有船舶在可航行水域造成的人身或财产损害的案件,尽管此类伤害或损害是在陆地上造成或完成的。

《海事司法管辖权扩展法案》的推出一定程度减轻了历史先例的不合现实之处,但并没有完全纠正普利茅斯案测试标准衍生的所有荒谬结果。其实这种拓展涉及"模糊地带"案件。在司法层面,法院也积极跟随立法步伐,适用供养和医疗原则。根据这一原则,一艘船的所有人必须供养和扶助残疾海员,不论他们在何处受伤或患病。此外,绝对适航义务在司法上得以接受,因此,无论船舶在哪里受伤或损坏,对有缺陷或危险的设备的责任都完全落在船主身上。观察以上例外,可以发现,相关的管辖权标准要么是地位(海员),要么是主题(海事活动),而不仅仅是地点。这些新的标准显然让管辖权的适用更趋于合理化,也更加符合船员的利益。

---

① See Gustavus H. Robinson, *Tort Jurisdiction in American Admiralty*, 84 U. Pa. L. Rev. 716 (1935 - 1936).

② Cf. its Document No. r58 dated January 17, 1930; and its further Document No. 172, of May, 1931.

③ Act of June 5, 1920, ch. 250, § 33, 41 Stat. 1004, 46 U. S. C. § 688 (1970).

④ Act of June 19, 1948, ch. 526, 62 Stat. 496, 46 U. S. C. § 740 (1970).

3. 抽象的限缩:海事侵权海商事联系标准的引入

(1)地点标准下海事侵权管辖权与海商事的背离

结合以上论述可知,通过地点标准的扬弃,海事司法管辖权实现了空间上的扩张。然而,严格地点标准在某些方面收窄海事司法管辖权的同时,在一些方面又失之宽泛,急需范围上的限缩,以归正海事司法管辖权的制度本质。具体到严格地点标准,除侵权地点难以确定之外,机械适用"严格地点标准"所产生的第二个问题是:或许损害发生的地点是明确的,但所涉及的活动与传统的海商业或航海活动没有任何关联之处。在海事侵权案件中,海事司法管辖权不取决于当事人与船舶的关系,而只是决定于其发生的地点,甚至不需要船舶的参与,其合理性值得怀疑。①

1960 年之后,法庭对严格地点标准的执行开始变得宽松,因为在远隔多年之后,诸法院注意到,最高法院曾在 1914 年的大西洋运输公司诉爱姆布鲁克案(Atlantic Transport Co. v. Imbrovek)中为海事侵权管辖权标准的变更预留了空间,法院在该案中拒绝认为单一的地点检验标准是海事司法管辖权的唯一标准。② 有了此案的激励,法院在背弃严格地点规则上似乎更有信心,例如,在坎贝尔诉哈克菲尔德公司案(Campbell v. H. Hackfeld & Co.)③中,地区法院法官拒绝使用严格发生地标准,并得到巡回法院的维持。根据法院的观点,海事法庭不应该涉及非海事事务,在所有海事侵权案件中,如同海事合同案件一样,如果要归入海事司法管辖权之内,某种程度上必须存在海事关系,在海事侵权的情况之下,发生地依然是检验标准,显而易见,为了被赋予海事法院管辖权,它们必须发生在海事法覆盖之地。

质疑在 1961 年达到了高潮,严格地点标准开始失去原来的控制力。在麦圭尔诉纽约市案(McGuire v. City of New York)④中,法院明确否定严格地点标准

---

① 进一步演绎,如果有几个未曾出海的人在海里洗澡,彼此攻击,或者拘禁,或者抢劫,很难想象海事法庭会对该侵权行为拥有管辖权。此外,根据上述地点检验规则,装卸工人、机组人员和码头工人被拒绝进入联邦法院,因为不幸的是,他们受伤地在码头上,而不是在船上。See Victory Carriers, Inc. v. Law, 404 U.S. 202 (1971).

② 法院认为,"即使假定侵权案件中关于地点的规定不可或缺,但不一定是排他的"。在本案中,法院留下了猜测的空间,即"地点标准"是否可能仅仅作为一个门槛要求来运作。

③ Campbell v. H. Hackfeld & Co., 125 F. 696 (9th Cir. 1903).

④ 在本案中,原告起诉海滩所在城市,称她在游泳时受伤。因为侵权行为与海上商业事务没有关系,而且侵权行为与在海滩上所受的伤害没有区别,法院驳回了海事法庭的海事司法管辖权。See McGuire v. City of New York, 192 F. Supp. 866 (S.D.N.Y. 1961).

的单独适用，声称地点标准不过是“一个限制性和排除性规则”，不过是对“海事司法管辖权的一种初步检验”。法院注意到，海事司法管辖权应该与海商业有关，并进一步认为，海事管辖范围宜限制到“与海上商业有关的所有事项”。该案得到一系列案件的呼应，单一的地点标准在事实上被废弃。在这些案例之中，地点标准承担了排除性功能，已经不再是决定管辖权存在与否的充分条件。在坎贝尔诉哈克菲尔德公司案中，地区法院发现，貌似相互矛盾的先前判例，尽管都用宽泛的语言声称发生地是认定海事侵权管辖的唯一司法标准，但仔细审查不难发现，在错综复杂的多样性背后存在一个共同的标准，亦即海事的自然属性。不论判断是否正确，事实上该案没有对严格发生地标准发生即时影响，因为8年之后才有该案相关的评论出现。①

上述案件都反映了一种将海事司法管辖权和海商业活动联系起来的趋向，这也是严格地点标准的批评者直接推动的结果。这恰恰符合吉尔摩和布莱克(Gilmore and Blake)在其海商法著作中的观点：“是否有理由将某一特定事项列入或排除在管辖权之外，必须完全取决于当时的一般意义和政策。很难为海事司法管辖权找到一个比它为海事工业提供一个适宜的特别工业法庭更好的理由了。”②诚然，海事司法管辖权为海商业而生，并非适合于非海事用途。管辖权错配不仅不能产生良好的效益，还可能对一些非海商事活动产生负面影响。

(2)海事侵权管辖权“地点 plus”标准的提出

在对海事司法管辖权的海商业本质进行深入认识的基础上，新标准纷纷被创造了出来。③ 部分法院为纠正以前的不公平结果，纷纷采取了纠偏行动，越来越多的法院指出，侵权行为地点本身并不是决定性的，“地点 + 连结点”标准是更合适的选择。这种标准要求侵权行为除了发生在可航行水域外，还必须具有“海事性质”。在这方面最有代表性的一个案件是前文所述的麦圭尔诉纽约市案，该案涉及一个游泳者被从公共浴场底部突出的水下物体所伤害。法院在驳回海事司法管辖权时，批评了单独使用严格地点标准的做法，并进一步指出：“海事司法管

① 可能参考此案的一个案例是爱姆布鲁克诉汉堡－美国邮船公司案(Imbrovek v. Hamburg-American Steam Packet Co.)，该案于1911年在马里兰州地区法院判决，并于次年被第四巡回法院确认。该案涉及一个装卸工人在船舱工作时所受伤害的赔偿。二审法院均以伤害并非海上性质为由否定了海事法庭对本案的管辖权。

② A J. Moore, Federal Practice, Admiralty .325(3) &(5).

③ 例如，在佩伊塔文诉政府雇员服务有限公司案(Peytavin v. Government Employees Ins. Co.)中，法院提出了判断一般海事活动的几个标准：使用的设施、当事人之间的关系、当事人在受伤时的活动、事故的性质和原因以及所受伤害的性质。

辖权的基础必须是海事过失和损害位置的结合。海事过失一般被认为在某种程度上应与航运或商业方面的过失有关。”

在1972年喷气机管理公司诉克利夫兰市案(Executive Jet Corporation v. City of Cleveland)的裁决中,“地点plus”标准真正得以确立。这是美国最高法院作出的一项具有里程碑意义的裁决。在本案中,原告声称:一架飞机在起飞时因误撞海鸥,导致了随后的电力损失以及降落到伊利湖坠毁。最高法院认为,与机械地适用“地点检验”规则相比,相关活动的性质往往是一种更可靠的检验,因此拒绝在本案中适用海事司法管辖权。法院宣称:“我们认为,相关损害要与传统海事活动有重要关系,这更加符合海事司法管辖权的历史和宗旨。除非存在这样的关系,否则由飞机事故引起的索赔不能被纳入海事司法管辖权。”法院作出这一决定的根本原因是,希望消除将坠机地点的偶然性作为援引海事司法管辖权首要因素的可能性。

(3)复归呼声下“地点plus”标准的局限

“地点plus”标准似乎解决了老问题,但新问题随之又涌现了出来。法院开始发现,似乎没有一种好办法可以准确界定“传统海事活动”的要素,也无法将其与严格的地点检验结合使用。事实上,喷气机管理公司诉克利夫兰市案的观点并没有得到一致的遵循。在马里兰州人力资源部门诉美国阿美拉达赫斯公司案(Maryland, Dep't of Natural Resources v. Amerada Hess Corp.)①中,法官认为喷气机管理公司诉克利夫兰市案的观点只适用于航空案件中。但大多数联邦法院并不认可马里兰州人力资源部门诉美国阿美拉达赫斯公司案的限制,而是认为公务机原则上应适用于其他海事侵权案件。但在喷气机管理公司诉克利夫兰市案中,最大的困惑在于缺乏对“传统海事活动”的具体界定,是不争的事实。虽然法庭认为,这种活动必须存在,以用来援引海事司法管辖权,但它没有就这个问题提供任何明确的准则。在这种情形之下,混乱仍不免发生。例如,一名起诉者在一艘被改造为博物馆的永久停泊商船上受伤的案件,被赋予了海事司法管辖权,②但一位画家从一艘处境相似位于修复期间的汽船上摔下的案件却被驳回了

---

① 在该案中,地区法院驳回了马里兰州对海事司法管辖权的要求,该地区法院在诉讼中要求赔偿巴尔的摩港漏油事件造成的损失。法院特别驳回了在行政勤务喷气机公司案上确定的“地点+连结点”测试标准,认为其仅仅适用于飞机失事案件或者类似的边界事件,并不能够推而广之。See Maryland, Dep't of Natural Resources v. Amerada Hess Corp. ,356 F. Supp. 975 (D. Md. 1973).

② See Luna v. Star of India, 356 F. Supp. 59 (S. D. Cal. 1973). 该船已经不再用作商业用途40年,且被海岸警卫队视为陆上建筑物。

管辖权。①

虽然人们给予喷气机管理公司诉克利夫兰市案以较高的评价,但其确立的新标准并没有将海事侵权管辖权从似乎无可救药的混乱之中拯救出来,只有那些明显表现为游泳和潜水等非海事活动的典型情形,才侥幸逃脱这种围绕海事侵权管辖权的混沌局面。遗憾的是,这种混淆并不限于不常见的边界情境,而且还扩展到诸如游艇事故之类的一般场景。因此,迫切需要一个新司法标准的出现。② 海事侵权管辖权的持续混乱显而易见,原因颇为复杂,克服这种不一致性的努力是很难实现的。有人提议作出下列改变:一是仅在涉及海事活动或直接支持海事活动的案件中援引海事司法管辖权,而这些海事活动的判断标准在于是否属于宪法制定者和国会的意图;二是拒绝严格地点标准在案件中的适用;三是通过立法的方式进行确定。③ 上述提议虽然全面,却未免失之抽象。一个具有高度辨识性的新标准依然在探索之路上。

三、冲突的时代:人身伤亡的海事司法管辖权救济

一般情况下,人们在讨论早期的海事侵权管辖权时,常在一种不甚准确的意义上将之理解为一种由过错引起的责任,但进步时代无过错原则的出现显然扩大了侵权行为的内涵,例如,《码头和港口工人赔偿法》被归之于侵权法范畴。④ 进步时代的人身伤亡案件正值美国侵权法发生重大变革之时,对海事司法管辖权变迁产生了重要影响。

(一)进步时代的人身伤害

19 世纪晚期,美国工业革命蓬勃发展,传统的侵权责任理论不利于工人的权利保护。作为理论回应,侵权责任法理论发生重大变革,作为实践应对,各州基于日益严重的不公平现象纷纷出台法规,对涉水工人进行保护。一般认为,詹森案正是保守的法院为了抵消各州影响所采取的反击措施。虽名为统一性的追求,但也在一定程度上体现了保守主义的主张,代表了早期资产阶级的利益。当然,在与一定程度上代表州权的国会角力之后,司法也逐渐调整目标,一定程度上顺应了时代的发展。但遗憾的是,尽管法院为了解决海上不当死亡的统一性竭尽心

---

① See Jiles v. Federal Barge Lines, Inc., 365 F. Supp. 1225 (E.D. La. 1973).

② See David R. Tyrrell, *Admiralty Tort Jurisdiction: Floundering on the Sea of Inconsistency*, 27 U. Fla. L. Rev. 805(1975).

③ Ibid.

④ 44 Stat. 1424 (1927), 33 U.S.C.A. § §.901 -950 (Supp. 1935).

力,但"呈现在我们面前的似乎是一张东拼西凑的拼图,没有明确的路线,下一个案件将仍由法院的临时决定引导我们"①。

(二)管辖权救济范围的局限和突破

纵观20世纪60年代之前的人身伤亡发展历史,其所呈现的是一段激烈冲突的历史,法院裁决一方面希望通过联邦制实现法律的统一性,另一方面又不得不通过纳入州补救措施实现法律的多样性。针对不当死亡案件,海事司法管辖权救济内容的不统一似乎可以肇始于法院在哈里斯堡案中②的糟糕开局,它拒绝通过创造一般海事法建立海上不当死亡的诉因,以至于混乱的状态似乎不可避免。在近一百年的时间里,这一决定切断了法庭形成统一的海事不当死亡救济的可能,从而将问题留给了国会,在一定程度上留给各州自行采取补救措施,这导致了《琼斯法案》和各州立法的次第出现。直到1970年在莫莱格尼诉美国海运公司案中,③法院才宣称"在一般海事法下确实存在违反海事职责所造成的不当死亡的诉因",④法院对本案的期许是崇高的,(本案)促成的这种统一性不仅将进一步深化1920年两项法案的关切,而且还将落实以宪法为基础的原则,即联邦海事法应该是"一个在全国范围内统一运作的法律体系"。⑤

事实证明,过分乐观是不明智的。在海事司法管辖权所提供的救济方面,莫莱格尼诉美国海运公司案依然遗留下许多问题。例如,对联邦一般海事法救济的特定要求,以及对具体损害赔偿金的规定,它均避而不谈,而是在未来的诉讼中通过下级法院完成。更为严格地评价,法院在不当死亡的统一性方面浪费了很多机会。事实上,法院拥有许多机会和巨大权力来确立它意欲的原则。毕竟,海事法是少数几个在没有冲突联邦立法的情况下仍然被宪法允许适用联邦普通法的领域之一。⑥ 法院作为一般海事法最后的绘图员,有充分的便利通过创造不当死亡救济的方式促成海事法的统一性目标。以至于有论者不无遗憾地说,法院错失了

---

① J. B. Ruhl, *Finding Federalism in the Admiralty*: *The Devil's Own Mess Revisited*, 12 Tul. Mar. L. J. 263(1987).

② Harrisburg,119 U. S. 199,213(1986).

③ 法院认为,"我们承认,确立一般海事法对非正常死亡的救济权利,将确保联邦政策得到统一的维护,消除由于必须将州补救法纳入海事实体概念时带来的紧张和不协调"。See Moragne v. States Marine Lines, Inc. , 398 U. S. 375,402(1970).

④ See Moragne v. States Marine Lines,398 U. S. 409, 1970 AMC 993 (1970).

⑤ See Moragne v. States Marine Lines, Inc. , 398 U. S. 375,403 (1970).

⑥ See Texas Industries, Inc. v. Radcliff Materials, Inc. , 451 U. S. 630, 640 -41 (1981).

这一目标;相反,却采取了一种东拼西凑的方式,这是和联邦主义信念不相符合的。①

四、未竟的统一:海事侵权管辖权变迁评价

在美国建国伊始的帆船时代,由于船岸关系简单,往往以侵权行为发生的地点作为海事拥有管辖权的界限标准。应该说,在其时代背景下,这是符合实际需要的。随着帆船时代进入蒸汽船时代,船岸关系复杂化,导致不合理现象的发生,但由于司法实践受到遵循先例原则的影响,在历史面前保持了一种顺从的态度,导致这种不合理现象很长时间被容忍。一些岸上物对船的损害适用海事司法管辖权,但是船对岸上物体的损害却不然,后者的损害常常由州法来救济。这种以船舶为被告的情况,事实上也不符合船舶快速解决问题的需要,显然违背了海事司法管辖权的统一性原则。纵观海事侵权管辖权的变迁历程,可以看出一种追求统一性的努力。

结合相关司法实践可以看到,在海事侵权管辖权的变迁过程中,严格地点标准发挥了重要的功能。在美国建国伊始,严格地点标准受限于潮汐水域的限制,加上帆船时代海商事活动较为简单,大量和海商事无关的水上实践尚没有出现,不至于对海事侵权管辖权的体系构成挑战。但随着蒸汽机时代的到来和水上活动的复杂化,严格地点标准必然导致大量和海商业无关的活动被纳入海事司法管辖权之中,海事司法管辖权呈现出“不伦不类”的庞杂状态。面对这种情势,法院对既有标准进行了改良。但这种标准化进程是不成功的。正如一名作者所说,与合同管辖权标准化符合统一性原则不同,侵权管辖权标准化和统一性原则没有任何关系。② 在一定意义上,某些侵权管辖权标准的探索并没有使海事司法管辖权向统一性迈进一步。然而,在人身伤亡领域,1970 年最高法院创制一般海事法下的救济,可谓统一性方面的重要进展。

第四节 额外保护的遗泽:海事法人道主义的现代延展

海事法庭是海员的“监护人”,其海事司法管辖权的运行必然在相当程度上

---

① See J. B. Ruhl, *Finding Federalism in the Admiralty: The Devil's Own Mess Revisited*, 12 Tul. Mar. L. J. 263(1987).

② See Austin Tappan Wright, *Uniformity in the Maritime Law of the United States*, 73 U. Pa. L. Rev. 123 (1924 - 1925).

围绕着船员保护展开。海事司法管辖权受案范围的拓展历程其实就是船员权利进一步扩展的过程。纵观百年海事司法管辖权下关于船员保护的变迁，一定程度上和对船员的认知有关，“海事法庭是船员的监护人”①，这一温情话语在英美法海事著作和法院判例中时有呈现。历史上，英美海事法庭给予了船员较有力的保护，同时也应看到，这种保护是以船员不容乐观的现实为背景的。此外，该话语具有浓重的家长主义色彩，事实上把船员等同于孩童，这种所谓的关爱给海员的长远权益造成了负面影响。

在传统海事实践中，船员主要被赋予一般海事法“供养和医疗”的权利、获取工资的权利以及在船舶不适航下获取损害赔偿的权利。但由于共同雇员等原则的限制，许多权利在保护的名义下被剥夺。20 世纪以来，与传统匍匐于家长主义保护之下不同，船员权利意识开始觉醒，相应地在联邦和州之间出现了关于海上从业者的竞争性保护，海事司法管辖权通过《琼斯法案》逐渐拓展了自己的保护领域，权利内容和船员概念呈现扩张趋势。

在海事司法实践中，船员作为海事法的宠儿，也得到了强有力的保护。当然，这种保护是有局限的，置身于船员不堪现实境遇的背景之下。海员所面临的特殊问题及其公正的解决办法是整个海事司法管辖权和海事法发展的重要组成部分。②

一、从庇护到多元：美国海事司法管辖权之于船员保护

（一）美国建国之后船员保护的流变

在英法战争和美国革命时期，船员作为国防替代力量的角色更加凸显。建国国父们基于传统认知和实用主义考虑，在早期历史的基础上将船员保护进一步制度化。谈到船员保护，海事司法管辖权呈现的并不总是积极的姿态，其间也有诸多保守和局限之处。

1. 建国早期船员保护的探索

在美国建国早期，海事司法管辖权主要限于一些公法事件，更多的政策考量在于国际观瞻，在船员保护上主要遵循传统惯例。斯托里法官在哈登诉戈登案

---

① 关于这一点，有很多表述，如“the ward of the admiralty”“guardians of the sea”“the favorite of the law”等。

② See M. E. J. Black, *Admiralty Jurisdiction and the Protection of Seafarers*, 15 Austl. & N. Z. Mar. L. J. 1(2000).

(Harden v. Gordon)中对海事司法管辖权下船员保护的范围进行了有力的开拓。在该案中,斯托里法官用精彩的语言确立了不少原则,其中大部分仍然为今日船员保护的基础。尽管受制于英国先例,仍在巡回法院任职的斯托里法官毫不犹豫地将美国海事司法管辖权扩展到船员保护案件中去。他指出,“除非得到联邦最高法院更为精到的指导,否则我将在法律解释工作中,继续寻求并力图展现海事司法管辖权的真实面貌”。① 本案的第二个创见在于阐明了船员保护所适用的海事实体法,斯托里法官并不拘泥于有限的制定法,还付诸固有公平原则和船舶行业惯例。他指出,“海事法庭在执行其职责时,应当力求遵循一般的正义原则,而不是拘泥于技术上的规则,以更多地建立在普遍公平基础上……”②

斯托里法官没有止于海事司法管辖权船员保护功能的分析,还进一步认识到船东和海事贸易的需要,以及海事实体法与海事习俗相结合的必要性。基于海事法庭是船员的“监护人”的认知,在本案中,斯托里法官偏离英国普通法规则,确认了即便海员在离船时已签署了全部请求已经结清的收据,这一事实也并不妨碍他在今后提出海事索赔。③这进一步凸显了美国海事司法管辖权对船员的保护。此外,在过失认定上,海事司法管辖权也充分体现了对船员的倾斜性保护,在里德诉坎菲尔德案中,斯托里法官指出,“法律的倾向是对(船员)轻微的过失睁一只眼闭一只眼,主要惩罚那些‘严重损害船舶服务’的人”。值得指出的是,这些观点并非只是斯托里法官一时的灵光闪现,而是当时整个海事法官群体经验探索的总结,且对一个世纪后的司法实践发挥了深远的影响。④

2. 建国之后变迁中的船员权利内容

正是在以斯托里为代表的海事法官群体的开拓之下,海事司法管辖权下的船员保护得到稳步发展。美国船员在海事工作者群体中具有独特的优越性地位,⑤

---

① 11 F. Cas. 480 (C. C. D. Me. 1823) (No. 6.047).

② Ibid.

③ See John R. Brown, *Admiralty Judges: Flotsam on the Sea of Maritime Law*, 25 Hous. J. Int'l L. 257(2003).

④ See Warren v. United States, 340 U. S. 523 (1951).

⑤ 在实践中享受着三重保护:一是“供养和医疗”以及航程结束前获得工资的权利;二是基于船舶不适航的损害请求权;三是《琼斯法案》下基于船主过失的救济权利。正是在上述三种权利的润滋之下,海员成为美国法律中最受慷慨对待的人身伤害受害者。See David W. Robertson, Steven F Friedell & Michael F. Sturley, *Admiralty and Maritime Law in the United States*, Carolina Academic Press, 2001, p. 240.

这在联邦最高法院的奥塞拉案(The Osceola)①中得到了充分的阐明。

(1)建国早期对传统船员权利的积极承继

对船员而言,首先最基础的权利是获得"供养和医疗"以及航程结束前获得工资的权利。"供养和医疗"是一项在中世纪海法典中就已经确立的原则。② 在共和国的早年,斯托里法官把该原则视为基于公共政策的选择,将激励雇主"以警惕和忠诚的态度关注海员们的健康"。③ 这项权利基本上是船员受雇的一项隐含条件,船员获得医疗照顾和工资的权利并不取决于他的忠于职守。④ 也正是基于此理由,在涉及"供养和医疗"的案件中,法院并未明确支持共同雇员原则的废除,因为这一责任既然与是否存在过失无关,共同雇员原则也就没有独立存在的价值了。⑤ 船员工资保护一般被认为附属在"供养和医疗"原则之内。美国海事法承继了马里兰殖民地时期的传统,船员关于工资的诉求得到了法院高度的支持。⑥ 该权利甚至被称为"神圣的权利"。⑦ 其次是船员基于船舶不适航的损害请求权。船舶不适航责任作为船员保护的一项重要内容,是海事法中最具争议的部分之一。最初,船舶适航仅是一种为船员提供安全船舶的合同义务,现在已经演变成一种慷慨的庇护。在这种庇护下,不只海员,各种各样的海事工作者都因在船舶内外发生的伤害而获得侵权赔偿。⑧

---

① 189 U. S. 158 (1903).

② See The Osceola, 189 U. S. 158, 169, 2000 AMC 1207, 1210 (1903).

③ See Harden v. Gordon, 11 F. Cas. 480, 483, 2000 AMC 893, 899. 在该案中,斯托里法官显然承继了前代人的偏见和热情,他在历数船员的愚昧和不幸之后,发出呼吁,"法庭应该高度关注可能存在的对船员权利的侵犯,因为他们处于一种不受保护的状态,因为长期漂泊在大海上,缺乏陆上才能有的参谋,他们轻信盲从"。在本案中,斯托里法官面临基于制定法和合同抗辩的海事司法管辖权挑战。斯托里法官面临的第一个问题是法院审理海员申诉的管辖权,因为普通法院也对海员基于合同提出的索赔进行管辖。在英国,海事法院和普通法院之间的纠纷导致了海事法院在许多传统海事问题的权力受到侵蚀。斯托里并不是"去发现普通法管辖的起源",而是用海事法院的权力和渊源来分析这个问题。由于海员条款中规定了海员的治疗权利,这是海员劳动和服务报酬的重要组成部分。在对制定法和合同进行全面分析的基础上,面对船主主张的英国的海事司法管辖权抗辩,斯托里法官毫不犹豫地将海事司法管辖权覆盖到上述案件中去。在偏离普通法规则的情况下,他继续推理道:"海事法庭在履行职责的过程中,需要寻求正义的一般原则,而不是技术规则,从而将更多的原则建立在的衡平基础上。"

④ See The Montezuma, 19 F. 2d 355 (2nd Cir. 1927).

⑤ 当然,共同雇员原则废除的意义并不仅在于此,而主要在于拓展船员权利的范围。

⑥ See The City of Norwich, 279 F. 687(2d Cir. 1922); Myers v. United States, (D. C. N. Y. 1949) 81 F. Supp. 747.

⑦ See The Samuel Little, 221 F. 308(2d Cir. 1915).

⑧ Helion, *Risk Distribution and Seaworthiness*, 75 Yale L. J. 1174(1966).

(2)法院在共同雇员原则废除上的保守

根据英国海事法传统和早期美国一般海事法,除了"供养和医疗"待遇之外,船员不可能获得基于同侪伤害的赔偿。针对船长过失指令所造成的伤害,船舶和船主也不承担责任。① 随着商船事业的进一步发展,为了回应航运界对船舶安全的关心,弥补一般海事法在船员保护方面的不足,制定法被提上了日程。国会在1915年出台了《促进美国商船船员权利法》。② 该法第20条规定,"在任何诉讼中,船员对其在船上或在其服务中受的任何伤害,有权要求赔偿损失的海员,不得被视为共同雇员"。显然该条表达了废除一般海事法上同工主义原则的意愿。然而,法院似乎不以为然,或者有着不一样的解读。在1918年塞伦蒂斯诉吕肯巴赫有限公司案(Chelentis v. Luckenbach S. S. Co.)③中,法院声称,上述条款并没有废除同工主义原则,原告不能从船员或船长的过失伤害中获得赔偿。④ 针对法院对传统原则的固守,国会迅速作出回应,在1920年出台了专门法规,⑤为受同船船员或船长过失伤害的船员专门设置了诉因。⑥

(3)船员救济困境下《琼斯法案》权利的出现

传统船员权利相对于时代发展呈现出滞后性,需要在船员权利领域实现新的拓展,但此时海事司法保守的一面开始显露出来。为了缓解新时代下船员权利的保障困境,《琼斯法案》被制定出来。特别要指出的是,《琼斯法案》不是对传统"供养和医疗"原则的替代,而是在新形势下对其的补充。⑦ 该法专门为海员量身

---

① 针对这一点,布朗法官在The Osceola案中有系统化的阐述:第一,船员患病或者受伤时,只要其尚处于雇佣状态,船舶及其所有人应当承担"供养和医疗"的责任,只要航程继续下去,他有得到报酬的权利;第二,无论是英国还是美国的法律,船员因船舶的不适航导致损害的,船舶及其所有人应当承担赔偿责任;第三,所有的船员(也许除了船长),不能从同船船员的过失伤害中获得超出"维护和治疗"以外的费用;第四,船员不得因船长和同船船员的过失请求赔偿,但在不问过错的情况下享有"供养和医疗"的权利。See The Osceola, 189 U. S. 158, 175 (1903).

② Seaman's Act, Pub. L. No. 63 - 302, ch. 153, 38 Stat. 1164 (1915).

③ 247 U. S. 372 (1918).

④ Ibid. at 384.

⑤ 这就是著名的《琼斯法案》,于1920年2月6日由韦斯利·琼斯参议员提出。其主要内容是:任何在其工作过程中遭受人身伤害的海员,可以选择依据普通法提起损害赔偿诉讼。并获得陪审团审判的权利,享有所有经过修改或扩大适用于铁路员工个人伤害案件的普通法权利或救济;如果该船员死亡,他的个人代表可以依法继续进行此赔偿诉讼,并享有和船员相同的权利;此类案件的管辖权应在被告雇主居住或其主要办公场所所在地法院。

⑥ Act of June 5, 1920, ch. 250, § 33, 41 Stat. 988, 1007 [codified as amended at 46 U. S. C. § 688(a) (Supp. 986)].

⑦ See David A. Schuenke, Seaman within the Jones Act, 42 Marq. L. Rev. 54(1958).

定做。在该法的效力覆盖之下,船员保护征程上的三个路障即共同雇员原则、自我承担风险和共同过失抗辩被一扫而尽。相对于岸上人员,《琼斯法案》给予了船员比较全面的保护,《琼斯法案》不仅将一般海事法赋予的“供养和医疗”待遇立法化,而且规定了比较优厚的损害赔偿标准。以至于在随后的年代里,《琼斯法案》船员地位成为原告们竞相追逐的心仪之物。[①] 律师们努力寻找更有利于他们的关于船舶的定义,以实现获取高额赔偿金的渴望。雇主对《琼斯法案》过失索赔的无限责任,以及对“海员”一词的宽泛解释,[②]鼓励原告追求《琼斯法案》的索赔而不是作为码头工人得到有限的赔偿,以至于大量案件充斥了法院的案卷簿,让本来繁忙的法院更加不堪重负。[③]

(4)联邦和州在船员人身损害保护领域的消长

从根本上说,联邦司法和州之间的冲突缘起于各州企图绕开海事司法管辖权在人身损害赔偿法律方面的适用努力。在早期,各州和联邦法律之间并没有明显的冲突,原因很简单,当时联邦赔偿补救措施还没有出现,这些空白地带在传统的历史中长期保持静默。在人身伤害保护问题上,州法先行一步,这和其自治诉求和核心利益有关。工业革命在世纪之交的全面爆发,劳动力的巨大需求,救济受伤工人的迫切需要,导致传统权利显然不能满足新时代的需求,这促使各州纷纷寻求切实可行的补救办法,因此,各州赔偿法在全国掀起了一股浪潮。各州法案试图扫除“同工主义”和“承担风险”等前工业时代严酷的旧传统,在淡化过失的情况下向受伤的工人提供救济。

随着海事新业态的出现,许多船员置身于法律的保护之外。例如,一大批真正的“码头”工人和那些在船上承担临时工作的人,其中包括因某种原因从事码头工作的职业船员,由于不被认定为“海员”,甚至连供养和医疗待遇也遥不可得。正是在这种救济真空之中,各州试图将州赔偿法适用于上述边界海事案件。应该说,这种救济冲动是有违宪之嫌的,可能对联邦主义理念构成一定挑战,但从

---

① 《琼斯法案》中3倍赔偿的诱惑让海事律师趋之若鹜,他们企图使本来并不清楚的边界更加混乱。See Walter T. Jr. Champion, *A Seasick Blackjack Dealer on a Moored Riverboat Casino Is Not a Seaman under the Jones Act*, 42 N. Ky. L. Rev. 493(2015).

② 《琼斯法案》并没有对其保护对象“船员”进行明确定义。似乎国会认为没有必要对“海员”一词下定义,显然,国会并没有认真考虑问题在将来的复杂性。See Todd M. Powers & Megan C. Ahrens, *Seaman Status in the Wake of Stewart*, A Blurred Distinction between Landand Sea-Based Workers, 6 Loy. Mar. L.J. 71(2008).

③ See Virginia Carothers, *Reexamination of the Robinson Test for Seaman Status*, 56 Miss. L.J. 351(1986).

权利保护的角度来看,又不失为一项泽被弱势群体的人道主义事业。何况联邦主义本来是一个动态的过程,在美国的政治法律生活中,联邦和州之间的利益一直在维持着一种微妙的平衡。其均衡点处在永恒的变动之中。州法的好景不长,其主导损害赔偿的局面很快被詹森案打破,①在该案中,麦克唐纳法官代表最高法院宣称,码头工人不幸发生事故的地点以及其工作都是海事性质的,任何将州法适用于这类案件的企图都是违宪的,理由在于,州法的介入不正当地干扰了海事司法管辖权的统一性。

国会从来都是联邦利益之争的主战场。面对大量突然失去法律救济的弱势群体,国会大多数并没有机械强调海事司法管辖权的统一性,而是充分认识到权利保护优位于统一性的价值。在詹森案驳回州赔偿法适用的企图之后,国会曾两次试图通过立法绕过这一裁决。这些法案企图向海事事故索赔人保留"任何州工人赔偿法规定的权利和救济",②但这并没能软化最高法院在统一性方面的坚定决心,两项法案相继被宣布为违宪。以至于在詹森案通过的十余年间,大部分在水上受伤的边缘"两栖"人得不到任何赔偿救济。这种严酷和极不公平的情况导致詹森案所确立的严格规则产生了一个例外:"海事但地方性"规则。③ 由此可见,海事案件在州法和联邦海事法之中的选择并非基于逻辑,更多是基于一种妥协的政策性考量。

然而,上述例外本身就开始产生激烈的争议。受伤雇员所从事的工作在多大程度上属于当地性质,才不至于影响到海商法的统一性,是一个悬而未决的问题。④ 经过长时间的理论探讨和实践观察,国会痛定思痛,决定建立全国层面的

---

① 有意思的是,打破这种既有利益平衡格局的恰恰不是联邦主义者,而是州权的拥护者。这说明联邦主义和州权的截然二元划分失之于简单,历史是复杂的、非线性的。不过,还是得承认,依然有一种根本的线索贯穿其间。

② 为了换取最高法院的支持,特意将船长和船员排除州相关赔偿法案的覆盖范围之外。

③ 在西部燃料诉加西亚案中,一名码头工人的遗孀提起了不当死亡诉讼,她的丈夫在一艘停泊在旧金山湾的船上卸货时遇难。按照詹森案,原告是无法获得救济的。这显然一定程度上有为州法在权利保护方面的初心。法庭显然不能过分无视这种要求,于是创造了"海事但地方性"规则,赋予了原告以救济。在又一案件中,最高法院裁定,对一艘未完工的船舶进行的作业是"虽属于海上作业,但属于地方作业",因此可以适用州赔偿法,法庭在判决中指出,对于地方性事务,州相关工人赔偿法对一般海事法并没有实质性的损害,一般海事法规则可以由州法适当修改补充。

④ 然而,重要的是,虽然在一个未完成的船上的各种商人被认为具备"海上但当地"的性质,但码头工人并没有逃离詹森案件原则的控制,在一片混沌状态之中,仍有大面积"海上但当地"原则所不能拯救的区域。

法律。[①] 该法提供相较于州法律相对较慷慨的救济。但是,也有重要的例外,如将船长和船员排除在外。追求"制度统一性"的联邦最高法院在上述问题上的保守性,在客观上促成了码头工人救济的转型升级。然而,对于一些船长和船员在从事码头工作时候的性质认定,似乎还没有明确的解决方案。

3. 建国之后船员保护的局限性及其克服

(1)游离的内河船员逐渐纳入海事司法管辖权保护之中

海事法庭对西部内河水域的管辖权延伸,经历了一个漫长曲折的过程。从1851年田纳西酋长案到摩西·泰勒案,都是在这一问题上的曲折探索。最高法院关于这一问题的裁决历史非常有趣。情势如此复杂,传统因素如此根深蒂固,司法立法化的非合宪性指摘是如此地强劲,以至于最高法院在对宪法和国会法案赋予联邦司法机构全部权力作出裁决时总是显得缓慢和犹豫。关于海事司法管辖权向内河水域的扩张,最高法院在海因案[②]指出,从政府的组织到汽船航海时代,这类问题从未在本法庭提出过。这并不奇怪,因为在此之前,内陆水域的贸易规模很小,不太可能出现需要海事法庭协助的案件。但是,随着蒸汽船的使用和财富的发展,航运的大量增加,内河水域开始成为商业的水上高速公路。人们开始意识到设立海事法院的必要性,以及海事原则在解决运输系统中相关争议方面的价值。[③] 田纳西酋长案无疑是联邦司法权的一次重要扩张,在实践中也备受欢迎。据说该案公布以后,涉及西部河流的海事案件迅速增加。[④] 只是偶尔才会有汽船船东表示不满,他们声称海员凭借其"海事法庭被监护人"的身份,拥有了更多不合理起诉他们的手段。俄亥俄州曾试图敦促国会恢复潮汐限制,但从总体上看来,"对国内水域航行感兴趣的专业人士和公众似乎已经欣然接受"。

(2)早期船员保护呈现浓厚的家长主义色彩及其淡化

海事法庭作为船员的"监护人",必然会在相应的司法实践中得以体现。但是身处传统原则的庇佑之下,可以是船员之幸,也可以是船员之桎梏。美国海事法庭法官运用一般海事法,通过法官造法的手段,积极借鉴传统"供养和医疗"原则,为船员船上有效履职提供了保证,但是对于一些船员伤亡案件,却无法得到和陆上一致的赔偿。如对于船员死亡的保护,在一般海事法中就付之阙如。虽然在

---

① Longshoremen's and Harbor Workers Act, 33 U. S. C. Sec. 901 et seq.

② The Hine, 71 U. S. 555 (1866).

③ See The Hine, 2009 A. M. C. 263, 267 – 268(1866).

④ See The Hine v. Trevor, 4 Wall. 555, 566 (U. S. 1867).

船员保护方面有着突出的成绩,但早期联邦海事司法管辖权最核心的关切是统一性的需求,其范围大多涉及公法案件。海事司法管辖权涉及联邦和州利益的平衡,更多的是一个相互妥协的过程,联邦利益和州利益既有目标趋同之处,也有根本分歧。对于联邦来说,保护海商业,促进统一性自然是其最大的利益之所在,对于州来讲,由于其可以适当超脱于国防外交的纷扰责任之外,保护本州公民权益是其最大的利益之所在。从理论上说,公民权利保护和统一性要求并非绝对互斥的对立存在,他们完全可以统一于联邦的疆域之中。这在部分边界人群人身伤亡损害法律实践中表现得尤其明显。

(二)美国海事司法管辖权之于船员保护的价值取向和反思

1. 价值取向:海事法庭是海员的"监护人"

海事法庭是海员的"监护人",这是美国海事法官一贯的信条。在司法案例中,处处可以看到法官对船员的照顾。然而,这种信条背后却潜藏着两种截然不同且对立的认知。

(1)大海上不能自理的野蛮人

成年船员在某种程度上备受海事法庭的"眷顾",看似享受相当的照顾,其实含有被轻视的意味。自遥远的古代,船员便被作为特殊群体和陆上职业区分开来。在中世纪,海洋是诸多作品中的一个重要意象。文艺复兴时期的愚人船传说事实上将陆地和海洋划分为两个世界,其间是文明和野蛮的分野。海上的生活是严酷的,至少在近代之前是如此,各类著作常常描述海上的无法状态,似乎海洋属于野蛮人的领地。① 显然,在这里,船员被视为无法理喻的野蛮人。在人们的真实认知之中,逐水而生的人是"愚人"的形象。这种形象通过文学作品传布开来,不可避免地会产生一种集体认知,在偏见和真实之间营造出一种刻板的船员形象。

斯多威尔侯爵对船员有着苛刻的评价。在其眼中,船员"普遍无知、缺乏教育,在鲁莽和无远见方面臭名昭著,视野狭隘,缺少识见和知识资源,对任何文书

---

① 曾经在港区工作并游历过四海的中世纪诗人乔叟在一首诗中评价水手,"他们的良心不听使唤,如果他敢这样想的话,水就会他送到每一个角落",航行使人面对不确定的命运,在水上,每一次出航都可能是最后一次,任何人不过是这个最自由最开放水域上的囚徒,只能将自己交付给脱离尘世的、不可捉摸的命运。他们经常暴露在海上的危险之中,时常在国外港口身患怪病,劳动强度大并遭受其他与航行有关的危害。See Virginia Carothers, Reexamination of the Robinson Test for Seaman Status, 56 Miss. L. J. 351(1986).

都倾向于不假思索地签署，无论如何都需要保护，即使是针对他们自身”。[①] 在18世纪早期，这一类的论述不绝于耳。英国最伟大的海事法官威廉斯科特用简洁的言辞说道，普通水手简单粗心，多处于文盲状态，缺少深度思考能力，缺少相应的资源和经验保护自己。[②] 美国联邦法院斯托里法官在哈登诉戈登案中宣称：“海事法庭是船员的监护人”，我们从这种似乎充满暖意的措辞之中，能够隐隐窥见一丝轻视的意味。事实上的确如此，在早期的航海史上，出海的并非都是传奇故事里的勇士，更多的是在海中谋食的平常人。在斯托里法官眼中，他们缺乏远见，不像其他职业中的人一样，能很好地照料自己的权利。应该承认，上述评价并非都是偏见，其中含有真实的成分。船员们确实处于一种不公平的环境之中，然而正是这种不公平之下的剥削和欺压，把船员们从本来和陆地上无异的“正常人”转变成为“愚者”。

(2)海商事文明的水上传输者

虽然上述野蛮人话语不无夸张之嫌，但其依然在一定程度上反映出海员在人们心目中的形象，并进一步强化这种认知。需要警惕的是，其可能在事实上遮蔽掉了船员形象中严肃的一面。在上述刻板形象之外，船员还承担着海商业主体的角色。在人类文明的初期，商业航行活动就存在各个水域。在神话和现实之间，腓尼基和迦太基创造了人类文明第一波航海传奇。在特洛伊和亚历山大的年代，开放不羁的海洋气质和锐意进取的商业精神随着语言一起传播到地中海沿岸各地。驻扎在各个港口的雅典领事的活动，可能是人类干预海洋征程早期最引人瞩目的公共实践，在雅典时代，海事法院已经在母体提供的营养之下得以孕育。[③] 早期海员在缺少锚和指南针的条件之下，驾驶着帆船，往返于小亚细亚岛和爱琴海的浩瀚碧波之中，维系了当时盛极一时的商业繁荣。随着海商业的发展，海员在海上经济的地位更加凸显。十六七世纪的航海大发现是人类文明发展的拐点，在很大程度上决定了人类文明的走向，海商事贸易至关重要，各国展开了对海洋的竞争，海员成为一国竞争力的重要体现。作为航运的主要参与者，对他们的保护至关重要。美国建国时期的商业实践基本上是存在于海上的，海洋贸易实为新

---

① The Minerva (1825) 1Hagg 347, 355; 166 ER 123.

② The Julianna, 2 Dod. 504, 509 (HCA1822). See also H. Bourguignon, Sir William Scott, Lord Stowell, *Judge of the High Court of Admiralty*, Cambridge University Press, 1987, p. 71 – 72, 78.

③ 在地中海沿岸的每一个港口，都有一个雅典领事。其职责不仅在于协助本国人在地中海上的商业运作，还负责将亡者的财物送往国内。这也是当下领事制度的最初雏形。See Theodore M. Etting, *Admiralty Jurisdiction in America*, Philadelphia: Rees Welsh & Co., 1879, p. 8.

生共和国的经济命脉,共和国的缔造者们对船员的贡献有深切的认知。可以说,在船员的保护上,传统和现实形成了合力,在肯认其弱势地位的同时,承认海员在海商事贸易中的重要贡献。

事实上,很多情况下船员是文明的使者。我们发现中世纪的水手已经完全遵守了他自己所知晓的海事法,且具有一定程度的忠诚情感。① 虽然《奥列隆惯例集》未必能准确地反映海上生活的现实,但它的确使英国的海洋处于文明的覆盖之下,海员在一定程度上处于守法状态。此外,海员在军事领域的贡献也被频繁提及,斯托里法官就以此作为船员需要重点保护的理由之一。② 随着经济社会的发展,现代船员的生活工作条件已经今非昔比,上述复合形象自然不能再被实践所验证。但船员的相对地位是否改变到足以摆脱海事法的特别监护呢?理论实务界有不同声音,但否定的声音似乎显得更加客观,海事的特殊性质决定了海员依然具有相对陆上的天然弱势,海事法庭依然有必要"偏爱"新时代的船员。美国一直对船员采取倾向性保护政策,正如最高法院所承认的那样,"有证据表明,国会的政策和立法一直把(海员)当作一个受优待的阶层来对待"。③

显然,正是在对船员的上述复杂认知之下,最高法院对船员采取了不同于陆上群体的区分态度,除了诸多照顾性的关怀以外,也有不少"限制自由"的举措,这其实也恰恰说明了早期船员地位的依附性色彩。例如,在 1897 年罗宾逊诉鲍德温案(Robinson v. Baldwin)④中,涉及对无故离船船员的惩罚问题。虽然不无反对意见,最高法院最终判定,和陆上合同不同,对船员的拘禁并没有违反宪法第 13 条修正案关于禁止非法奴役的条款,而是对历史先例的一种有益采纳,是对船主利益的一种保护。

2. 反思:美国海事司法管辖权的关怀方式

(1)法官灵活解释:对传统权利扩大阐释

"海事法庭是船员的监护人",这种理念体现在法院的司法实践之中,就是偏向于船员的解释。在理念的长期浸染下,法官逐渐形成一种自觉:如果在没有适当报酬的情况下对海员施加额外的负担或牺牲,法院有权干预、缓和或废除相关条款。在法官的不无偏向的解释话语下,船员权利保护力度在传统的基础上进一

---

① See Timothy J. Runyan, *The Rolls of Oleron and the Admiralty Court in Fourteenth Century England*, 19 Am. J. Legal Hist. 95(1975).

② See Harden v. Gordon, 11 F. Cas. 480, 483, 2000 AMC 893, 899.

③ Bainbridge v. Merchs' & Miners' Transp. Co., 287 U.S. 278, 282 (1932).

④ 165 U.S. 27,517 S.Ct. 32,641 L.Ed. 715.

步加大。上述做法也得到许多学者的支持。例如,有论者指出,对"抚养和治疗"原则和工资原则宜作宽松的解释,在模棱两可的情况下应采用对船员有利的解释。[①]《琼斯法案》被视为福利性立法,法院一般给予其宽松的解释。[②] 相应地,雇主在船员伤害方面最轻微的过失都足以产生责任问题。[③]

麦克雷诺法官在一个不同意见中认为,"船舶是无法定义的",[④]因此必须采取逐案认定的方式。这种认定方式自然付诸法官对制定法和一般海事法的灵活解释,为了解决适用难题,各级法院在迷惑中寻觅对策。为了将《琼斯法案》赋予船员的有力保护扩大到更多的海上从业者,法院有意识运用各种理论工具,对《琼斯法案》的适用进行扩大解释。在这种理念之下,《琼斯法案》下的船员权利经历了一个逐渐扩张的过程。一般情况下,《琼斯法案》下的船员保护被限制在可航水域之上,一旦船员踏上码头,将自动脱离《琼斯法案》的保护。联邦最高法院在奥唐奈诉大湖疏通码头公司案(O'Donnell v. Great Lakes Dredge & Dock Co.)[⑤]中改变了这个僵化的似乎不可改变的做法,将《琼斯法案》的船员保护延伸到岸上。这种扩张显然是建立在法院对船员的传统权力进行灵活解释的基础之上的。此外,航海技术的革新,蒸汽船的出现,无疑对船员概念的扩张产生了重要影响。在帆船时代,船员主要指代具有航行职责的人,这是认定一个人是否具有船员身份的基础。[⑥] 在蒸汽船时代,需要那些与锅炉、燃料和大量新货物相伴工作的人。[⑦]

(2)因应时代变迁:扩大船员认定范围

随着时代的变迁,大量船岸作业被创造出来,并涌现出重要的新群体。船员在某些情况下也可能承担船岸方面的工作。如何认定船员身份,成为海事司法适用中的新关切。除传统的船员权利得以提升外,一个明显的趋势是船员范

---

① See Richard J. Arsenault & Richard W. Beard, *Recognizing and Developing the Brown Water Seaman's Remedies*,29 Fed. B. News & J. 281(1982).

② See Gypsum Carrier, Inc. vs. Hendelsman, 307 F. 2d 525 (5th Cir. 1965).

③ See Theall vs. Sam Carline, Inc., 241 F. Supp. 748 (D. C. LA, 1963).

④ See Rush v. Casino Magic Corporation, 744 So. 2d 761, 766 (Miss. 1999) (McRae, J. dissenting).

⑤ O'Donnell v. Great Lakes Dredge & Dock Co.,318 U. S. 36 (1942). 在该案中,奥唐纳是一艘运沙船的船员,被命令上岸协助修理一根管子,用于卸料。他在岸上受了伤。法院认为他依然可以在《琼斯法案》下受偿,尽管他是在岸上受伤,但海事司法管辖权不独依赖于发生损害的地点,还对提供服务的性质及其与船舶营运的关系有所考虑。

⑥ See e. g., Black v. The Louisiana, 3 F. Cas. 503 (C. C. D. Pa. 1804) (No. 1,461).

⑦ See Erastus Benedict, The American Admiralty § 241, at 134 (1st ed. 1850).

围的进一步拓宽。船员在近代美国海事法史上是一个流动不居的概念。斯托里法官曾经将“船员”这个词从限制中释放出来,[①]其分析为船员地位打开了大门,在以后的时代里,调酒师、马夫和赶骡人、铜匠、会计员、厨师和管家等逐次获得海员地位。[②] 在《琼斯法案》之前,广为接受的船员概念是由1906年邦德·布鲁克案(The Bound Brook)[③]确立的,在本案中,船员被认为“主要在船上辅助航行的人”。

在1916年布埃纳·文图拉案(Buena Ventura)[④]中,法院将无线话务员拉入了船员的行列,随后,船上的厨师、外科医生、调酒师和修桶匠也纷纷被法院案例确认为船员。司法的拓展是建立在现实需求的基础之上的,如前文所述,各州也对岸基工人的权利保护出台了赔偿法规,联邦最高法院出于统一性的考虑,数次否决州赔偿法规的合宪性。这无疑将很大一部分人置于法律的保护之外。针对这一事实上的不公正,最高法院除了创造“海事但地方性”等例外规则外,还在扩大《琼斯法案》适用上寻找救济办法。明显的利益诱使很多涉海群体纷纷谋求加入船员行列,关于海员地位的司法修补似乎成了一个无尽的事业。[⑤] 80多年的法学论争和立法修补,耗费了无数的司法时间和行业资源,只为了区分哪些人属于《琼斯法案》下的海员,哪些人不是。[⑥]

在1926年国际装卸公司诉哈弗蒂案[⑦]中,联邦最高法院裁定,在一艘船上受伤的装卸工人属于《琼斯法案》规定的“海员”,因此有权得到保护。不久之后,《码头和港口工人赔偿法》的出台似乎为《琼斯法案》的船员接纳关闭了大门。该法严格区分了码头工人和海员。[⑧] 将“船长和班组船员们”(masters and member

---

① See Engerrand & Bale, *Seaman Status Reconsidered*, 24 S. Tex. L. J. ,1983,p. 431 – 34.

② Ibid. ,p. 434 – 35.

③ See The Bound Brook,146 Fed. 160,164 (Mass. 1906).

④ See The Buena Ventura,243 Fed. 797 (Mass. 1916).

⑤ See Steven S. Reilley, *A New Era in Seaman Status Issues*, 10 U. S. F. Mar. L. J. 1(1997).

⑥ See Todd M. Powers & Megan C. Ahrens, *Seaman Status in the Wake of Stewart*, A Blurred Distinction between Landand Sea-Based Workers, 6 Loy. Mar. L. J. 71(2008).

⑦ International Stevedoring Co. v. Haverty, 272 U. S. 50 (1926).

⑧ 这主要基于海员工会的反对,那么海员工会为什么反对呢?其主要依据在于,工会担心,船员并不能总是遵守法案中的某些要求,如果不遵守这些条件,海员将会失去获得一切赔偿的资格,也失去通过法庭获得损害赔偿的机会。See Virginia Carothers, *Reexamination of the Robinson Test for Seaman Status*, 56 Miss. L. J. 351(1986).

of a crew)排除在该法规的适用范围之外。[①] 根据反向定义的方法,即《琼斯法案》的船员保护主要限于"船长和班组船员们",那么"班组船员"(member of a crew)是否和船员同义,成为一个备受争议的问题。但在后续的裁定里,法院认为,在某些情况下,部分情境下的码头工人可被视为海员。

显然法院认为《琼斯法案》和《码头和港口工人赔偿法》并不截然对立,存在同时适用的情况。在上述问题上,由于缺少一个制定法上的定义,其阐释权全部留给了联邦法院,但在清晰性方面显然不尽如人意,[②]以至于奥康纳法官批评法院关于这一问题的判决让人"茫然无措"[③]。尽管如此,船员保护还是实现了巨大的进步,船员们在巨大的混沌之中,看到了更好的希望。扩大对"船员"的内涵界定,将部分港口工人纳入"船员"范畴,这种新发展,也被概括为从对"蓝水海员"的保护,扩大至对"褐水船员"的保护。该趋势适应了船员雇佣方式、工作形式和海上运输业发展的新变化,契合促进海上运输业积极发展的目标。

(3)从地方到中枢:自下而上的试错实验

美国海事司法的一个重要特点在于,强调从实践中汲取经验,并采取地方法院先行先试的方式先行推进。由于海事法实践的试错式应用,理论常常呈现出不一致的情形,可用的补救措施在事实上营造了一个理论迷宫。在扩大船员范围上,相应的标准并不统一。联邦最高法院一直持有审慎观望的态度,大概有35年的时间,法院在这一问题上保持沉默,将问题留给巡回法院来确定。[④] 联邦第五巡回法庭的两重测试标准似乎最为可行,即有证据表明受伤的工人被长期固定地分配到一艘船上;受雇人的履职能力以及其履行的职责,对船舶的功能或者船舶任务有所帮助,或者对船舶的营运有所贡献。[⑤]

针对上述问题,联邦第三巡回法院持有一种更为传统的态度,要求船舶处于

---

① 然而,"seaman"和"member of a crew"是否同义不无疑问。在"斯旺森诉马拉兄弟公司案"(Swanson v. Marra Bros., Inc.)中,法院认为,两者意义相同,国会打算将《琼斯法案》和《码头和港口工人赔偿法》置于一种相互排斥的关系。而在"巴西特案"中,法庭认为,国会故意用"member of the crew"替代"seaman"以换取《码头和港口工人赔偿法》的通过。显然,在这里,国会用"member of a crew"来表示认可法院先前裁定,以防止法院判定违宪的可能性。

② 法庭对水上的装卸工人是否属于《琼斯法案》下的船员,发展出了"主要职责"标准,但这个标准似乎不足以成为标准,而是取决于法院对海员职责的模糊概念。后来该标准被废弃。See David A. Schuenke, *Seaman within the Jones Act*, 42 Marq. L. Rev. 54(1958).

③ McDermott Int'l, Inc. v. Wilander, 498 U.S. 337, 353 (1991).

④ See Jack L. Allbritton & David W. Robertson, *Seaman Status After Chandris*, hw. v. Latsis, 8. 1 U.S.F. MAR. L.J. 9, 39(1995).

⑤ See Offshore Co. v. Robison, 266 F.2d at 779, 1959 AMC at 2062(1959).

航行状态,受雇人与船舶存在某种程度的永久联系、具有协助船舶航行的职责。[①]在1991年西南航海公司诉吉祖尼案(Southwest Marine, Inc. v. Gizoni)中,联邦法院指出,并非所有的港口工人都被纳入《码头和港口工人赔偿法》,仅仅在没有真正的事实原因可以适用于《琼斯法案》的情况下,这种救济才得以适用。由此来看,是《琼斯法案》在二者关系之中处于一种决定者的位置。[②] 这也就意味着,即便相应人员属于《码头和港口工人赔偿法》明文列举的职业范围,法院依然需要确定其是否属于《琼斯法案》船员的范畴。

(4)追求司法衡平:平衡船员和雇主利益

美国海事法对处于弱势地位船员的保护是有力的。如果将之简单理解为一种道德情怀,未免失之轻率,事实上,船员依然要服务于更高层面的需要,海事法依然对其赋予了严格的义务。这在船员无故弃船的情形下最为明显。在1897年罗宾逊诉鲍德温案(Robinson v. Baldwin)[③]中,涉及对无故离船船员的惩罚问题。虽然不无反对意见,最高法院最终判定,和陆上合同不同,对船员的拘禁并没有违反宪法第13条修正案关于禁止非法奴役的条款,而是对历史先例的一种有益采纳,显然是对船主利益的一种保护。此外,对船员的有力保护也带来一定的道德风险,田纳西酋长案无疑是联邦司法权的一次重要扩张,在实践中也备受欢迎。该案公布以后,涉及西部河流的海事案件迅速增加。[④] 从总体上看来,"对国内水域航行感兴趣的专业人士和公众似乎已经欣然接受"。[⑤]

虽然美国对船员保护保持着相当的力度,但也不完全代表着对雇主利益的漠视。事实上,对两者的保护呈现出此消彼长的态势。在1851年立法环境之下,为了加大对船舶投资的支持力度,整个19世纪与20世纪初,法院几乎在每一个案例中都会给予船东责任限制,但是之后,法院开始转向,变得相当敌意。[⑥] 例如,在1954年马里兰意外事故保险公司诉库欣案(Maryland Casualty Co. v. Cushing)[⑦]中,布莱克大法官(Justice Black)指出,在今天,再去扩大责任限制看来不合时宜。1851年立法时的客观环境不再存在,众议院如果想如此的话,最好用公共财政去

① See Griffith v. Wheeling Pittsburgh Steel Corp., 521 F.2d 31, 36, 1975 AMC 2527, 2532 (3d Cir. 1975).

② See Southwest Marine, Inc. v. Gizoni, 112 S. Ct. 486, 491, 1992 AMC 311 (1991).

③ Robinson v. Baldwin, 165 U.S. 275, 17 S.Ct. 32641 L.Ed. 715(1897).

④ See The Hine v. Trevor, 4 Wall. 555, 566 (U.S. 1867).

⑤ The Hine v. Trevor, 4 Wall. 555, 562 (U.S. 1867).

⑥ 参见杨良宜:《海事法》,大连海事大学出版社2000年版,第169页。

⑦ Maryland Casualty Co. v. Cushing, 347 U.S. 409(1954).

实现，而不是去榨取被害人。[①] 自然雇主也不会坐视其利益被侵蚀。在每一次关于船员地位标准的调整，船员利益的保护者和雇主利益辩护者之间都会产生如潮的纷争，同时竞争性新标准随之产生。[②] 在相关的司法实践中，海员有责任减少相应的花费，降低治疗费用，通过接受雇主的安排，获得位于主要海港城市的公立医疗服务，如果海员能证明这些服务不足，则可以拒绝这些服务。但是，如果海员无理拒绝接受公共卫生服务的治疗，他就不能得到养护和治疗的待遇。[③]

（三）船员保护实践对海事司法管辖权标准的影响

在传统惯性力量的推动之下，美国的船员保护进一步调整舵头，主动适应时代发展，从历史上家长主义范式走来，逐渐迈向更加多元化的保护。迄今为止，在海事法律和实践之中，依然存在"海事法庭是船员监护人"的传统关怀。在船员权利扩大的过程中，司法在船员保护上发挥着极其重要的引领作用，通过与立法的相得益彰，将船员保护推向一个新的高度。此外，联邦主义对船员保护实践产生了重大影响，联邦和州关注面不同，州法往往是对相应海上从业人员的保护更为敏感。正是在州权和联邦权的博弈合作之中，联邦层面制定法被制定出来，船员权利得以拓展，船员范围得以扩大，这个扩大的过程，其实正是海事司法管辖权在船员保护领域延伸的过程。

二、衡平救济的纳入：程序合并对海事司法管辖权的影响

（一）1966 年程序合并对海事司法管辖权的影响

1. 海事司法管辖权在新时代的挑战

海事司法管辖权领域的不统一状态给法律适用带来了难题，同时对联邦主义体制构成了挑战。加之其属于小众领域，随之而来的神秘感常常让观察者敬而远之。实践中，逐渐涌现出要求改革海事司法管辖权的声音。雪上加霜的是，有论者提出，废除海事司法管辖权，将其并入联邦问题管辖权之中。[④] 在压力之下，急需相应的改革予以回应。改革是从程序方面发起的。海事司法管辖权在统一性追求下所遭受的最大阻击，或来自海事司法管辖权程序和民事程序的合并，虽然只是程序方面的合并，且通过附则的形式保留了一些特殊程序，但依然对海事法

---

① Maryland Casualty Co. v. Cushing, 347U. S. 409, 437(1954).

② Steven S. Reilley, *A New Era in Seaman Status Issues*, 10 U. S. F. Mar. L. J. 1(1997).

③ See Kossick vs. United Fruit Co., 365 U. S. 731 (1961).

④ See David W. Robertson, *Admiralty Procedure and Jurisdiction after the* 1966 *Unification*, 74 Mich. L. Rev. 1627(1976).

的自体性产生了较大的冲击。有人不无惋惜地评价说,“1966 年 7 月 1 日,随着海事与联邦民事诉讼程序的融合,许多传统——其中有许多在这片土地上已经存在了 300 年的古老传统——被一扫而空”。① 这种评价并不算错,但容易给人误导。事实上,海事司法管辖权所受的冲击并没有想象中严重。

海事司法管辖权的阵地并没有沦陷,其依然在实体上保持着自己的独立品格。一定程度上,管辖权程序统一虽然在某些方面使得海事司法管辖权让渡了独立性,但在某种程度上为实质性海事权利提供了更好的保护,甚至比他们在合并之前所享有的还要好。② 由此可见,这种合并对海事法的影响确实没有想象中大,“诚然,海事诉讼程序的废除造成了一些丰富多彩的海事语言的丧失,但在美国海事法庭过去的实践中,诉讼始终呈现出一种类似衡平法中诉状的形式,从来没有在普通法世界的海事法庭上发挥过另外的作用”。③

2. 程序合并对海事司法管辖权的影响

管辖权程序为什么会合并?其原因并不能全部归结于海事司法管辖权反对者的偏执与成见。在很大程度上,合并诉讼确实能够给海事司法管辖权带来实实在在的好处,通过更加亲近当事人的方式,给海事司法管辖权带来新优势。在具体的层面上,在程序合并之后,州法适用于海事案件的范围将会扩大。此外,无论是在法律、衡平还是在海事上,诉讼迟延成为法庭的不良特性,海事法庭似乎也不例外,这与海事法早年自诩的简洁高效背道而驰,管辖权合并无疑是疗治这些沉疴的猛药。随之而来的是相关诉讼费用的减少。当然上述原因或许有流于表面之嫌,管辖权程序合并有更深刻的原因。

事实上,程序合并的肇因很大程度上在于海事司法管辖权的神秘性的消除。在某种意义上,神秘性的消除造成了海事司法管辖权基础某种程度上的松动,在不少人看来,其专业性似乎并没有看上去那么强,以至于成为构成自体性的重要理由。正如梅因在他的《古代法》中所说,法律拟制几乎是人类法律发展到一定阶段的必然产物。它既满足人们对改进的渴望,而这种渴望并不十分缺乏,同时又不冒犯人们对变化的迷信反感,这种反感总是存在的。但是,随着一个法律体系变得更加完善,法律拟制的发展是通过更加科学的方法进行的,这样,拟制的创

① See F. L. Jr. Wiswall, Admiralty, Procedural Unification in Retrospect and Prospect, 35 Brook. L. Rev. 36, 48(1968).

② Ibid.

③ F. L. Jr. Wiswall, Admiralty, Procedural Unification in Retrospect and Prospect, 35 Brook. L. Rev. 36, 48(1968).

造就停止了，这样的拟制是脚手架，在建筑中很有用，几乎是必要的，但在建筑建成后，建筑的存在只是为了掩盖它。一个主要的反对意见是，它是对称分类的最大障碍。现在就很难知道，究竟应该把实际上起作用的规则划分为真实的还是拟制的。这种对法律拟制的批评特别适用于单独的海事法庭，因为该法庭已被神秘的文字、短语、规则和实践形式所掩盖，任何局外人都无法自信地理解。晦涩的形式在很大程度上遮蔽了其人道主义本质，急需制度层面的除弊。

（二）衡平救济的正式纳入

1. 传统海事司法管辖权中的衡平色彩

海事法在起源过程中，深受欧陆民法的影响，具有民法的一般特征。其在曲折发展的历程中，强烈地感受到了普通法的影响，且无可避免地沾染了衡平法的性质，它以自然正义为基础原则，并依据衡平法的原则行使管辖权。从其自发秩序性质上看，海事法院不是制定法的产物。虽然在某种程度上，美国海事法庭受制于制定法，但其却以一种原始的和普遍的方式存在。海事法庭天生和制定法存有隔膜，如果有人企图将之置于制定法的牢笼之下，那它几乎不可能存在，更不用说生长了。关于海事法庭的衡平性质，相关著作中的一段话具有启发意义，整段照录如下：

> 在某些方面，海事法庭应该被看作充满古怪知识的法庭，它奉行的原则和程序，在大众看来，是不寻常的，深奥的，或难以理解的。它的过程和形式在很多方面不同于美国很熟悉的普通法法庭。作为最显著的特征之一，其在司法管辖权范围内具有衡平法庭的特点。它接受部分履行的诉求，它将其监护者水手们草率签订的合同作废，较少受封印的神圣性牵制。其诉状完全否定了普通法诉状里惯有的繁文缛节，只追求实质性的优点。确实，在形式上别具一格，但更为灵活便民。在合同解释上，它寻求实质正义，并把当事人意图作为争议解决的关键变量。①

2. 程序合并下衡平救济的正式纳入

历史实践充分说明，传统海事司法管辖权具有浓重的衡平色彩，但在很多人的眼中，传统海事司法中的衡平权力是非正式的，是不充足的。直至1966年管辖权程序统一，才成功解决了海事法庭缺乏衡平权力的问题，这是美国法律研究所秉承的立场。针对这一点，有论者认为距离成功尚远，他们指出，研究所在这个问

---

① See Byron K. Elliott & William F. Elliott, *a Treatise on the Law of Evidence*, the Bobbs-Merrill Company, 1904, p. 588.

题上过于乐观,一些合并后的案件表明,需要采取进一步的行动,消除人们对海事法庭能否获得衡平救济的疑虑。①

无论如何,衡平救济在海事司法管辖权中越来越受重视,这在一定程度上有利于海事司法管辖权在实体上的统一性,因为救济手段的短缺在一定程度上造成了海事司法管辖权的保守性。例如,在1875年哈里斯堡案中,法院就拒绝制定(发现)人身伤亡领域中的一般海事法,导致海事司法管辖权统一性的缺位。当然,在海事法院的衡平权力上,并非没有反对声音,部分法院声称海事法院并不具有衡平权力。但如果揆诸事实,很难认同这个权力不曾存在。关于衡平原则应用于海事法庭的最佳例证是,在因疏忽而发生碰撞的情况之下(特别是如果两艘船都有过错的话),海事法院的判决通常会按照衡平原则作出。在这样的案件中,海事法院将根据比例原则将损失分配给责任各方。②

第五节　有进有退的策略:面向公海的海事司法管辖权

海事司法管辖权的扩张在国内和国外两个维度展开,其国内边界对应着各州之间的界线,其国外边界指向主权未定的辽阔海洋。其国内和国外维度并非完全分开,而是有密切的关联的,在制度演进上也相互促进。美国作为一个联邦制国家,其各州的司法主权具有相对独立性。这一特征不仅造就了美国独特的管辖权制度,也使其在实践中虽不对国际民事诉讼和国内民事诉讼的规则予以专门区分,但其管辖权的判断标准和考量因素具备某些国际民事诉讼管辖权的特点。③美国海事司法管辖权在国内层面上整体上呈现一种扩张的态势,在国际层面上,亦保持一种积极的姿态。美国海事司法管辖权的国际实践在革命时期曾经得以凸显,面对大量的捕获案件,海事法庭在是否管辖的问题上不得不在各个海事大国之间周旋。在美国建国之后的和平年代,美国海事司法管辖权在海上又有全新的拓展。

① See Byron K. Elliott & William F. Elliott, *a Treatise on the Law of Evidence*, the Bobbs-Merrill Company, 1904, p. 588.

② Ibid., p. 590 – 591.

③ 参见舒昕:《美国管辖权"效果标准"研究》,中南财经政法大学2017年硕士学位论文,第15页。

一、海事司法管辖权在国际层面的拓展

传统上，领海的范围被划定在三里格①之内，早期时代的美国海事司法管辖权面临的就是这片当然的海域，在领海之外是否有海事司法管辖权的运作空间，在理论上并不清楚。在1804年邱奇诉哈伯特案(Church v. Hubbart)②中，首席大法官马绍尔(Justice Marshall)宣布，一个国家保护自己免受伤害的权力当然可以在领海范围以外的边缘海域行使。③ 在很早时期，美国就对外国船员赋予同国内船员同等的保护，之所以如此，除了海事法庭彻底奉行“海事法庭是船员的监护人”的理念外，还有比较务实的理由。有法官指出，如果不对外国船员进行保护，任由其在其他地方或者母国接受比美国船员相对较低的赔偿，无疑将会减弱美国船员的竞争力，导致船东更青睐于那些在赔偿方面等而下之的外国劳动力。当然，基于不方便法院原则，在船员工资和伤害案件中也有放弃管辖权的可能性，但是总体来讲，外国船员还是被纳入美国海事管辖之下，以获得一体保护。

虽然美国宪法赋予了海事法庭广泛的海事司法管辖权，但在美国建国初期，法官们对该管辖权是否适用于涉及外国人的案件问题存在疑虑。④ 在一个英国船诉法国船的案件中，最高法院在对这一问题的最早审议中阐明了理由，表明了自己的立场：“诉诸权威，并没有关于这一问题的妥当方案，这些疑虑似乎是建立在一般政策的考量之下，意即法院不应该介入一个完全在外国人之间的案件，而不是任何积极的勉为其难。在权衡公众便利方面，那些赞成司法管辖权的人，似乎比反对的人要多，本法庭认为，无论在什么情况下，可能存在任何疑问，只要当事人达成一致，管辖权诉求应该被支持。”⑤

美国海事法院在事实上拥有对公海上发生的以外国人为原告或被告的碰撞

---

① 最早的学说认为武器力量终止之处即陆上权力终止之处。当时大炮射程约一里格，即三海里，因此很多人便认为一国控制的沿岸海的宽度应为三海里，从而提出“三海里规则”。但大炮的射程不断扩大，三海里的主张因而失去其理论根据。学者的意见以及国家的实践，在领海宽度问题上，是很不一致的。

② See Church v. Hubbart, 6 U. S. 187, 2 Cranch, 187 (U. S. 1804).

③ See Edwin D. Dickinson, *Jurisdiction at the Maritime Frontier*, 40 Harv. L. Rev. 1 (1926).

④ See Patricia A. Krebs, *United States Admiralty Jurisdiction over Collisions on the High Seas: Forum Non Conveniens and Substantive Law*, 9 Mar. Law. 43 (1984).

⑤ William Mason v. Ship Blaireau, 6 U. S. (2 Cranch) 240, 264 (1804).

案件的管辖权。[1] 但在具体运用上,法院在个案中依据不方便法院原则进行判断,具体的考量因素涉及当事人的便利程度,也包括公共政策。根据1984年的一篇文章,不方便法院原则在海事法中已经有接近两百年的历史。[2] 在1877年一起发生在公海上双方船主都是外国人的船舶碰撞案件[3]中,法院宣称,海事法庭在某种意义上是一个国际法庭,自从在欧洲初建以来,他们就是审理当事人均是外国人诉讼的合适法庭。[4]

在具体陈述其管辖权理由时,法官并没有付诸精深玄奥的法理,而是直接指出,"基于国家利益考虑,外国人可以使用我们的港口,以维修他们的船只。假如我们不正视他们的诉求,并付诸管辖救济,他们会倾向不在我国港口进行船舶维修。因此,作为公共政策问题,我们的法院不应该拒绝接受这样的诉讼"。由此可见,美国法律强烈的务实精神以及海事法庭的自信。当然,这样的理由还是不够深思熟虑,更深刻的理由必须从海事法的历史传统中寻找。海事法庭自认为是一个国际法庭,肩负输送正义的职责,并认为,对于这种来自不同国籍船舶之间的碰撞案件,只有归属于海事自体法的范畴,才能得到最大的正义。[5]

马歇尔法官曾说过,"相对于篡夺不属于我们的管辖权,我们并无更多的权力放弃应有的管辖权,毫无疑问,两者都构成对宪法的背叛"。[6] 然而,对于管辖权,何谓应有?何谓篡夺?本来边界就不清楚。有影响力的大法官对"背叛宪法"的上纲上线,本来就让法官形成一种谨慎心理,再加上基于心理学上"损失厌恶"理论,法官往往对失去本来属于他们的案件(虽然有时候是假想)有一种强烈的"不舒适感",这种不适感决定了法官往往仅仅在有强烈的不适宜管辖的理由时,才会拒绝对相应案件的管辖权。这决定了法官为了安全,常常遵从法官共同体的整体倾向。事实上,管辖权的适用何谓妥当,和一个时代的整体取向大有关联。

海事司法管辖权拓展作为昭示主权的一种形式,自然在联邦权力拓展的时代中获得更大的正当性。有论者指出,在一些涉及外国人主体的碰撞、救捞案件中,

---

① 事实上,美国早期的碰撞案件并不多,或者说美国海事司法管辖权在海上碰撞事件中并不积极,在美国最早的联邦法庭的海事案件汇编中甚至没有碰撞案件。See Coffey, *Jurisdiction over Foreigners in Admiralty Courts*, 13 Calif. L. Rev., 93(1925).

② See Patricia A. Krebs, *United States Admiralty Jurisdiction over Collisions on the High Seas: Forum Non Conveniens and Substantive Law*, 9 Mar. Law 43(1984).

③ See Thomassen v. Whitwell, 9 Ben. 113(1877).

④ See Thomassen v. Whitwell, 23 F. Cas. 1005(1877).

⑤ See The Belgenland, 114 U. S. 355(1885).

⑥ See Cohens v. Virginia, 6 Wheat. 264, 404(U. S. 1821).

法官“驳回管辖权的百分比很小,维持难以解释合理性的管辖权的比重很大,其根本原因在于,不受控制自由裁量权最容易以这种一刀切的方式解决。一名审判法官有合理的理由相信,如果他审理了案件,在经过实体审理之后,相对于驳回案件,他不太可能因为滥用管辖权被推翻。这就意味着,当有疑问时,他通常会倾向于受理这个案子”①。

最高法院在相关外国船员的案件受理上较少介入,然而依然有少数几个案例可资借鉴,这说明了其管辖权倾向。最早的案例是 1885 年贝尔根兰号轮船(The Belgenland)案,②它涉及不同国籍船只在公海上的碰撞。在本案中,最高法院维持了海事司法管辖权,因为它肯定了本案的特殊性,双方没有共同的国籍,这个案子归属于一般海事法的领域,美国作为中立国,可以公平处置,而不应该拒绝。值得注意的是,最高法院在案件中有些不完全符合事实的论断,例如,“在当事人双方假定存在一个共同法庭的情况下,若当事方之间达成协议只诉诸一个本国法庭,则不应行使管辖权”。③ 然而这些标准在船员工资和伤害案件中并没有被遵循。

在有一方为美国公民的案例中,美国的海事司法管辖权介入似乎更加理所当然。有一些判决明确提出,美国公民有进入美国海事法院的不可剥夺的宪法权利,即使通过条约也不能剥夺这种权利。④ 当然,这是对宪法的误读,但却在事实上拓展了海事司法管辖权的边界。

二、从本国国民保护到一视同仁:海事司法管辖权的实践收缩

不方便法院原则是在实力支配原则的基础上发展起来的,它既有国际礼让的因素,也有实际的政策考量。不方便法院原则在海事法中的变迁一定程度上体现了海事司法管辖权在涉外领域内的消长。在较早时期,美国海事司法管辖权对本国国民给予了倾向性保护,赋予他们接受美国海事法庭管辖的宪法权利。一个美国起诉者要为联邦法院的正常运作而纳税,因此,在一个外国人根本没有要求赔

① Alexander M. Bickel, *Doctrine of Forum Non Conveniens As Applied in the Federal Courts in Matters of Admiralty*(1949 – 1950), Cornell L. Rev. 12, 35:1, p. 33.

② The Belgenland, 114 U. S. 355(1885).

③ See Alexander M. Bickel, *Doctrine of Forum Non Conveniens As Applied in the Federal Courts in Matters of Admiralty*(1949 – 1950)35:1 Cornell L. Rev. 12, p. 35.

④ See The Epsom, 227 Fed. 158(W. D. Wash. 1915); The Neck, 138 Fed. 144(W. D. Wash. 1905); The Falls of Keltie, 114 Fed. 357(D. C. Wash. 1902); Bolden v. Jensen, 70 Fed. 505(D. C. Wash. 1895).

偿权利的情况下,他在某种程度上就有权利以“不过分的不便”进入联邦法院。至少,在其他因素处于平衡状态的情况下,对美国起诉者应该相对有利。① 在1889年丘博诉汉堡美国包装公司案(Chubb v. Hamburg—American Packet Co.)中,法庭高度认可原告的美国公民身份之于海事司法管辖权的重要性,法院认为“仅凭这一点似乎就足以要求法院行使管辖权”。②

直到1950年斯威夫特包装公司诉哥伦比亚运输公司案件,联邦最高法院才第一次开始解相关问题。法庭注意到,不方便法院原则在海事法中适用已久,却没有对一个美国公民被告适用过。对本国公民特殊对待的做法对于美国民族认同或有重要作用,但随着国际交流日益频繁,不免有狭隘之嫌,于是不方便法院原则在海事案件中的适用有增强趋势。在海事法领域,有法庭开始承认,“我们不认为仅仅美国国籍这一事实会在任何情况下被赋予美国海事法院管辖的权利”③,逐渐放弃了本国国民保护的狭隘理念,按照“最适宜法院”的标准将海事司法管辖权案件移交出去。

在涉及外国人的公海碰撞案件中,对于美国海事司法管辖权的介入,还有更激烈的声音。亚历山大·比克尔(Alexander Bickel)认为,对涉及外国人的碰撞诉讼行使管辖权的理由从来就不充分,现在更不充分了。他建议,不方便法院原则在海事法庭中使用了一百五十年之后,需要进行彻底修改,海事司法管辖权需要将这些外国人之间的碰撞案件排除在外。当下,不方便法院原则更加倾向于拒绝管辖权,也和案件的本身情况有关。在早期,案件较少,且缺少成文法规,法院相应的障碍并不多,附加的经济成本有限。今日的情形大为不同,法律关系更为复杂。这也是管辖权退缩的原因之一。

通过以上阐述可以得知,美国海事司法管辖权在二百年历史中呈现扩张的态势,但间有方向的归正。正是在这一进程之中,美国海事法庭受案范围得到了极大地拓展。这一成绩的取得和美国海事法官的努力分不开。海事法官通过一般海事法的运作,“创造”了许多前所未有的案件类型,让海事司法管辖权更加契合海商业发展的要求。卡多佐法官曾经精辟地概括,“法官努力的过程与其说是一个撕裂过程,不如说是一个在静止与缓和而适度的运动之间作出选择的侵蚀过

① See Alexander M. Bickel, *Doctrine of Forum Non Conveniens As Applied in the Federal Courts in Matters of Admiralty*(1949 - 1950)35:1 Cornell L. Rev. 12, p. 45.

② See Chubb v. Hamburg—American Packet Co., 9 F. 431(E. D. N. Y. 1889).

③ States Marine Lines, Inc. v. The Kokei Maru, 180 F. Supp. 257(1959).

程。这儿侵蚀一点,那儿侵蚀一点。我们后来举目四望,看！曾经荒凉的土地已变成良田”。[①] 虽然良田上也是沟壑重重,但用卡多佐的这段话来描述美国海事司法管辖权的变迁过程,并不为过。

---

① 参见[美]本杰明·N. 卡多佐:《法律的成长——法律科学的悖论》,董炯等译,中国法制出版社 2002 年版,第 115、126 页;朱加嘉、范莉:《环境民事公益诉讼裁判结果的扩张性》,载《人民司法》2015 年第 3 期。

第六章　走出迷津：重估海事司法管辖权的价值功能

在整个20世纪，美国海事法领域响起一种要求更理性海事司法管辖权的呼声，对其受案范围的拓展持有更科学的态度。在1933年，莫里森(Morrison)教授指出，鉴于宪法授予条款的广泛授权，其不可能在整体上禁止海事法庭在衡平救济和准合同救济方面的权力，对于同一主题事项，仅仅因为救济方式的不同要求一个原告另行起诉，这是很荒唐的做法。① 吉尔摩和布莱克教授也指出，是否赋予海事司法管辖权应该依据相关的常识和政策。② 当然，笔者也认为，这种规则的模糊性，也并非全然没有好处，这也是制度变迁的动力所在。在执行规则时，规则的模糊性和不同程度的裁量权为行为体提供了空间。③

从最本质的意义上看，海事司法管辖权是为海商业发展服务的，凡是和海商业发展密切相关的案件都应该

---

① See Stanley Morrison, *The Remedial Powers of the Admiralty*, 43 Yale L. J. 1(1933).

② See Grant Gilmore & Charles L. Black, Jr. , The Law of Admiralty § 1－10, at 30(2d ed. 1975).

③ 参见滕白莹、孙晨光等：《制度变迁的诠释路径：建构制度主义V. S. 历史制度主义》，载《国外理论动态》2016年第7期。转引自Stephen Bell, *Do We Really Need a New 'Constructivist Institutionalism' to Explain Institutional Change?* 41 British Journal of Political Science 275(2011)。

被纳入海事司法管辖权之中。鉴于不同类型海事案件之间密切的相互关联性,海事法庭受理的案件类型应该全面,不应该支离破碎。在海事司法管辖权诞生的初期,陆上的君主尊重它自成一体的独立权威。随着民族国家的出现,海事司法管辖权逐渐"主权化",尤其是在无正式海军力量的年代,海事司法管辖权被"掺进杂质",似乎偏离了服务海商事发展的目标。

然而,纵然种种干扰在侧,海事司法管辖权总有自身规律在发挥作用,抗拒着外在的力量,寻找着自己的方向。纵观美国海事司法管辖权的变迁,其拓展主要是在联邦主义的背景之下取得的。美国海事司法管辖权为什么会产生这样的流变?在这种制度变迁之后的力量是什么?权力的博弈不可避免地会干扰海事司法管辖权前进的道路。然而,价值功能作为制度变迁的重要力量,依然决定了海事司法管辖权发展的方向,推动着海事司法管辖权的变革。

第一节　价值取向:海事司法管辖权的自体性追求

海事法庭受理案件范围的拓展不应该是完全技术化的,应该有鲜明的价值取向。在美国海事司法中,其价值取向主要体现为统一性追求及其蕴含的额外保护。从美国海事司法管辖权的变迁历程来看,对统一性的追求和对船员的额外保护是两条脉络鲜明的主线。在西斯特朗克诉圆棒钻探公司案(Sistrunk v. Circle Bar Drilling Co.)①中,联邦第五上诉法庭指出,"法庭的裁决体现了海事司法管辖权的双重目标:实现海事司法管辖权的统一和对海员的额外保护"。结合海事司法管辖权的发展实践可以认为,统一性追求和额外保护取向是一般海事法的双重价值功能。两者在海事司法管辖权发展的大部分时间内相安无事,但随着海商法自体性的消亡,开始呈现一定的冲突,尤其在人身伤亡案件中,体现得尤为明显。

一、海事司法管辖权的统一性追求

作为自体性的核心部分,何为美国海事法中的统一性,一直处于一种未曾严格定义的状态。很多论著将统一性作为一种似乎不证自明的前提,这是很成问题的。至少在莫莱格尼诉美国海运公司案之前,海商法的统一性被认为是一个难以捉摸的目标。足见统一性概念的复杂。然而对于一个概念范畴,只有明确其范

① See Sistrunk v. Circle Bar Drilling Co., 770 F.2d 455, 1986 A.M.C. 2286(1985).

围,才能对其进行下一步讨论。笔者结合美国海事司法管辖权实践认为,关于统一性,不宜从广义上理解,如果将法院在理解适用上的差异认为是反统一性的话,那么统一性注定是一种遥不可及的理想,并没有真正讨论的价值。

因此,宜将统一性定义为,人们基于理性考量所建立的主要配套制度处于一种和谐共存的状态,不存在相互抵触之处,对同一种事实情形,有统一的适用依据和救济手段,和法院在具体个案中作出的判决没有直接关系。传统的统一原则旨在消除将州法纳入海商法时所造成的差异。然而,随着时代的演进,其内涵得到扩充。例如,在美国建国早期,广大的西部并不在海事司法管辖权范围之内,很多相同的事实情形,却因为位置不同分别由联邦海事法和州法处理,就很难实现统一性,于是就有了海事司法管辖权在一般海事法下的扩张。例如,在人身伤亡案件中,相关的救济手段因法而异,惩罚性赔偿金因为诉由不同而取舍不一,这就不能说实现了统一性。这就需要一般海事法通过功能伸缩,来实现海事法的统一性。统一性具有显著的制度价值,如可以带来可预测性,最大限度降低交易成本,并进而促进海商业的发展。有论者指出,海事法在其实体法中表现出对统一性和可预测性理想的热诚。[①] 然而在海事实体法适用上,这种理想一度近在咫尺,一度遥不可及。

可以说,统一性是海事司法管辖权的功能实现形式,是自体性的重要内容;对船员的额外保护是海事司法管辖权的目标追求,是自体性存在的价值基础。长期以来,自体性尤其是统一性是海事法官眼中的美好愿景。海事法天然具有对统一性的内在需求,可以说统一性是海事法的主要特征和最大优势,如果失去了统一性,海事法也就失去了存在的理由。正因如此,在海事法历史上,海事司法管辖权的统一化趋势贯彻始终,而在美国这种强调分权制衡的国家,这种统一的努力显得有点艰辛。长期以来,人们都认为统一性会大大增强海事法的灵验性。[②] 斯托里法官更是道尽了集中海事司法管辖权的好处:“在本性上,海事司法管辖权既关乎外交关系以及邦国臣民的利益,又和国内外海商业利益密切相关,理智呼唤一种不允许退让的集中管辖权,不仅有益于公共安全,更是对海商业的坚定

---

① See Thomas M. DiBiagio, *Fostering Uniform Substantive Law and Recovery—The Demise of Punitive Damages in Admiralty and Maritime Personal Injury and Death Claims*, 25 U. Balt. L. Rev. 1 (1995).

② See Dave Hattem, Alvez v. American Export Lines: *A Reverse Erie Approach to Maritime Cases*, 46 Brook. L. Rev. 321(1980).

支持。”①

海事司法管辖权扩张的过程其实也是一种追求统一性的过程。无论是向西部内水的扩张,还是侵权管辖权标准的变迁,其实都是海事司法实践承受不统一之痛之后,最自然的反应。百年海事司法管辖权扩张的过程,其实就是一种追求统一性的过程。在上述扩张的过程中,自然会损害到州权的利益,如向内河的延伸、向陆基的延伸、人身伤亡案件中的拓展,自然会影响州政策的统一性甚至经济权益。在巨大的经济社会变迁之中,不统一性越发明显,越激发起人们对统一性的追求,但在事实上却堕入联邦主义的罗网之中,以至于完成的只是一种“残缺的统一性”,统一性永远在可望却难及的彼岸。管辖权标准的变迁,看似技术性问题,其背后的动力却不简单,包含着海事法的统一性情结和联邦与州权之间复杂的博弈。应该说,这种统一性的追求是正当的,确实将海事司法管辖权的制度效益推行在更广阔的水域之上。然而,有许多值得反省的地方。

统一性不等于确定性,然而确定性是其价值和意义的重要表征。向前看的进步思维,导致向后看的无意识。要正视联邦主义分权的实际,不应迷信统一性,事实上在宪法制定之初,诉讼者保留条款已经为统一性设置了一个无法绕开的路障。应该适度调整统一性追求,统一性的追求之下,确定性大受影响,得不偿失。应适当让渡统一性,归正方向,回归确定性。在扩张过程中,确定性防线会逐渐失守。显然统一性观念是从海事法的国际性生发而出的。然而和国际情势不同的是,美国作为一个平等各州组成的联盟,还有一个更高的主权存在。这种两元主权的事实,决定了一味追求统一性,可能是一种误区。统一性观念应存在于法官们对海商法的国际主义理解之中。

二、海事司法管辖权的额外保护取向

额外保护诞生在海商法活动的初年,“海事法庭是海员的监护人”的理念曾经深入人心,额外保护取向有一个发展的过程,从最开始付诸自然正义,到后来成为一种法官习惯。“海事法庭是船员的监护”,这句在海商法历史上流传甚广的法谚,并非只是一种理想意义上的纸上愿景,而是具备充分的事实基础。在中世纪的法典中,经常有针对船员群体的倾向性保护。当然,无论这种额外保护存在的历史因缘为何,都不妨碍后世将这种关怀理想化、人道化。值得注意的是,这种额外保护经常以“自然正义和衡平”的名义,在法官的判例中出现,并

① See J. Story, Commentarys on the Constitution § 1672(5th ed. 1891).

逐渐成为一种强势话语,对法官裁判的影响力不可低估。也正是在这种意义上,我们有充分理由将额外保护作为一般海事法的一个重要方面。在大部分时间中,额外保护并不和一般海事法的统一性价值功能相悖,但在一些时候,二者不可避免地会形成价值上的冲突,这随着人身伤亡事故和制定法的出现,表现得尤为明显。

值得注意的是,额外保护常常被误解为一种不可捉摸的主观情感,在法律的领地里有点不伦不类。事实上,“额外”二字,并非仅仅表示一种程度,而是含有比较的意味。在司法实践中,法官常常会将针对船员的额外保护作为一个基准,在对新的海事群体运用时,十分注意不逾越这种关怀的程度,以免造成悖谬的情形。比如,在瓦尔斯特罗姆案(Wahlstrom)①中,地区法院法官指出,“基于海事法统一的必要性,允许赔偿瓦尔斯特罗姆将会导致许多反常之处,因为假如瓦尔斯特罗姆是享受额外保护待遇的海员阶层的一员的话,他反而不能获得赔偿”。正是基于此,原告的诉求被驳回。这反映了地区法官对统一性和船员额外保护的关切。这表明在一般海事法中,额外保护发挥着判案基准的作用。

这对有着形式公正崇拜的现代人来说,有些不可思议。然而其在事实上确实影响着法官的裁判。随着海事司法管辖权下海事群体的扩展,对额外保护“传统意义”的强调,不可避免地会造成权利保障力度的削减。由于不同群体的相应保护机构存在多元化,统一性问题自然不可避免。例如,与制定法管辖的被害人救济相比,惩罚性损害赔偿通常可以在根据一般海事法提起的人身伤害和死亡索赔中获得。② 运用一般海事法扩大受害人的救济范围,这可谓是“额外保护”的体现形式之一,然而其与制定法存在不相一致之处,事实上对海事法的统一性品质构成了损害。③ 后来,海事法院利用这一概念,摆脱了适用于非正常死亡追偿的严酷普通法规则。④

---

① See Wahlstrom v. Kawasaki Heavy Indus. ,4 F. 3d 1084(1993).

② See Thomas M. DiBiagio, *Fostering Uniform Substantive Law and Recovery—The Demise of Punitive Damages in Admiralty and Maritime Personal Injury and Death Claims*, 25 U. Balt. L. Rev. 1 (1995).

③ 在 Miles v. Apex Marine Corp 案中,最高法院排除了运用一般海事法适用惩罚性赔偿金的规定,可以算是牺牲额外保护向统一性的回归。See Thomas M. DiBiagio, *Fostering Uniform Substantive Law and Recovery—The Demise of Punitive Damages in Admiralty and Maritime Personal Injury and Death Claims*,25 U. Balt. L. Rev. 1(1995).

④ See Ugo Colella, *Proper Role of Special Solicitude in the General Maritime Law*,70 Tul. L. Rev. 272(1995 - 1996).

除了船员的额外保护价值关怀取向在某种程度上和统一性追求有所冲突外,船员自身在现代也开始受到质疑,主要因为历史上的船员形象已经不再符合人们当下对船员的认知。有论者指出,船员的形象已经从原来“贫贱无友”群体转变成“待遇优厚、受到高度工会保护”的群体。① 在阿马尔诉美利坚合众国案(Ammar v. United States)中,法官也指出,由于大规模的工会化保护,司法干预以保护海员的必要性已大大降低。② 看上去,这种趋势在一定程度上缓和了船员额外保护与统一性之间的冲突,然而问题的实质有被遮蔽的可能。

三、统一性追求和额外保护之关系

付诸一般海事法的制度实践并综合以上分析不难发现,一般海事法具有统一海事法适用的功能目标。然而,这并非其唯一的目标,其额外保护取向也深具实践意义。正是一般海事法中的额外保护取向,将那些普通法上的严苛规则一扫而尽。其所体现的额外保护,并非在所有的情形下都能与统一性目标相契合,而是具有相当的独立性。一般海事法对弱势群体所体现的额外保护具有深厚的历史基础,其最开始是作为海事司法管辖权的一种比较优势和制度特色,后来逐渐成为海事法官的自觉追求。从这种角度上,我们可以说,这种额外保护是一般海事法的价值目标之一。

然而,虽然承认统一性追求和额外保护取向是一般海事法的两种目标价值,但二者重要程度显然有别。相对来说,统一性有其独立性,其可以独立于一般海事法而存在。而额外保护取向属于一般海事法的自身特征,不能脱离一般海事法而存在。所以说,本书对统一性有更优越的定位,事实上,这也能得到实践的印证。当然,这并非说明,统一性一定占据压倒性的地位,在统一性追求面前,额外保护没有独立价值,而是说,从应然的角度,额外保护应当适度,以满足统一性目标的实现。但是统一性无疑是有底线的,机械的统一性并不符合自然正义的要求,并不具备天然的正当性。

---

① See Tom DeSimone, *Seamen, Not as "Fiendless and Poor" as They Used to Be: Ammar v. United States*, 28 TUL. MAR. L. J. 575(2004).

② See Ammar v. United States, 342 F. 3d 133, 146, 2003 AMC 2451, 2466(2d Cir. 2003).

第二节　现实呈现:美国海事司法管辖权的商业品质与独特性格

在应然的意义上讲,海事司法管辖权天生具有追求统一性的冲动。从实然的层面看,海事司法管辖权存在于诸多约束条件之中。在海事司法管辖权的自体法时代,其制度情境相对单纯,能较好地遵循自发秩序的要求,具有优良的商业品格。自从海事司法管辖权进入国家主义时代以来,贸易保护存在于各个政治实体之间,地方利益也常常绑架政府政策,海事司法管辖权成为维护主权的有力工具。美国海事司法管辖权身处联邦主义的制度情境之下,国会和州在不同程度上对其发展变迁产生重要影响。在这种联邦主义情境的约束和促进之下,美国海事司法管辖权也形成了独特的实践品格,这种实践品格正是其自体法时代商业品格在现时代的体现。

一、作为商业推手的海事司法管辖权

(一)海事司法管辖权的商业品质

根据制度变迁理论,在多数情况下,制度变迁是缓慢的、不易察觉的,变革整个体系十分困难。殖民地长期的海事司法管辖权实践正是如此。但是在革命时代,制度就会出现十分剧烈的变迁,变革时代的海事司法管辖权的变革可见一斑。海事司法管辖权并非止于追求抽象的正义,还有促进海商事发展的现实目标。海事司法管辖权制度主要是调整商业发展,在某种程度上具有经济制度的特征。依据制度变迁的理论,制度变迁包括自下而上的诱致性制度变迁①(也称需求主导型制度变迁)和自上而下的强制性制度变迁(也称供给主导型制度变迁)两个基本类型。② 纵观美国海事司法管辖权的发展历程,该制度应该以前者为主,后者为辅。在一个经验主义为主要意识形态的国度,如此的制度发展路径并不奇怪。在制度变迁中,有诸多影响因素,推动制度变迁的动力之一是参与主体的能动性实践。

---

① 诱致性制度变迁,指的是制度的创新是由一群(个)人,在响应由制度不均衡引致的获得机会时,所自发倡导、组织和实行的制度变迁。诱致性制度变迁的特点有:改革主体来自基层;程序为自下而上;具有边际革命和增量调整性质;在改革成本的分摊上向后推移;在改革的顺序上,先易后难、先试点后推广、从外围向核心突破相结合;改革的路径是渐进的。

② 参见迟全华:《地方治理创新实践的浙江经验》,载《浙江学刊》2011 年第 4 期。

商人集团是美国海事司法管辖权扩张的重要推动者之一。美国建国之时,领有殖民地十三州,这仅是北美新大陆辽阔领土的极小一部分,开拓西部领土成为战略新目标。开掘伊利运河,首次建立了美国东海岸与西部广阔地区的联系,极大提高了货物转运的效率,将运输成本降低至原来的5%左右,进一步推动了整个西部地区的开发。和西部大开发同步,航海技术也实现了新的跨越。汽船航行试验可以追溯到宪法出台之前。① 371 吨的汽船新奥尔良(New Orleans)顺利完成处女航。在1816年,国会的一个委员会报告说,毫无疑问,蒸汽船舶在俄亥俄河和密西西比河的航行已经成功,②这标志着汽船运输时代的真正到来。到1845年,在西部水域上行驶的汽船总吨位已经占据一半左右。不夸张地说,"它(汽船)把人们从巴黎、百老汇或费城带到位于我们河流边最偏远的村庄和小木屋的门口"。③

按照古希腊思想,轮船仍代表了非理性的必然性,它们撇开了用思想表达出来的人类目的观念而推动人类前进。这些带有些许理智成分的力量相互配合在一起,推动着历史前进,其间人类并不明了自己在做什么。④ 这或许就是商业自身的力量。

(二)海事司法管辖权的亲商人性

新时代拉开序幕,疑难问题接踵而至。数万英里的内河水域绵延无边,债务人身在何处,往往是难知之事,汽船上的官员都有不负责任的名声,⑤常常让债权人一筹莫展。债权人的一线希望似乎只有海事法可以赋予,亦即将船舶拟人化,船舶自身可以对债务负责,债权人可以采取对物诉讼的方式获得救济。但传统潮汐原则的限制,使这种救济方式难以获得法律的有力支持。在这个时期,美国东海岸上的船舶航行在潮汐水域之上,在海事司法管辖权的范围之内。该地域的海事管辖优势吸引了诸多船舶慕名而至,让许多来自内河水域的潜在被告们羡慕不已,以至于原来航行于内河水域之上的船舶也千方百计加入其中。这导致水上贸

---

① 关于汽船时代的两项优秀研究可见 J. T. Flexner, Steamboats Coue True(1944), and Hunter, Steamboats on the West Rivers(1949)。

② See Anonymity, *from Judicial Crand to Legislative Power: the Admiralty Clause in the Nineteenth Century*, 67 Harv. L. Rev. 1216 (1954).

③ Ibid.

④ 参见[英]艾尔佛雷德·诺思·怀特海:《观念的历险》,洪伟译,上海译文出版社2013年版,第7~8页。

⑤ See Anonymity, *from Judicial Crand to Legislative Power: the Admiralty Clause in the Nineteenth Century*, 67 Harv. L. Rev. 1216 (1954).

易不断发展壮大的五大湖州的人们抱怨“由于上帝以他的智慧,没有让咸水而是淡水充满这些大湖,没有在湖上兴起一股潮起潮落”而遭受的不公正待遇。①

为了保障债权人的合法权益,沿岸州在没有海事司法管辖权的情形之下,自行采取变通措施,通过法案规定了类似于海事对物诉讼的救济方式。沿岸州法院认为,联邦法院在对物诉讼中的海事司法管辖权并非排他性的。② 这种做法具有权宜性,并不能获得所有州的一致认可,甚至不乏反对声音,导致规定的操作性并不乐观。面对州法院的自行其是,联邦法院感觉应该有所作为。部分联邦地区法院开始在司法管辖权仅限于潮汐水域的传统论点上寻求突破,宾夕法尼亚州、肯塔基州以及弗吉尼亚州法院在这方面进行了积极探索。

二、美国海事司法管辖权的变迁特征

(一)依托判例,融入一般海事法理念

判例传统无疑是英国法的遗产。利用过去行为中所归纳出的智慧结晶,至少能对新生事物进行适当的延伸和比拟。③ 我们已经知道,在 1820 年之前,美国法主要依赖英国的判例。在此之后,情形有了明显转变,美国法院拥有了自己完善的判例系统。海事司法管辖权置身于以普通法为主的司法框架中,也形成了遵循先例的传统。如前文所述,遵循先例在某种程度上是对司法角色的强调,这也从侧面说明了美国法院在海事司法管辖权扩张中的导向性作用。美国海事司法管辖权的限缩和扩张,主要是通过法院的判例实现的,这些判例不时被国会转变成立法。判例主要以一般海事法的形式存在。一般海事法的内容广阔,主要从英国法以及大陆海商法,甚至从本国历史立法中转化而来。丰富的法源有利于填补国会制定法留下的空白,也便于法院在急速变动的社会情势之下,及时地解决新问题。虽然上述说法不无争议,但联邦海事法官在事实上拥有制定一般海事法的权利,这决定了海事司法管辖权发展的过程,同时是不断反对旧权威树立新权威的过程,这种有破有立的策略在一定程度上弥补了制定法僵化性和保守性的不足。

判例虽然成为一般海事法的重要泉源,在很大程度上成为海事法官的有力武器,然而,其复杂性也构成了美国海事法官必须面临的难题。由于先例众多而且

---

① See Anonymity, *from Judicial Crand to Legislative Power: the Admiralty Clause in the Nineteenth Century*, 67 Harv. L. Rev. 1216 (1954).

② 后来这一观点被“摩西·泰勒案”推翻。

③ 参见熊秉元:《正义的成本——当法律遇上经济学》,东方出版社 2014 年版,第 258 页。

它们又不是按照法理逻辑顺序出现的，就连当时最权威的普通法著作，即18世纪英国著名法学家威廉·布莱克斯通的四卷本巨著《英国法释义》，在对普通法进行阐释时，都很难给人一种一目了然的逻辑上的一致性。[①] 由此可见，考虑到当时落后的检索条件，在浩如烟海的案例中寻找法律，是极其艰难之事，联邦主义体制下的权力分散化无疑更是雪上加霜。这也导致了法院主导下海事司法管辖权在运行中的明显的不连贯性。19世纪末，国会逐渐介入海事司法管辖权领域，可以视为对此问题的一种补救。

（二）自下而上：海事司法管辖权变革的独特路径

美国海事司法管辖权变迁呈现自下而上的发展路径，这也是自发秩序在海事司法管辖权运行中的体现形式。在许多案件中，联邦最高法院对各巡回法院在某个议题上的自行其是并非采取弥合争议的态度，而是在很多情形下采取静观其变的方式。这种静默在个别情形下甚至可以达到30年之久。诚如一论者所言，海事司法管辖权首先应在现实合理性和宪法权威性之间取得平衡。[②] 现实合理性必须在实践中去寻找，这种职责自然更适合于距离实践最近的基层法院。比如，宾夕法尼亚州法院在一个涉及萨斯奎哈纳河捕鱼权的案件中，意识到英国的规则完全不适用于这个国家广阔的河流系统，并拒绝了它。[③]

（三）新型案件对海事司法管辖权标准推动效应明显

近年来，航空商务的发展给海事侵权管辖权带来新难题。即便是信服于海事司法管辖权扩张的必要性，在一般人的认识中，航空旅行和飞机也不应该被纳入海事侵权管辖权的范围。正因如此，此类案件是最先破除地点标准迷思的一组案件之一。在1935年美国诉西北航空服务公司（United States v. Northwest Air Service）案中，法院裁定，虽然水上飞机在可航行水域上漂浮时，可能被认定为海事船舶，但它在陆上修理机库并在没有引擎的情况下，不会保持这种地位。[④] 在莱因哈特诉新港飞行服务公司案（Reinhardt v. Newport Flying Service Corp.）[⑤]中，当时担任纽约上诉法院法官的卡多佐法官认定，飞机在海上航行时受海事管

---

① 参见韩铁：《美国宪政民主下的司法与资本主义经济发展》，上海三联书店2009年版，第97页。

② See William W. Adams, *Constitutional History—Development of Admiralty Jurisdiction in the United States, 1789 – 1857*, 8 W. New Eng. L. Rev. 157 (1986).

③ See Carson v. Blazer, 2 Binn. 475 (Pa. 1810).

④ See United States v. Northwest Air Service, Inc., 80 F. 2d 804 (9th Cir. 1935).

⑤ See Reinhardt v. Newport Flying Service Corp., 18 A. L. R. 1324 (1921).

辖。在该判例中,卡多佐首先指出,"船"一词的含义很广,包括木筏、挖土机、挖泥船、临时沉没的钻井船。

此外,游艇的出现并兴盛也给海事司法管辖权带来了挑战。在西森诉鲁比(Sisson v. Ruby)案中[①],法院认为,联邦海事法庭对游艇停靠码头时,由于游艇上的洗衣机、烘干机有缺陷而引起的火灾,烧毁了游艇、停靠在附近的其他船只以及游艇码头,所引起的侵权索赔具有管辖权。这些新案件能在海事司法管辖权的领域中占据一席之地,是传统海事司法实践所不曾遇见的。然而,这并不代表在历史中找不到其应该存在的理由。诚如一个作者在评价游船时所说,或许,历史而非逻辑可以更好地解释海事司法管辖权应用到内河游船之上的现实。[②] 事实上,游艇这类新事物是否纳入海事司法管辖权,往往和海事司法管辖权的历史定位及其现代延伸度相关。

(四)海事司法管辖权扩张中"效果标准"的运用

纵观美国海事司法管辖权的发展过程,可以说主要采取了"效果标准",亦即是否对海商事活动带来正向促进作用,这也符合海事司法管辖权建立的宗旨,亦即是否能够促进海商事的发展。美国法院对案件的事项管辖权并非自然获得,而是由国会负责决定,所以"效果标准"能否成为法院拥有事项管辖权的依据,以及其与立法管辖权的关系在实践中都经常引发争议。[③] 但上述争议中的否定观点是站在共时性的视角之上的,并没有看到事项管辖权在历时性下的巨大拓展,海事司法管辖权在实践中正是依据"效果标准"实现其"效果促成手段"的拓展。

事实上,即便在著名的詹森案中,麦克唐纳貌似不合时宜的决定,也有现实层面的考虑,在某种程度上,我们也不妨将之视作"效果标准"的运用。如果不否定案中所在州工人赔偿条例对一般海事法的侵蚀,其他州也会纷纷效尤。其后果将是破坏宪法旨在建立的海事法的统一性,国际和州际之间的航行自由将受到严重的阻碍,尤为严重的是,这将对商业造成比华盛顿法令所能造成的损害更严重的

---

① See Sisson v. Ruby, 497 U. S. 358, 110 S. Ct. 2892, 111 L. Ed. 2d 292(1990).

② William P. Cronan, *Torts on Inland Waters—Admiralty Jurisdiction*, 39 Mo. L. Rev. 28(1974).

③ 由于美国是联邦制国家,在当今国际民事诉讼实践中,效果标准已被多个国家和国际组织的实践和立法不同程度采纳,将其作为确定特定类型案件管辖权的依据。美国学者认为"事项管辖权"范围(管辖权限的范围)是一个国内法的问题,只能由国内法予以界定,国际法只对其设定一个外部边界,超过该边界的部分不为国际法所允许。因此,事项管辖权问题事实上是解决原告是否得以在特定法院起诉的问题,而作出判断的依据是其提请法院裁判的诉讼请求的类型而非该诉讼请求的实质。参见舒昕:《美国管辖权"效果标准"研究》,中南财经政法大学 2017 年硕士学位论文,第 9 页。

损害,该法令授权一名材料商以留置权,在司法实践中遭到了批评。[①] 然而,这一补救措施与国会鼓励对船舶投资的政策不一致,这在 1851 年法案[②]中得到了体现。[③]

第三节　实践反思:联邦主义下海事司法管辖权的得与失

吉尔摩和布莱克在其著作中认为,正如联邦法庭和州法庭在某些海事案件中存在管辖权冲突一样,在联邦海事法和州制定法以及普通法之间也存在不少问题,海事案件中的联邦和州的冲突事实上是联邦主义的一个子问题。[④] 虽然国家在船舶行业上存在整体利益,但各州在类似问题上依然表达着自己的关切。联邦主义分为横向联邦主义和纵向联邦主义,横向联邦主义,指的是国会和司法之间制衡的关系;纵向联邦主义,指的是联邦和州之间配合与制衡的关系。海事法置于纵向和横向两种关系之中。当然,纵向联邦主义是海事司法管辖权冲突的主要方面。

一、美国海事司法管辖权实践中的失措及呈现

在联邦主义的约束条件之下,统一性必然会有自己独特的形态。统一性不必然是大一统,值得追求的统一性应该是在约束条件下的统一性。斯托里法官曾经在他早期的著作中表明,尽管他渴望海事法是统一的,但意识到,“指望未来存在比过去更大的统一性几乎是不可能的”[⑤]。

(一)统一性话语:流变及局限

1.统一性话语的历史流变

在海商法的初生时期,其主要的依据是通行海上的海洋惯例,这种自发秩序的实现较少受到君王法律的干预,其统一性品质不言而喻。随着民族主义国家的

① See Roanoke River Basin Ass'n v. Hudson, 991 F. 2d 132(1993).

② 9 Stat. at L. 635, chap. 43 and 1884 Rev. Stat. 4283 - 4285, Comp. Stat. 1916, § § 8021 - 8023; § 18, Act of June 26, 1884, 23 Stat. at L. 57, chap. 121, Comp. Stat. 1916, § 8028.

③ See Southern Pac. Co. v. Jensen, 244 U. S. 205(1917).

④ See G. Gilmore & C. Black, *the Law of Admiralty*, (2d. ed. 1975) SS1 - 17, at 47 - 48.

⑤ See Story, *Address Delivered Before the Suffolk Bar*, 1821 in Miscellaneous Writings, 1835, p. 405, 417.

兴起,海事领域逐渐出现国家层面的立法,统一性受到削弱,然而在一国主权之内,海事法的统一性通常是追求的目标。不可否认,统一性是海事法得以在新生共和国联邦层面推行的重要原因。在美国建国之初,管辖权的设置更多地着眼于对外关系上,各个州分别发声,自然更容易引发外交纠纷。一个声音对外,相关的矛盾冲突更加可控。当然,海事法的统一也可以保障一国航海贸易的竞争力,可预期性才能提高各国商业参与的信心。在美国宪法海事条款中,事实上隐含了统一性的要求,主要是体现在两个方面:首先,州在国会对相关事项不存在立法时享有有限制的立法权,亦即所谓的默示先占制度,也曾被叫作休眠的(Dormant)海事条款;其次,国会不得授权各州关于海事事项的立法权。

早期的海事法官博采众长,他们从大陆法、英国法汲取审判资源,不论古今。地区法院间的不同由上诉法院予以纠正,通过上诉的方式确保了统一性。然而,其中也隐含了不统一的趋势。其中一个不统一方面在于海事法庭对州法关于本港船舶留置权法律的适用。另外一个影响海事管辖统一的情况在于,难以确定联邦和州之间的管辖权界限。这种情况在侵权管辖权案件中清晰可见,在某地是否拥有管辖权问题上似乎至今没有发现一个深思熟虑的决断,随着州法的发展,这种情形更有复杂化的倾向。① 在面对统一性问题时,需要追问,统一性是一个现实的目标吗?如果答案是肯定的,那么随着时代的发展,在独特的海事法程序已经逐渐并入普通法、国际法和联邦法已经不再是主要来源的当下,统一性可能实现吗?

2. 统一性话语的局限

统一性有其限度。海事司法管辖权的自体性不是一个静态的目标,从其历史来看,其是一个流动的概念。在不同的时代,不同的约束条件之下,其最佳的呈现形式也不相同,意即自体性不应该作为一个颠扑不破的价值预设。有论者指出不惜一切代价保持统一性论调的武断本质②——每一种情况都应该根据其自身的特点来评估。我们知道,海事法的统一性遵循着自下向上的路径,斯托里法官许多影响力极大的判例就是在巡回法院任上完成的。最高法院在相关先例的制造上,采取了谨慎的态度,在某些议题上,常常是静候巡回法院的实践,有时候竟然

① See Austin Tappan Wright, *Uniformity in the Maritime Law of the United States*, 73 U. Pa. L. Rev. 223(1924 – 1925).

② See Thomas M. DiBiagio, *Fostering Uniform Substantive Law and Recovery—The Demise of Punitive Damages in Admiralty and Maritime Personal Injury and Death Claims*, 25 U. Balt. L. Rev. 1 (1995).

等候长达数年之久。跨巡回法院先例的缺乏,无疑不能为海事法提供一个通行全国的统一的解释,[①]这极大地影响统一性的实现。联邦主义注重联邦和州力量的平衡,一个有效的联邦主义必然给予州权特定的空间,然而州在某种程度上是统一性的敌人。诉讼者权利保留条款将州拉入海事的博弈场域之中,必然会对统一性造成负面影响。除了与国会立法权的冲突外,联邦主义下的形格势禁也在制定统一的一般海事法方面表现出内在的冲突。

海事法似乎天生具备统一性的品质,然而这并不是其唯一的不可超越的价值。美国海事法一直不曾自外于联邦和州权的博弈场域,联邦主义也要求这种统一性品质保持在一种克制的程度。同样在詹森案中,我们可以看到对这种统一性态度的反对声音。法兰克福特法官在科西克诉联合水果公司(Kossick v. United Fruit Co.)案[②]中说,在法院的历史上,没有任何一项决定比詹森案的决定在法律的某一特定领域内引起更持久的不满和不和谐。其悲剧之源在于对宪法针对海事案件所设立的略显松散的一致性原则不加批判地运用。法兰克福特法官不无责备地说,一项法律原则越是松散,司法就越有责任以明确具体的方式加以适用。公平地说,詹森案并没有确立一项受欢迎的法律原则,以至于其裁判原则事实上在后期的案例中被限制适用。

当然,法兰克福法官的不满并不能阻止最高法院像以往一样依赖詹森案,重新激活这一"不幸的决定"。[③] 事实上,首倡"统一性"概念的詹森案也并非在机械意义上主张这种统一性,如在死亡案件中原告根据州实体法获得补偿的权利并不被这种统一性诉求所冒犯。[④] 管辖权的统一纵然有种种好处,但在所有案件中都适应司法官员主导的联邦普通法也将导致对州权的侵犯,而且在许多人看来,是对联邦主义基本概念的背叛。此外,实行完全的统一往往会造成不公正,在许多情况下,局部环境的变化需要不同的规则。最后,海事案件上的统一常常必须以在一个管辖范围内海事案件的地方性或国家性分类处置为要件。[⑤]

---

① See Amanda Frost, *Overvaluing Uniformity*, 94 Va. L. Rev. 1567(2008). 值得注意的是,本书所讲的统一性,显然不是要求法院判决的前后一致,法院解释的前后不同诚然不一定关系到管辖权统一性问题,但某些案例,却涉及管辖权的边界问题,间接造成了不统一的现实。

② See Kossick v. United Fruit Co. 365 U. S. 731(1961).

③ Ibid.

④ See Hess v. U. S. ,361 U. S. 314(1960).

⑤ See David P. Currie, *Federalism and the Admiralty: The Devil's Own Mess*, 1960 Sup. Ct. Rev. 158(1960).

(二)统一性失落:实践及检讨

1.统一性失落之实践

统一性失落的症候随处可见。例如,面对普通法不赋予属于州所有港口内船舶以留置权,一般海事法无所作为,导致州制定法纷纷创制留置权,这种权利最早在联邦海事法庭得到适用,然而联邦法院否定了州法在海事法庭适应的合宪性,导致这些权利的诉求者转移到州法院。显然这更难谓符合统一性的要求。统一性失落在海事救济方面也有表现。例如,在船员工资案件中,有些法庭判例竟然将供养和医疗费用扩充到"小费"和加班费项目上去,这显然是在额外保护取向下的激进做法,这在很大程度上损害了统一性。在海事人身伤亡案件中,最高法院拒绝在哈里斯堡案中创造一个一般海事法案由,导致将近百年的时间之内,在这一领域出现联邦制定法和州相争雄的状态,极大地损害了统一性,这一问题直到1970年才得以解决。

从保险合同长期游离于海事司法管辖权之外的事实也可以窥见海事司法管辖权失落的统一性。在威尔伯恩船舶案(Wilburn Boat)中,法院曾指出实践中的弊端,意即任何试图统一海上保险的司法努力只能零碎地通过个案的方式完成,这个解决方案将使海事保险行业基本上不受监管,到最高法院全面介入海上保险为止,这完全是州的职责。① 该案的反对意见指出,州权力可以在补充海事法规则的情况下行使,不得在可能损害任何必要的或理想的一致性的情况下执行。法院裁决的案件清楚地表明,州立法用各种各样的法律规则给海上贸易增加负担,将破坏这种统一性。② 异议者主张美国的海上保险法应该与英国法律保持一致,③并声称,"从我们最早的时代起,适用英国法的预设就一直被用作推理的基础"。④ 显然,在他们眼中,统一性应该被视为美国海事法律制度的基石。

2.统一性失落之检讨

(1)并行管辖权下的法院选择

统一性的迷失和当事人的法院选择有关。以至于有作者认为,可以将人身伤亡的案件划归州法院专属管辖,联邦法院扩大专属管辖的范围(不止于对物诉讼),并指出,"关于统一性的一般性问题,只要坚持上述专属管辖权的排他性分

① See Wilburn Boat,348 U.S.310(1954).

② Ibid.

③ Ibid.

④ Ibid.

配，至少能够消除原告在选择其法庭时所享有的战术优势”，[①]从而促进海事法的统一性。以《琼斯法案》为例，其规定了基于过失的诉讼因由。而船舶不适航责任是在一般海事法下的行动。他们常常处于不同的管辖权之下。但在实践之中，由于疏忽和未能提供适航船舶往往只不过是对同一种不法行为的不同称呼，对这两种行为所给予的不同管辖权的处理，非常清楚地显示出海事管辖大厦建造的随意性。[②] 这种人为的随意性虽有其历史必然性，但显然也是海事司法管辖权统一之路的障碍。

并行海事司法管辖权下，常常出现海事司法管辖权和普通法管辖权的趋同现象。这是正常的，同一个法院、同一个法官在很大程度上可能造成海事司法管辖权独特性消失的现象，并进而造成海事司法管辖权的适用依据泛州法化的现象。其结果必然会对受案范围产生影响，长此以往，会在一定程度上挤压专属于海事司法管辖权的特殊救济内容。

(2)额外保护取向的失落

在海事司法管辖权的早期，额外保护取向和统一性追求大致处于一个和谐的位置，因为在制定法很少介入海事司法管辖权的拓展实践的情况下，以上两个目标在很大程度上由司法来促成。遗憾的是，一般海事法在额外保护的施与上并非坚定。随着制定法的出现，如州赔偿法规的出现，其在价值目标上出现了背反的现象，这必然带来相关冲突。后期立法的大量涌现，在相关价值考量上，往往会考虑平衡各方的利益。在这种情势之下，一般海事法在额外保护取向上需要采取一种紧跟制定法的态度，以在更大程度上促成统一性的实现。然而，在工业时代，最高法院在哈里斯堡案中拒绝创造海上人身伤亡的诉由，将大部分案件交给州赔偿法规完成，并在詹森案中拒绝了州法在相关领域的适用，在追求统一性上发出了最强的声音，然而其额外保护却付之阙如，导致大量工人深陷无法获得救济的困境之中。

在 1970 年，最高法院建立了统一的一般海事法诉由，人身伤亡领域的救济趋向统一，额外保护取向也在相当程度上得以展现，极大地促进了海上群体的权利实现。但这种趋向引发的不一致也导致最高法院采取新的行动，以保障统一性的

---

① See Charles L. Jr. Black, *Admiralty Jurisdiction: Critique and Suggestions*, 50 Colum. L. Rev. 259 (1950).

② Ibid.

实现,迈尔斯诉顶点海洋公司案就是著例。在沃克诉布拉斯案(Walker v. Braus)①中,法庭指出,迈尔斯诉顶点海洋公司案代表了一种原则上的转变,意即从广义的"额外保护"转向狭义的关怀。相对于提供"额外保护",最高法院表示,海商法的统一性要求根据一般海事法提起诉讼的人不得比根据《公海死亡法》或《琼斯法案》提起诉讼的人得到更多的"关怀"。② 这说明,随着时代的演变,制定法已经成为一般海事法的政策参照,其独立的"额外保护"取向已经受到限制。当然这不代表不存在额外保护,只是这种额外保护开始由联邦海事制定法承担。在一些案件中,法官对相关的悖谬有清醒的认识,但仍不免作出无视额外保护取向的判决。例如,在纽豪斯诉美利坚合众国案(Newhouse v. United States)案中,法官认识到,"这样的判决将导致一个反常的结果,即海员——那些通常在海事法下享有最大保护的人,得到的保护程度将低于非海员"③。

(3)联邦主义的负面制约

本书第三章已经对联邦主义对海事司法管辖权的促进和制约进行了全面的阐述。可以说,在统一性问题上,联邦主义并非完全的反对者。根据某些学者观点,联邦主义未必一定有损于统一性。在联邦主义之下,利益呈现多元化的态势,统一性无疑成为一个突出的问题,但历史上一般海事法和州法之间的博弈已经充分说明了,一般海事法所追求的统一性在一定程度上是备受质疑的,例如,霍姆斯法官就是州法适用于海事领域的支持者,他不认为存在一般海事法,即便存在这么一种东西,也不过是"主权者的声音"。

对于横向联邦主义,其对海事司法管辖权统一性的促进和制约是明显的,但纵向联邦主义对海事司法管辖权的具体影响,涉及统一性概念的理解问题。作为坚持纵向联邦主义一极的州,在一般的意义上无疑是反对统一性的力量,其如果说对统一性有所贡献,常常也是不得已的客观结果,而非州权派的本意。所以说,各州构成统一性的一大妨碍力量,是联邦主义的应有之义。也就是说,美国海事司法管辖权获得的必然是一种"有限的统一性"。

(4)遵循先例原则的迷途

美国海事法置身于普通法的先例体系之内,这也是一般海事法最直观的呈现

① See Walker v. Braus, 861 F. Supp. 527 (E. D. La. 1994).

② See Walker v. Braus, 861 F. Supp. 533 (E. D. La. 1994).

③ See Newhouse v. United States, 844 F. Supp. 1393 – 94 (D. Nev. 1994).

形式。法院不应轻易推翻过去的裁决,这一原则基于非常重要的考虑。[①] 遵循先例原则有很多可取之处:首先,法律为个人的行为提供了明确的指导,使他们能够有把握地规划自己的事务,以防不测;其次,通过消除在每一案件中重新诉讼的必要性,促进公正和迅速地裁决;最后,保持公众对司法机构的信心的必要性,这种信心是客观和理性判断的源泉。[②] 毫无疑问,在单一司法体系之下,遵循先例有利于促进统一性。然而,在更多时候,由于不能及时把握时势变化,将造成僵化的统一性,甚至制造出紧张和冲突,事实上构成了对统一性的损害。这种情形在美国多元司法体系下更为突出。

诚然,遵循先例原则在某种意义上有益于统一性,然而,对先例的迷信常常会妨碍海事法庭受案范围的良性发展,进而对跨区域法的海事法统一性造成损害。布兰德利法官曾经在洛塔瓦纳案中认为,当新的情势发生在海事法和海事司法管辖权上时,对问题更理性的审视迫切需要一个相反的判决,以确保整个系统的和谐一致。法庭在没有不良后果的情况下,可能倾向于适用一般海事法,但是最终常常没有这么做,他们最终还是选择了已经被整个共同体接受的先例。[③] 由于先例往往集结了几代人的影响,使法官难以抗拒,一般海事法的变革作用也往往成为保守力量,其效用被大大削弱。于是,从大陆法的意义上看,司法关闭了通往国际统一性的大门。由此可见,先例造成的后果十分突出,哈里斯堡案就是突出的例证。

当然,面对先例带来的困扰,各方也并非毫无作为。早在 1834 年,美国联邦最高法院在一项判决中否认联邦普通法的存在,只承认州法院的判决先例才是普通法。[④] 作为更进一步的应对之策,美国的法律改革者开始了法典化的尝试。只是,在 19 世纪的美国,法典化的成效并不乐观。由于较少历史的负担,在法典化的行动方面,西部州相对于东部州更为热切。遗憾的是,当这些对制定法抱以厚望的西部州完成了自己的立法大业之后,却发现自己的法官还是按照普通法的习惯和偏见来对待法典化的法律,与没有法典化的州别无二致。[⑤] 在一定程度上可以认为,直至 19 世纪末期,菲尔德的法典化运动并没有达到预期的成效,支配美

① See Moragne v. States Marine Lines, Inc. ,398 U. S. 375,404(1970).

② Ibid.

③ See Lottawanna,88 U. S. 558,21 Wall. 588,571(1874).

④ 参见韩铁:《美国宪政民主下的司法与资本主义经济发展》,上海三联书店 2009 年版,第 97 页。

⑤ 同上。

国联邦和各州的依然是普通法。[①] 大情势如此,海事法亦不应例外。

法典化运动没有将法官们从混沌和无序中拯救出来,先例造成的问题仍在延续。19 世纪末大部分司法裁决的特征表现为"形式主义"的推理方式。这种推理方式过分依赖从先例推导出来的规则,没有充分注意规则的政策含义,这可能解释了在哈里斯堡案中法官怯于创新的缘由,他们在形式主义推理方式的裹挟之下,面对先例顶礼膜拜,从而使哈里斯堡案成为海事司法管辖权历史上最臭名昭著的案例之一。

二、美国海事司法管辖权变迁中的缺憾

(一)美国海事司法管辖权扩张无序之症结

1. 管辖权界定标准愈加抽象化

美国海事司法管辖权的流变深受现实主义的影响,现实主义者以"功能方法"论道,虽然其承认"功能主义"方法缺乏任何分析上的综合性,但其主张只有当人们认识到法律问题永远是多样的、复杂的、变动不居时,成熟和智慧才会随之而来。[②] 但和现实主义的自信稍显违和的是,管辖权界定标准呈现出抽象化趋势。管辖权标准的界定应该有一定的标准,其应该在整体上有利于海事法统一性目标的实现。然而,在法院判例实践中,却发现在很大程度上背离了上述目标。可以说,大量冲突着的案例,共同存在于海事司法管辖权的框架之中。

美国海事司法管辖权对统一性的价值追求十分明确。但在此过程中,管辖权范围界定标准呈现抽象化的趋势。管辖权标准的界定应该有一定的标准,其应该在整体上有利于海事法统一性目标的实现。然而,在法院判例实践中,却发现管辖权界定标准在很大程度上背离了上述目标。可以说,大量冲突着的案例,共同存在于海事司法管辖权的框架之中。缘何出现这样的情况?首先,在于标准的抽象性让下级法院无从遵循,通过相关合同和侵权管辖权相关测试标准的分析,我们可以感觉到,相关的标准呈现一种抽象化的趋势,这种抽象化在一定程度上影响海事法的确定性。其次,也和最高法院受案量少,各巡回法院各行其是的判决缺乏统一的修正有关。诚然标准的抽象性在事实上体现出灵活性的特点,更有利于为制度变迁提供空间。然而,当抽象性达到一种不具备操作性的程度,那无疑

---

① See Lawrence M. Friedman, *A History of American Law*, Touchstone, 2005, p. 391 - 411.

② 参见[美] G. 爱德华·怀特:《美国侵权行为法——一部知识史》,王晓明、李宇译,北京大学出版社 2014 年版,第 139 页。

需要认真检讨了。

2. 联邦主义之下统一性的失序

在联邦主义制度下,联邦和州并没有形成良好的互动,其博弈并没有获得最佳的均衡。以人身伤亡案件为例,在州法纷纷出台人身伤亡救济之时,联邦层面的行动却乏善可陈,保守的风气席卷最高法院,以至于在哈里斯堡案中,法官拒绝创新,在英国先例的裹挟之下"不得不"继续在统一性议题上保持沉默。司法早期主导、立法后来居上的演进脉络与美国法律发展的整体趋势是一致的,且契合普通法和大陆法融合的发展形势。在海事司法管辖权的流变过程中,司法无疑占据着先行先试者的角色。宪法规定了海事司法管辖权,然而对其范围却未置一辞,而是将此阐释权在事实上留给了最高法院。针对最高法院的这种缝隙立法的合法性,并非没有争议,部分学者强烈谴责这种不顾宪法权威的司法僭越,认为国会应该发挥应有的作用。但事实上,国会在相关事项的作为上并不活跃,这很可能和其自身性质有关。

在 1978 年美孚石油公司诉希金博特姆案(Mobil Oil Corp. v. Higginbotham)中,法官承认仅仅赋予金钱损失的判决在一定程度上损害了海事法的统一性,但是仍然坚持认为,"对一致性的渴望也不能推翻法律"。[①] 在 1990 年迈尔斯诉顶点海洋公司案中,奥康纳法官认为"立法一直是普通法和海事原则的重要来源",[②]并不无感慨地说,"我们不再生活在一个海员及其爱人必须将法院作为实质性法律保护来源的时代,国会和各州在这些领域已经进行了广泛的立法。在这个时代,一个海事法庭应该主要向这些具有 70 年高龄的国会制定法寻求政策指导"。由此可见,制定法已经在海事法中占据了突出的位置,相对于早期状况显然构成了一种超越。

3. 不合时宜的继承性和妥协性

海事司法管辖权方面的继承性在斯托里法官身上体现得很明显。1811 年,西部河流的交通稳步增长,无论是汽船还是非潮汐管辖权都不是什么稀奇的事。斯托里法官一定已经意识到,随着向西移民的增加,水路运输技术发展的重要性。可是,在其他语境之下经常引用大陆民法的斯托里法官,竟然接受了并不存在于大陆法系国家的潮汐水域原则的限制。其时的美国,有先例支持潮汐水域的海事司法管辖权,但没有先例表明海事司法管辖权范围可以扩展到内河非潮汐水域。

---

① See Mobil Oil Corp. v. Higginbotham,436 U. S. 618(1978).

② See Miles v. Apex Marine Corp. ,111 S. Ct. 317(1990).

斯托里法官在海事保险单上的宣言通常被认定是革命性的,但其关于潮汐水域观点却反映了一种保守的解释。在创新面前畏首畏尾本不应是斯托里法官的风格。托马斯·杰弗逊案是一次针对蒸汽船索要船员工资的诉讼,该船从肯塔基州出发,沿着密苏里河航行,然后返回,行程"在潮起潮落之上几百英里"。联邦地区法院承认了对该案的海事司法管辖权,但是被联邦巡回法院驳回。此案在地区法院审理期间引发了相当大的争议,因为船舶所有人是肯塔基州的美国参议员理查德·约翰逊(Richard Johnson)的兄弟。在联邦地区法院维持海事司法管辖权后的两周内,约翰逊参议员对联邦司法机构发起了一场激烈却不无智慧的攻击,并提出了一项法令,将海事司法管辖权限制在涨落之中。这和美国联邦制的架构有关,州权派时刻警惕着中央权力的扩张。是故,争执不仅存在于个体法官和约翰逊参议员之间,而且存在于最高法院和肯塔基州之间。在这一背景下,斯托里法官驳回原告的海事司法管辖权。①

值得注意的是,斯托里法官没有为他的观点引用任何权威,更像一种默契的妥协,很难说没有基于联邦权和州权平衡的考虑。事实上,斯托里的这一异常决定让26年后的首席大法官泰尼(Taney)也感到困惑,但他为斯托里法官作了如下貌似合理的解释,"他非常重视这个问题……但将来的情势难以预见,因此,这个问题并没有得到当时应有的深思熟虑……由于这一决定是在1825年作出的,当时在西部河流和湖泊上的贸易还处于起步阶段,在整个贸易体系中并不重要,但与今天的贸易相比,自然不被重视"。② 有论者认为,在美国建国早期,秉承的是一种工具主义的法律观念。

4.管辖权分配模式前瞻性不足

从公法为主到偏向私权保护,这种转变可能是统一性问题趋于复杂的重要缘由。在这一点上海事司法管辖权立法设计的前瞻性不足体现明显。宪法的制定者显然并没有考虑到将来的发展情势,导致在制度设置方面并未着眼长远。这一点似乎毋庸置疑,海事司法管辖权内容的大转向是建国时不曾想象的,至少没有将之作为一个重要的议题,在那个尚没有形成民族国家或者没有独立海军力量的时代,作为国家力量替代的民间捕获必然成为一个时代的必然现象。在后来的发展中,一些私人海事诉讼后来居上,成为海事司法管辖权的主体事项。我们站在当下回望历史,这种演进脉络是清晰可见的。然而对于当时的人们,历史怎么走

① See The Thomas Jefferson,23 U.S.428(1825).

② The Genesee Chief v. Fitzhugh,12 How.443,456(U.S.1851).

向,完全是一个无法预料的或然。从公法为主到私人转向,其实在更深层次涉及联邦主义的历史演进,反映了州权逐渐式微、联邦权渐次扩大的历史大趋势。如果在宪法制定的时候,面对大量的公法案件的制宪者在统一性的乐观中能够多一点忧虑的话,相关制度设置将能够更加合理,后世的管辖权乱象可能会少一些。

(二)美国海事司法管辖权的实践

1. 海事司法管辖权拓展契合了海商发展的内在逻辑

美国海事司法管辖权建立在英国海事司法管辖权的低起点之上,独立建国之后,随着联邦主义的演进,其开始了长达两个世纪的扩张之路。虽然在扩张道路上并没能一贯遵循海商法发展的本质规律,以至于出现边界模糊的现象,几度造成了联邦和州权之间的紧张,招致合法性危机,但其大方向是值得肯定的。在管辖水域上,美国海事司法管辖权突破了承自英国的传统规则,将其受案范围扩展到广大的通海河流之上。除了在地理上拓宽空间外,海事司法管辖权在相关的主体事项上,也呈现出扩张态势,在扩张的过程中,有效地消解了反对和质疑的声音,实现了海事司法管辖权在美国广大水域上的全覆盖,可以说,美国海事司法管辖权扩张是符合其所调整的海商事发展逻辑的。

2. 海事司法管辖权拓展呈现渐进式进路

美国海事司法管辖权变革呈现出自发秩序的特征。其作用机理建立在以灵活的司法判例对实践进行不断纠偏的基础之上,技巧性地将海事司法管辖权扩张的反对力量予以消解,有效缓和了联邦和州之间的紧张。这不仅可以避免较大社会动荡出现的可能,同时也使海事司法管辖权拓展的潜力和空间更加开放。比如,在海事司法管辖权拓展的早期,法院尝试适用“严格地点测试规则”。这虽在一定程度上实现了扩张的目标,但所涉及的活动与传统的海事商业或航海活动没有任何相似之处。在侵权案件中,民事管辖权是否不取决于当事人与船舶的关系,是否只接受发生在船上的侵权行为,颇值得怀疑。根据上述地点检验规则,装卸工人、机组人员和码头工人被拒绝进入联邦法院,因为不幸的是,他们在码头上受伤,而不是在船上。① 这显然是不公正的。

“退步原来是向前”,这种智慧潜藏在海事司法管辖权的变革之中。以退为进是一种深刻的哲理,也是一种高妙的策略,似乎在基于经验主义的自发秩序下更容易实现。正是意识到上述过分介入的情况,越来越多的法院指出,侵权行为地点本身并不是决定性的,于是他们采用“地点 + 连结点”原则,要求侵权行为除

---

① See Victory Carriers, Inc. v. Law, 404 U. S. 202(1971).

了发生在可航行水域外,还必须具有"海事性质"。在这方面最有代表性的一个案件是"麦圭尔诉纽约市案"(McGuire v. City of New York)①,法院在驳回海事司法管辖权时,批评了单独适用严格地点标准的做法,其指出,"海事司法管辖权的基础必须是海事过失和海事位置的结合。海事过失一般被认为在某种程度上与航运或商业方面的过失有关"。在这种新思路之下,许多原告被排除在海事司法管辖权的大门之外。游泳者潜入通航水域并因此受伤,②一名船主站在浅水中受伤,③以及卡车司机从渡轮上滚落辖区,④这些情况在原来的地点标准之下无疑是被归入海事司法管辖权范围的。

3. 海事司法管辖权拓展过程比较注重船员权利保护

美国海事司法管辖权注重对船员的保护。海员工资案件一直归属于海事司法管辖权的核心案件领域,美国法院遵循"海事法庭是船员的监护人"的古老传统,对船员的额外保护在相关海事著作和法院判例中时有呈现,在一些工资合同案件中,法官会做出不利于船主的解释。作为极端的情形,一项数据表明,在相关案件中船员无一败诉,皆获得了相应的救济。当然,这种所谓的司法偏爱,也常常导致船员被视为不能照顾好自己的孩童,在保护船员的同时,极大地限制了其权利的实现。船员主要被赋予一般海事法"供养和医疗"的权利、获取工资的权利以及在船舶不适航下获取损害赔偿的权利。20 世纪以来,与传统匍匐于家长主义保护之下不同,船员自身权利意识开始觉醒,相应地在联邦和州之间出现了关于海上从业者的竞争性保护,海事司法管辖权通过《琼斯法案》逐渐拓展了自己的保护领域,权利内容和船员概念呈现扩张趋势。

第四节 模式重估:从变迁模式看海事司法管辖权的自体性

一、自发秩序和主权建构之间的海事司法管辖权

美国海事司法管辖权承继英国而来,虽然在数百年的演进过程中,其对旧传统进行了极大程度的扬弃,然而其普通法色彩依然明显,例如,法院的海事案例依

① 该案涉及一个游泳者被从公共浴场底部突出的水下物体所伤害。

② See Chapman v. City of Grosse Pointe Farms, 385 F. 2d 962(6th Cir. 1967).

③ See Hastings v. Mann, 340 F. 2d 910(4th Cir. 1965), cert. denied, 380 U. S. 963(1965).

④ See Le Master v. Chandler, 50 Wash. 2d 71, 309 P. 2d 384(1957).

然置身于判例系统之内,先例是一般海事法的重要来源之一。普通法是最典型的自发秩序的法律体系。从这个意义上说,海事司法管辖权的变迁模式在一定程度上具有自发秩序的特点。

(一)自体性在海事司法管辖权中的历史变迁

为了有效说明问题,概念被创造出来。然而概念具有权宜性,语言的模糊性注定了概念的局限性。然而我们依然要对作为自体性核心内容的统一性概念进行辨析。根据多部词典的定义,一般将同一性和统一性等同看待。《逻辑学大辞典》认为,在辩证法中,同一性分为"辩证同一性"和"形而上学同一性"。辩证同一性认为事物的同一性绝不是无矛盾的自身等同,而是包含差异、对立的同一性。统一性,指事物的相结合达成意识形态和方向性的一致。何谓海事司法管辖权的统一性?海商法源于海商事发展的现实需要,最早源自旧的商人法,是民族国家形成之前的自发文明。"自发秩序"理论显然能为海商法的自体性提供理论层面的解释。[①] 哈耶克认为,错综复杂而又井然有序的人类社会秩序,并不是全知全能的人设计出来的,而是无知的人们在自我意图的驱使下,依据抽象规则各自行动,并彼此协调起来的结果。[②]

从海事司法管辖权的历史可以知道,在人类文明的早期,这种所谓的管辖权并非由陆上的君主赋予的。从著名的泥足法庭等组织形态看,其法官均是经验丰富的商人。他们的权力并非来自世俗君主,而是来自商人们的一致推举,我们可以理解成一种商人间的无名契约。与其说将这些法庭视作尘世的权力,不如说其是涉海的商人们从陆上的组织形态中获取的启示。从这个角度上,我们可以认为,在海事司法管辖权的早期,直至民族国家出现之前,海事司法管辖权具有明显的自发秩序性质。随着民族国家的出现,海事司法管辖权发展模式由以自发秩序为主逐渐向国家建构为主转变。然而,经验告诉人们,凡是国家建构相对尊重自发秩序规律的,海商业更加繁荣;凡是国家建构不尊重海事司法管辖权自发秩序的,都可能在某种程度上扼杀海商业的生机。

自发秩序更像是一种理想模型,我们事实上生活在一个建构为主的时代里,这必然导致海事司法管辖权呈现一个不同的面貌。当然,这并不意味海事自体法完全失去价值意义,它只是蜕变成一个全新的形式,亦即一般海事法。一般海事

① 参见曹兴国:《海商法自体性研究》,大连海事大学2017年博士学位论文,第84页。

② 参见白乙辰:《自发性与建构性的互动实践——关于市场秩序形成机制的研究》,载《社会学评论》2017年第2期。

法下的统一性应该符合其时代的语境。自发秩序存在路径锁定的可能性。纯粹的自发秩序是不存在的,世俗权力总是有染指的冲动。可见,自发秩序也是存在建构权力等约束条件的。

(二)民族国家约束条件下的有限自体性

海事司法管辖权早期的统一性,是在自发秩序下自然生发的统一性,其顺应了海商业发展的本质规律。然而若将其放在民族国家遍布的后世,只可能是一种理想模型。若后世不顾及新时代的约束条件,再盲目去追求这种统一性的话,将会产生"橘生淮南则为橘,生于淮北则为枳"的不良效果。这种统一性必须有一定的限制,才能契合新时代的需要。诚然,统一性作为怀有联邦情结的海事法官们有力的工具,在海事司法管辖权拓展事业上功不可没,但统一性并非一个神圣无法质疑的存在,恰恰相反,其一路遭受许多并不恭敬的质疑。例如,尹钟隆教授就认为,各州在海事事务上有着重大的制定法利益,不应被政治上不负责任的联邦法官例行公事地取代。此外,他还认为,今天的海洋贸易并不比其他形式的贸易更需要统一的规则,而其他形式的贸易是由不同国家的法律管辖的。①

二、海事司法管辖权自体性迷局之辨识与破解

明智的海事司法管辖权制度有责任促成自身的相对独立性。在迷失的自体性面前,理论界和实务界贡献了不少对策,虽然尚未真正落实到海事司法管辖权的实践之中,但无疑是自体性发展的可能方向之一。

(一)调整海事司法管辖权分配模式

重新认识并承认有限统一性在现时代的存在形式,转换视角并改变将海事司法管辖权统一于中央层面的偏执,非但无害,还将有益。例如,在海事司法管辖权发展的过程中,人身伤亡造成的不公平一度引发人们的关注,一种次级统一在事实上被运用,亦即下级海事法庭首先付诸州人身死亡法规并予以适用,最后得到最高法院的认可。② 又如,在长期的海事司法实践中,普通法法院对某类案件已完全习惯,虽然陪审团在复杂的商业案件中常常是多余的,但在人身伤害案件中,它似乎是不可或缺的重要组成部分,因为这类案件大多涉及无形损害因素的估计,这在很大程度上是一个外行的感觉问题,加之处理这些案件可视为普通法法

① See Robert Force, *Deconstructing Jensen: Admiralty and Federalism in the Twenty—First Century—The Nicholas J. Healy Lecture*, 32 J. Mar. L. & Com. 517(2001).

② See Western Fuel Co. v Garcia, 257 U. S. 233(1921).

官和律师专业知识的一部分,而海事法庭一般并不具备这方面的专业优势。长期的实践证明,根据诉讼者权利保留条款和《琼斯法案》的赋权,普通法法院在处理海事损害案件方面没有遇到任何困难,而且没有理由推断,如果所有这些案件都提交州法院审理,麻烦会增加。此外,一般来讲,州法更偏向原告,这导致州法庭更适合于人身伤亡案件。基于此,有专家建议,可以将人身案件纳入州法院专属管辖权的范围,以剥离的方式促进海事法的统一性。[①] 但必须看到,这种建议虽然看似有益,但牵涉甚多。很难想象,在詹森案原则仍没有被推翻,法院还不得不绕路而过的当下,将人身案件贸然归之于州法院的专属管辖,会遭遇多大的阻力。

(二)拓展海事司法管辖权救济方式

在救济方面,海事司法管辖权需要追随时代,进行适当的变革。当前海事司法管辖权结构中最受人诟病的特征就是海事法庭不愿或者无力提供必要的补救手段,以便它能在任何可能分配给它的案件中伸张正义。事实上,在救济手段的单一性问题上,除了"历史"的理由,从未得到过任何其他辩护。可以说,美国海事司法管辖权一直处在英国传统的无形约束之中,海事法庭所依赖的救济手段似乎被自愿限定在英国的传统不公平模式中。联邦地方法院,应该被授予它在其他司法分支所享有的一切救济权力。唯有如此,海事司法管辖权才可能是自足的,才可能在统一性方面有所推进。[②] 事实上,在这方面不存在合宪性争议,近些年来,海事的衡平救济权力已经得到了较大的拓展,只是还有不少增进的空间。

(三)归正海事司法管辖权的制度本源

在诞生之初,海事司法管辖权就呈现"国旗跟着商业走"的典型特点,意即陆上世俗政权充分利用了商业自发权力的最初形态,予以体制性改造,遂形成海事法庭。这启示人们,在评估并归正海事司法管辖权的制度功能时,需要紧紧围绕着海事司法管辖权促进海商事发展的功能。在 20 世纪 50 年代,就有论者指出,如果海事司法管辖权想要获得合法性的话,就应该有其存在的必要性基础,意即河流、湖泊和远洋运输业务需要一个特别的法庭来监督,这个法庭在处理更为复杂的事务方面具有特殊的专长。如果联邦政府为维持海事司法管辖权而需要建立一个法庭的话,那一定是因为设立这样一个法庭能够有效回应联邦商业问题的

---

① See Charles L. Jr. Black, *Admiralty Jurisdiction: Critique and Suggestions*, 50 Colum. L. Rev. 259 (1950).

② Ibid.

关切。在海事法庭中所运行的应该是和航运需求相一致的管辖权。[1] 需要检讨的是,海事法庭似乎难孚众望。几十年过去,这种基础性问题似乎没有得到解决。但转变的机会依然存在,值得海事司法管辖权的改革者重视。

结语:源于自体法,超越自体法

在人类法律文明史上,曾经有过一个以高度统一性、独立性、起源依赖性为显著特征的海事自体法时代。在这个民族国家尚未形成的时代里,[2]海事司法管辖权在西方获得了有史以来最大的存在感,颇具自治权的意味,海事法庭受理案件的范围广泛可观。虽然偶有小破,但海事司法管辖权总体上在海洋大国里确保了相当程度的自体性。然而,15 世纪民族国家的出现,昭示着人类历史上的一次大变局。在英国,权力由国王转移到国会,土地所有者让位于商业阶层,这导致海事法逐渐丧失了自己的独立性,自体性遭受重创。英国普通法庭和海事法庭长达数百年的争战伴随着这一进程。在北美殖民地大部分时期,海事法庭从属于英国,是谓附属海事法庭,其继承了英国海事法庭的部分荣光,同时也将母国和普通法法庭的难断纠葛带到了新大陆。

英国在工具化殖民地海事司法管辖权,将海上捕获案件纳入海事法庭受案范围的同时,也奉行"有益的忽略"政策,给北美殖民地海事司法管辖权一定的发展自由,促成其有了不同于母国的发展,在某种程度上实现海事司法管辖权朝向自身的复归,但同时也导致了相当程度的混乱和无序。在殖民地后期,各殖民地贸易保护严重,客观上阻止了殖民地贸易的发展,但是并没有一个超越性的机构,去完成促进殖民地内部统一性的任务,英国基于战略需要,也很难期望作出类似的努力,更多的是赋予海事法庭以公法上的工具地位。随着美国统一海事司法管辖

---

① See Charles L. Jr. Black, *Admiralty Jurisdiction: Critique and Suggestions*, 50 Colum. L. Rev. 259 (1950).

② 民族国家的起源和早期历史有争议。一个重要的理论问题是:"先有民族国家,还是先有民族?"民族主义者认为民族首先形成。民族主义是民族要求其合法主权而形成的,而民族国家符合了这个要求。一些民族主义的"现代理论"也认为民族认同主要是政府政策的一个产品,政府使用这个政策来统一和现代化已经存在的国家。大多数理论认为民族国家是一个 19 世纪的欧洲现象,它是大众文学和早期的大众媒体的结果。但是历史学家也注意到较早出现的比较统一的、拥有一个共识特征的国家,如英国、葡萄牙和尼德兰。而民族国家的成型,大多认为始自 1648 年欧洲各国达成《威斯特伐利亚和约》,但这一进程应该从 15 世纪就略见端倪。

权成为压倒一切的任务之一,国际法成为需要借助的理论资源。围绕捕获案件,①邦联和各殖民地展开了角力和较量,捕获案件上诉海事法庭的遭遇诠释着统一性追求的艰难。在各方面因素的交合作用下,这个努力最终未见奏效,但为新生的美国海事司法管辖权从反面提供了经验资源。

美国建国之后,国父们毫不犹豫地通过宪法海事司法条款将海事司法管辖权收揽至联邦层面,同时通过诉讼者权利保留条款作出了一定的妥协。在某种程度上可以认为,这是制宪者在历史先例和联邦主义面前的不得已之举。上述制度设置在有效回应州权诉求的同时,也给海事司法管辖权的统一性带来了隐忧。如何真正落实宪法愿景,确保海事司法管辖权最大程度上的统一性,满足新生共和国海商事发展的需要,成为摆在人们面前的一个任务。美国人在因地制宜的基础上改革海事司法管辖权。其工具就是海事自体法的近现代形式意即一般海事法。以斯托里为代表的海事法官们通过对一般海事法或谨慎或激进地运用,拓展了海事司法管辖权的边界,并通过一代一代海事法官的努力,将海事司法管辖权的覆盖水域扩大到全部水域。这种努力在詹森案中达到顶峰,在反映海事司法管辖权统一派炽热愿望的同时,也同时集中暴露了统一性话语在新时代的水土不服之处。尤其在伊利案宣称"不存在联邦普通法"之后,一般海事法的地位开始受到有力质疑。然而,直至今日,一般海事法依然作为伊利案所统疆域下的一个飞地存在,但无疑身处在争议的旋涡里。一般海事法在迅猛的扩张势头之下,无疑逾越了自体性所应该达到的限度,导致相关标准界限的混乱和无序。

研究美国海事司法管辖权,必须在普通法原则和联邦主义两个大背景下进行理解。美国海事司法管辖权深受北美殖民地和英国旧传统的影响,并置身于联邦和州的博弈场之中。在两个世纪的演变之中,美国海事法官和海商法学者从宪法海事司法条款出发,结合本国实际,通过对宪法的灵活解释,形塑了美国海事司法管辖权的形貌。

作为海事法自体性的重要方面,统一性虽然遭遇挫折无数,但其前进步伐并未停止。在当下时代,海事法的自体性不宜全然否定,甚至还可能有新的发展,在日新月异的发展势头之下,海事法院的受案范围依然有随时拓展的必要。海事司法管辖权鲜明的商法属性要求人们应该认真考虑贸易法名家施米托夫的论断。他说,"我们正开始重新发现商法的国际性—国内法—国际法"这个轮回已经完

① 如今,捕获案件已经成为历史陈迹,但是在殖民地时期,尤其是战时,构成海事法庭重要的案件类型。

成。虽然,这个论断是针对跨国商业而发,然而作为二级主权的美国联邦各州,在这种趋势面前,当无二致。

在海事法院受理案件范围的拓展中对海员的额外保护是英美法系海事司法管辖权的传统。海事司法管辖权应该结合当下海员的整体处境,正视其在海商事发展中的重要角色,体现人文关怀。海事法官完全可以成为可敬的人道主义鼓手,而不应该退化成海事法海洋上的随波逐流者。应该注意避免海事法院因为专业性所带来的冷冰冰的技术特征,通过人文关怀的引入,为海事法院披上温馨之色彩。在海事司法管辖权的扩张过程中,赋予船员以价值关怀,这也是对海事司法管辖权扩张正当性的进一步证成。海事司法管辖权的扩张,似乎只是一个"两便"(便利法院审理和便利当事人诉讼)问题、技术操作问题。就深层次而言,其应有更深刻的价值内涵和人文关怀。

在当下,海洋依然是文明拓展的重要面向。扩张海事司法管辖权、拓展海事法院受案范围是各国经略海洋的主方向,但其并不应是单向度的目标追求,应依照审慎的原则重新定位,充分考虑海事司法管辖权的外部约束条件。对其功能设置,应该以效果原则为重要考量,凡是不利于海商事目标实现的,海事司法管辖权应该放低身段,不贸然介入。为确保进退适度,应引入海商业实质联系标准,防止标准的抽象化阐释。宜构建以实质性海事联系为基础并兼顾统一性价值和弱势群体额外保护的受案范围规则体系,提倡一种"契合时代的自体性"。这种自体性不要求将所有涉海的案件一网打尽,而是采取"以扩张为主,以退让为辅"的策略,在正本清源的基础之上,通过范围的适度扩张,提高海事司法管辖权的制度吸引力和影响力。

附录:美国海事司法管辖权发展大事记

1615 年:殖民者于纽芬兰开始了设立附属海事法庭的最早尝试,这个法庭设立的目的是解决当地渔民之间的争端,呈现明显的自发性质。

1618 年:在英国西部港口联盟向国会施压下,英国国会剥夺了纽芬兰附属海事法庭在渔业生产活动方面的管辖权。

1635 年:约翰·梅森被任命为新英格兰地区的海军中将,再一次开启了建立附属海事法庭的努力,但其随后的去世迫使这一计划搁浅。

1650 年:马萨诸塞州进行了制定海事法典的尝试,但由于各项条件的制约,最后以失败告终。

1651 年:《航海条例》(The Navigation Acts)出台。在此期间,殖民地纷纷推出自己的海商制定法。

1668 年:以马萨诸塞州为例,其在经历 1650 年第一次挫败后,终于制定了第一部海事法典。

1674 年:马萨诸塞州综合法庭逐渐将海事案件交付给特别法庭审理,其中包括把自己定位为"海事法庭"的"助理法庭"。

1684 年:宾夕法尼亚殖民地国会授权在紧急案件中可以启用海事法庭,为成立海事法庭奠定了权力基础。

1689 年:纽约殖民地总督委任了海事法官,负责对殖民地的海事案件进行审理。

1733 年:国会出台蔗糖法案。

1764 年:国会出台印花税法案,该法案扩大了海事法庭对商贸案件的管辖权,并在哈利法克斯设立了一个全新的附属海事法庭,对贸易案件拥有共同管辖权。

1766 年:为消解人们对哈利法克斯海事法庭的质疑,出台法案设立了四个地区海事法庭,同时对各自辖区的附属海事法庭拥有共同管辖权和上诉管辖权。

1777 年:为了审理捕获上诉案件,邦联国会设立了一个五人上诉委员会,其中三人即可审理案件,并授权委员会任命一名书记官。

1780 年:邦联国会决定设立捕获案件上诉法庭,这是美国本土上第一个具有统一性色彩的中央法庭。

1787 年:美国《宪法》制定和通过,作为海事司法管辖权的基础依据,美国《宪法》第 3 条规定,"司法权应适用于……所有涉及海事司法管辖权的案件"。

1788 年:弗吉尼亚宪法批准大会上,约翰·伦道夫在呼吁批准宪法时说道:海事司法管辖权案件不可能被合适地授予州法院。

1789 年:国会制定司法条例,其中规定了诉讼者权利保留条款,州普通法院被赋予了海事案件的并行管辖权。

1825 年:斯托里法官在托马斯·杰弗逊案中将海事司法管辖权严格限制在潮汐水域,考虑但搁置了国会是否可以根据"商业条款"将这一管辖权扩大到西部领水的问题。

1837 年:斯托里法官在蒸汽船"奥尔良"诉菲比斯(The Steamboat Orleans v. Phoebus)案中提出"实质海上履行"理论,再次支持传统的潮汐原则。

1845 年:国会通过延伸海事司法管辖权至五大湖泊及其通航水域连的由斯托里法官起草的法案,但引起了合宪性争议。

1847 年:最高法院在华林诉克拉克案中认定,碰撞发生地密西西比河在潮汐起落之内,承认潮汐原则,但是放弃了"一郡之内"原则。

1851 年:首席大法官罗杰·B. 泰尼(Roger B. Taney)在田纳西酋长(The Tennessee Chief)案中写到,所有可航行水域,无论是潮汐水域还是非潮汐水域,无论是淡水还是咸水,都属于海事法庭管辖范围。并确认了 1845 年法案的合宪性。

1857 年:麦克莱恩法官在杰克逊诉木兰花案(Jackson v. Steamboat Magnolia)案中说,"海事司法管辖权本质上是一种商业权力,它必然限于国会行使这一权力。船舶在两个或两个以上州之间的每次航行,均受海事管辖,不受任何州的规章制度约束"。

1865 年:在普利茅斯(The Plymouth)案中,"地点"标准得到了最完整的阐释,海事司法管辖权并不取决于伤害是否由船只造成的,而是取决于伤害发生的地点——公海或可航行水域。

1886 年:在哈里斯堡(The Harrisburg)案中,联邦最高法院拒绝通过创造一般海事法建立海上不当死亡的诉因,这导致了《琼斯法案》和各州伤亡条例的次第出现。

1890 年:联邦最高法院通过斯塔普诉克莱德案[Stapp v. Clyde,43 Minn. 192 (1890)]指出,内陆湖泊完全在一州之范围内,不属于美国海事司法管辖权意义上的通航水域。

1917 年:在詹森案中,麦克唐纳法官代表联邦最高法院宣称,一般海事法具有优先于州法的地位,任何有损于统一性的做法都是违宪的。

1920 年:国会出台《琼斯法案》。根据法案,原告可以选择就过失行为在海事法庭或普通法法庭提起诉讼。如果在州法院提起诉讼,即使是在涉及多样性的案件中,也丧失了移送联邦法院的权利。

1948 年:美国总统杜鲁门签署了第 2381 号决议,将美国海事司法管辖权范围扩大并包括所有因船舶在可航行水域造成的人身或财产损害的案件,尽管此类损害是在陆地上造成或完成的。

1966 年:海事与联邦民事诉讼程序的合并,许多传统——其中有许多在这片土地上已经存在了 300 年的古老传统——被一扫而空,但在海事程序方面依然保留几个专门条款。

参考文献

一、中文著作类

1. 冯辉编著:《美国海商法案例选评》,对外经济贸易大学出版社2003年版。

2. 郭瑜:《海商法的精神:中国的实践和理论》,北京大学出版社2005年版。

3. 韩铁:《美国宪政民主下的司法与资本主义经济发展》,上海三联书店2009年版。

4. 何勤华等:《法律移植论》,北京大学出版社2008年版。

5. 何勤华、魏琼主编:《西方民法史》,北京大学出版社2006年版。

6. 何勤华主编:《中世纪欧洲世俗法》(法律文明史第6卷),商务印书馆2014年版。

7. 何丽新:《海商法》,厦门大学出版社2004年版。

8. 胡正良:《海事法》,北京大学出版社2012年版。

9. 李海主编:《拱辰集:海商法问题研究》,大连海事大学出版社2008年版。

10. 司玉琢:《海商法》,法律出版社2012年版。

11. 熊秉元:《正义的成本:当法律遇上经济学》,东方出版社2014年版。

12. 徐爱国:《西法肆言:漫话西方法律史》,北京大学出版社2009年版。

13. 杨良宜:《海事法》,大连海事大学出版社1999

年版。

14. 郁志轰:《美国海商法》,杭州大学出版社 1996 年版。

15. 周枏:《罗马法原论》(上册),商务印书馆 2009 年版。

二、中文译著类

1. 柯岚、毕竞悦主编:《美国建国时期法政文献选编》,毕竞悦等译,清华大学出版社 2016 年版。

2. [美]大卫·冯·德莱尔:《兴邦之难:改变美国的那场大火》,刘怀昭译,中国政法大学出版社 2015 年版。

3. [美]斯蒂芬·M. 菲尔德曼:《从前现代主义到后现代主义的美国法律思想》,李国庆译,中国政法大学出版社 2005 年版。

4. [美]腓特烈·坎平:《盎克鲁——美利坚法律史》,屈文生译,法律出版社 2010 年版。

5. [美]G. 爱德华·怀特:《美国侵权行为法——一部知识史》,王晓明、李宇译,北京大学出版社 2014 年版。

6. [美]G. 吉尔摩、[美]C. L. 布莱克:《海商法》(上、下册),杨召南等译,中国大百科全书出版社 2000 年版。

7. [美]赫伯特·J. 斯托林:《反联邦党人赞成什么——宪法反对者的政治思想》,汪庆华译,北京大学出版社 2006 年版。

8. [美]塞缪尔·P. 亨廷顿:《变化社会中的政治秩序》,王冠华、刘为等译,上海世纪出版集团 2008 年版。

9. [美]本杰明·N. 卡多佐:《法律的成长:法律科学的悖论》,董炯等译,中国法制出版社 2002 年版。

10. [美]凯斯·R. 桑斯坦:《社会因何要异见》,支振锋译,中国政法大学出版社 2016 年版。

11. [美]劳伦斯·M. 弗里德曼:《美国法律史》,苏彦新等译,中国社会科学出版社 2007 年版。

12. [美]罗斯科·庞德:《法律与道德》,陈林林译,商务印书馆 2015 年版。

13. [美]罗斯科·庞德:《普通法的精神》,唐前宏、廖湘文、高雪原译,法律出版社 2001 年版。

14. [美]苏珊·邓恩:《姊妹革命——法国的闪电与美国的阳光》,杨小刚译,商务印书馆 2015 年版。

15. [美]约瑟夫 · J. 埃利斯:《美国创世记——建国历程的胜利与悲剧,1775—1803》,汪衢译,中信出版集团 2018 年版。

16. [美]约瑟夫 · J. 埃利斯:《缔造共和——美利坚合众国的诞生,1783—1789》,宣栋彪译,中信出版集团 2018 年版。

17. [英]艾尔佛雷德 · 诺思 · 怀特海:《观念的历险》,洪伟译,上海译文出版社 2013 年版。

18. [英]阿诺德 · 汤恩比:《历史研究》,刘北成、郭小凌译,上海人民出版社 2005 年版。

19. [英]菲利普 · 德 · 索萨:《极简海洋文明史——航海和世界历史 5000 年》,施诚、张珉璐译,中信出版集团 2016 年版。

20. [英]梅特兰等:《欧陆法律史概览:事件,渊源,人物及运动》,屈文生等译,上海人民出版社 2015 年版。

21. [英]R. C. 西蒙斯:《美国早期史——从殖民地建立到独立》,朱绛等译,商务印书馆 1994 年版。

三、中文期刊类

1. 白洁:《论认知吝啬》,载《西北师大学报(社会科学版)》2013 年第 1 期。

2. 曹兴国:《海事刑事案件管辖改革与涉海刑事立法完善——基于海事法院刑事司法第一案展开》,载《中国海商法研究》2017 年第 4 期。

3. 曹兴国:《自发秩序视角下海商法的渊源流变及中国进路》,载《河北法学》2016 年第 12 期。

4. 陈承帼:《海事案件管辖视角下的我国海事法院的撤并》,载《学术论坛》2007 年第 7 期。

5. 郭萍:《厘清海事司法管辖范围,助推国际海事司法中心建设》,载《人民法治》2017 年第 5 期。

6. 郭志媛:《中国古代诉讼中的专门管辖制度》,载《中央政法管理干部学院学报》1998 年第 6 期。

7. 何丽新、梁家诚:《〈海商法〉实施 25 年司法适用研究报告》,载《中国海商法研究》2018 年第 2 期。

8. 侯初晨:《中国内国法下专属经济区海事诉讼管辖权的正当性分析》,载《中国海商法研究》2019 年第 2 期。

9. 李国光:《充分发挥海事司法职能作用　推动海商法律体系完善发展——

纪念〈中华人民共和国海商法〉颁布实施20周年》,载《中国海商法研究》2012年第3期。

10. 鲁楠:《匿名的商人法——全球化时代法律移植的新动向》,载《清华法治论衡》2011年第1期。

11. 司玉琢:《保障海洋发展战略 改革完善中国特色的海事司法管辖制度》,载《中国海商法研究》2015年第2期。

12. 司玉琢、曹兴国:《海洋强国战略下中国海事司法的职能》,载《中国海商法研究》2014年第3期。

13. 司玉琢、李天生:《论海法》,载《法学研究》2017年第6期。

14. 司玉琢、李天生:《中国海法典编纂论纲》,载《中国海商法研究》2015年第3期。

15. 王威:《"一带一路"背景下构建大海法体系的相关问题研究》,载《广西政法管理干部学院学报》2018年第1期。

16. 王秀芬、朱玉柱:《论船员劳动的特点》,载《大连海事大学学报(社会科学版)》2005年第2期。

17. 张文广:《"一带一路"倡议背景下的国际海事司法中心建设》,载《国际法研究》2017年第5期。

18. 周杰:《背叛与延续:革命前后的美国海事司法》,载《中国海商法研究》2014年第1期。

19. 周杰:《美国法律史视野下的海事法》,载《海大法律评论》2013年第0期。

四、学位论文类

1. 舒昕:《美国管辖权"效果标准"研究》,中南财经政法大学2017年硕士学位论文。

2. 曹兴国:《海商法自体性研究》,大连海事大学2017年博士学位论文。

五、外文期刊类

1. Albert J. Harno, *Law Enforcement in Colonial New York: A Review*, 43 Mich. L. Rev. 591(1944).

2. Alexander M. Bickel, *Doctrine of Forum Non Conveniens As Applied in the Federal Courts in Matters of Admiralty*, 35 Cornell. L. Rev 1(1949 – 1950).

3. Alfred S. Pelaez, *Admiralty Tort Jurisdiction-The Last Barrier*, 7 Duq. L. Rev.

1(1968).

4. Amanda Frost, *Overvaluing Uniformity*, 94 Va. L. Rev. 1567(2008).

5. Armand M. Jr. Pare, *Admiralty Jurisdiction at the Millennium*, 24 Tul. Mar. L. J. 187(1999).

6. Austin Tappan Wright, *Uniformity in the Maritime Law of the United States*, 73 U. Pa. L. Rev. 123(1924 – 1925).

7. Bradford R. Clark, *Federal Common Law: A Structural Reinterpretation*, 144 U. Pa. L. Rev. 1245(1996).

8. Charles E. Clark, *State Law in the Federal Courts: The Brooding Omnipresence of Erie v. Tompkins*, 55 Yale L. J. 267(1946).

9. Charles L. Jr. Black, *Admiralty Jurisdiction: Critique and Suggestions*, 50 Colum. L. Rev. 259(1950).

10. Charles R. Clee, *Desertion and the Freedom of the Seaman*, 13 Int'l Lab. Rev. 649(1926).

11. Charles S. Cumming, *The English High Court of Admiralty*, 17 Tul. Mar. L. J. 209(1993).

12. Coffey, *Jurisdiction over Foreigners in Admiralty Courts*, 13 Calif. L. Rev. 93 (1925).

13. Currie, *The Choice Among State Laws in Maritime Death Cases*, 21 Vand. L. Rev. 297(1968).

14. C. W. O'Hare, *Admiralty Jurisdiction (Part I)*, 6 Monash U. L. Rev. 91 (1979).

15. Dale Van Demark, *Grubart v. Great Lakes Dredge & (and) Dock Company: A Reasonable Conclusion to the Debate on Admiralty Tort Jurisdiction*, 17 Pace L. Rev. 553(1997).

16. Damien J. Cremean, *The Early History of Admiralty Jurisdiction*, 28 Austl. & N. Z. Mar. L. J. 16(2014).

17. Dave Hattem, *Alvez v. American Export Lines: A Reverse Erie Approach to Maritime Cases*, 46 Brook. L. Rev. 321(1980).

18. David A. Schuenke, *Seaman within the Jones Act*, 42 Marq. L. Rev. 54 (1958).

19. David J. Bederman, *Uniformity, Delegation and the Dormant Admiralty*

Clause, 28 J. Mar. L. & Com. 1(1997).

20. David P. Currie, *Federalism and the Admiralty: The Devil's Own Mess*, 1960 Sup. Ct. Rev. 158(1960).

21. David R. Tyrrell, *Admiralty Tort Jurisdiction: Floundering on the Sea of Inconsistency*, 27 U. Fla. L. Rev. 805(1975).

22. David W. Robertson, *Admiralty Procedure and Jurisdiction after the* 1966 *Unification*, 74 Mich. L. Rev. 1627(1976).

23. David W. Robertson, *Federalism and Uniformity in Maritime Laws: The Applicability of State Law in Maritime Cases after Yamaha Motor Corp. v. Calhoun*, 21 Tul. Mar. L. J. 81(1996).

24. David W. Robertson & Michael F. Sturley, *Vessel Status in Maritime Law: Does Lozman Set a New Course*, 44 J. MAR. L. & COM. 393(2013).

25. Donald L. Doernberg, *Juridical Chameleons in the New Erie Canal*, 1990 Utah L. Rev. 759(1990).

26. Edwin D. Dickinson, *Jurisdiction at the Maritime Frontier*, 40 Harv. L. Rev. 1 (1926).

27. Engerrand & Bale, *Seaman Status Reconsidered*, 24 S. Tex. L. J. 431(1983).

28. Ernest A. Young, *Preemption at Sea*, 67 Geo. Wash. L. Rev. 273(1999).

29. Ernest A. Young, *The Last Brooding Omnipresence: Erie Railroad Co. v. Tompkins and the Unconstitutionality of Preemptive Federal Maritime Law*, 43 St. Louis U. L. J. 1349(1999).

30. Erwin C. Surrency, *Courts in the American Colonies*, 11 Am. J. Legal Hist. 347(1967).

31. Erwin C. Surrency, *The Transition from Colonialism to Independence*, 46 Am. J. Legal Hist. 55(2004).

32. Field, *Sources of Law: The Scope of Federal Common Law*, 99 Harv. L. Rev. 881(1986).

33. F. L. Jr. Wiswall, *Admiralty: Procedural Unification in Retrospect and Prospect*, 35 BROOK. L. REV. 36(1968).

34. Frederick J. Jr. Gisevius & George M. Leppert, *Maritime Injury Problems: Admiralty Versus State Jurisdiction*, 12 Loy. L. Rev. 57(1965).

35. George F. Steckley, *Instance Cases at Admiralty in* 1657: *A Court Packed Up*

with Sailors,7 J. Legal Hist. 68(1986).

36. Gordon W. Paulsen,*Historical Overview of the Development of Uniformity in International Maritime Law*,57 Tul. L. Rev. 1065(1982 - 1983).

37. Gulbis, *Annotation, Modern Status of Rules Conditioning Landowner's Liability Upon Status of Injured Party as Invitees, Licensees, or Trespassers*,22 A. L. R. 4th 294(1983).

38. Gustavus H. Robinson,*Tort Jurisdiction in American Admiralty*,84 U. Pa. L. Rev. 716(1935 - 1936).

39. Harvey D. Goulder,*Evolution of the Admiralty Law(in America)*,4 Detroit Legal News 22(1897).

40. H. Edwin Ⅲ Anderson,*Conflict of Laws, Agents, and Maritime Commerce: An Analysis under U. S. and English Law*,23 U. S. F. Mar. L. J. 42(2010).

41. Henry J. Bourguignon, *Incorporation of the Law of Nations During the American Revolution—The Case of the San Antonio*,71 AM. J. INT'L L. 272(1977).

42. *History of Admiralty Jurisdiction in the Supreme Court of the United States*,5 Am. L. Rev. 58(1871).

43. Hughes,*Death Actions in Admiralty*,31 Yale L. J. 115(1921).

44. Hull, E. V. *Through the looking glass: Judicial interpretation of vessel status leaves injured workers adrift in uncharted territory*, 16 University of San Francisco Maritime Law Journal 321(2003).

45. Hunsdon Cary,*Federal Common Law*,10 Va. L. Reg. 475(1904).

46. Jack L. Allbritton & David W. Robertson,*Seaman Status After Chandris*,hw. v. Latsis,8. 1 U. S. F. MAR. L. J. 9(1995).

47. Jack M. Beermann, *Bad Judicial Activism and Liberal Federal-Courts Doctrine: A Comment on Professor Doernberg and Professor Redish*, 40 Case W. Res. L. Rev. 1053(1989).

48. J. B. Ruhl, *Finding Federalism in the Admiralty: The Devil's Own Mess Revisited*,12 Tul. Mar. L. J. 263(1987).

49. John Barker Waite, *Admiralty Jurisdiction and State Waters*, 11 Mich. L. Rev. 580(1912 - 1913).

50. John R. Brown,*Admiralty Judges: Flotsam on the Sea of Maritime Law*,25 Hous. J. Int'l L. 257(2003).

51. Jonathan M. Gutoff, *Federal Common Law and Congressional Delegation: A Reconceptualization of Admiralty*, 61 U. Pitt. L. Rev. 367(2000).

52. Joseph C. Sweeney, *The Admiralty Law of Arthur Browne*, 26 J. Mar. L. & Com. 59(1995).

53. *Judicial Criteria of Navigability in Federal Cases*, 1953 Wis. L. Rev. 8 (1953).

54. Kenneth H. Volk, *Parsing the Admiralty Clause: Jurisdiction of Marine Insurance Transactions*, 66 Tul. L. Rev. 257(1991 – 1992).

55. Kermit Roosevelt Ⅲ, *The Myth of Choice of Law: Rethinking Conflicts*, 97 MICH L(1999).

56. Lee A. Handford, *Do Not Fear to Tread on Solid Ground: The Role of the Supreme Court in Furthering niformity in Admiralty Law*, 10 U. S. F. Mar. L. J. 235 (1998).

57. Leonard Holland, *Amphibious Torts and an Act for the Extension of Admiralty Jurisdiction*, 5 Intramural L. Rev. N. Y. U. 1(1949).

58. LH Laing, *Historic Origins of Admiralty Jurisdiction in England*, 45 Michigan LR. 163(1946).

59. Lisa S. Zamaludin, *Breaking down the Boundaries of Seaman Status: Southwest Marine*, Inc. v. Gizoni, 17 Tul. Mar. L. J. 127(1992).

60. L. Kinvin Wroth, *The Massachusetts Vice Admiralty Court and the Federal Admiralty Jurisdiction*, 6 Am. J. Legal Hist. 250(1962).

61. Louise Weinberg, *Federal Common Law*, 83 NW. U. L. Rev. 805 (1988 – 1989).

62. Matthew P. Harrington, *The Legacy of the Colonial Vice-Admiralty Courts (Part Ⅰ)*, 26 J. Mar. L. & Com(1995).

63. Matthew P. Harrington, *The Legacy of the Colonial Vice-Admiralty Courts* (Part *Ⅱ*), 27 J. Mar. L. & Com(1996).

64. M. E. J. Black, *Admiralty Jurisdiction and the Protection of Seafarers*, 15 Austl. & N. Z. Mar. L. J. 1(2000).

65. Monaghan & The Supreme Court, *1974 Term-Foreword: Constitutional Common Law*, 89 Harv. L. Rev. 1(1975).

66. Patricia A. Krebs, *United States Admiralty Jurisdiction over Collisions on the*

High eas: Forum Non Conveniens and Substantive Law,9 Mar. Law. 43(1984).

67. Richard J. Arsenault & Richard W. Beard, *Recognizing and Developing the Brown Water Seaman's Remedies*,29 Fed. B. News & J. 281(1982).

68. *Anonymity Risk Distribution and Seaworthiness*,75 Yale L. J. 1174(1966).

69. Robert A. Emery, *What Happened to Colonial Statutes: New York as an Example*,25 Legal Reference Services Q. 129(2006).

70. Robert D. Peltz, *The Myth of Uniformity in Maritime Law*,21 Tul. Mar. L. J. 103(1996).

71. Robert Force, *An Essay on Federal Common Law and Admiralty*,43 St. Louis U. L. J. 1367(1999).

72. Robert Force, *Deconstructing Jensen: Admiralty and Federalism in the Twenty-First Century*,32 J. Mar. L. & Com. 517(2001).

73. Sally Engle Merry, *Colonial Law and Its Uncertainties*,28 Law & Hist. Rev. 1067(2010).

74. Sovel, *Determining the Applicable Law in Cases Arising in State Territorial Waters*,37 TEMp. L. Q. 479(1964).

75. Stanley Morrison, *The Remedial Powers of the Admiralty*, 43 Yale L. J. 1 (1933).

76. Stephen Bell, *Do We Really Need a New "Constructivist Institutionalism" to Explain Institutional Change?*, British Journal of Political Science, Vol. 41, No. 4.

77. Steven S. Reilley, *A New Era in Seaman Status Issues*, 10 U. S. F. Mar. L. J. 1 (1997).

78. Suzanna Sherry, *Wrong, out of Step, and Pernicious: Erie as the Worst Decision of All Time*,39 PEPP. L. Rev. 129(2011).

79. *The Fog of Uncertainty Enshrouding Employer Punitive Damage Liability under General Maritime Law*,2 Malabu: Maritime L. Bull. [i](2010).

80. Thomas M. DiBiagio, *Fostering Uniform Substantive Law and Recovery-The Demise of Punitive Damages in Admiralty and Maritime Personal Injury and Death Claims*,25 U. Balt. L. Rev. 1(1995).

81. Timothy J. Runyan, *The Rolls of Oleron and the Admiralty Court in Fourteenth Century England*,19 Am. J. Legal Hist. 95(1975).

82. Todd M. Powers & Megan C. Ahrens, *Seaman Status in the Wake of Stewart*,

A Blurred Distinction between Landand Sea-Based Workers, 6 Loy. Mar. L. J. 71 (2008).

83. Tom DeSimone & Seamen, *Not as "Fiendless and Poor" as They Used To Be: Ammar v. United States*, 28 Tul. Mar. L. J. 575(2004).

84. Ugo Colella, *Proper Role of Special Solicitude in the General Maritime Law*, 70 Tul. L. Rev. 272(1995 - 1996).

85. Virginia Carothers, *Reexamination of the Robinson Test for Seaman Status*, 56 Miss. L. J. 351(1986).

86. Walter T. Jr. Champion, *A Seasick Blackjack Dealer on a Moored Riverboat Casino Is Not a Seaman under the Jones Act*, 42 N. Ky. L. Rev. 493(2015).

87. Westen & Lehman, *Is There Life for Erie After the Death of Diversity?*, 78 Mich. L. Rev. 311(1980).

88. William H. Theis, *United States Admiralty Law As an Enclave of Federal Common Law*, 23 TuL. MAR. L. J. 73(1998).

89. William P. Cronan, *Torts on Inland Waters—Admiralty Jurisdiction*, 39 Mo. L. Rev. 28(1974).

90. William R. Castot, *The Origins of Federal Admiralty Jurisdiction in an Age of Privateers, Smugglers, and Pirates*, 37 Am. J. Legal Hist. 117(1993).

91. William Tetley, *The General Maritime Law-The Lex Maritima*, 20 Syracuse J. Int'l L. & Com. 105(1994).

92. William W. Adams, *Constitutional History-Development of Admiralty Jurisdiction in the United States, 1789 - 1857*, 8 W. New Eng. L. Rev. 157(1986).

93. William P. Cronan, *Torts on Inland Waters—Admiralty Jurisdiction*, 39 Mo. L. Rev. 28(1974).

94. Anonymity, *from Judicial Crand to Legislative Power: the Admiralty Clause in the Nineteenth Century*, 67 Harv. L. Rev. 1216 (1954).

六、外文论著类

1. A. J. Moore, *Federal Practice*, Volume 29 - Admiralty, San Francisco: Matthew Bender & Co., 2001.

2. A. Browne, *A Compendious View of the Civil Law and of the Law of Admiralty*, London: J. Butterworth, 1802.

3. A. Day, *A Social Study of Lawyers in Maryland*, 1660 - 1775, New York: New York: Garland, 1987.

4. William Searle Holdsworth, *Sir*; *Arthur L Goodhart*; *Harold Greville Hanbury*; *John McDonald Burke*, *A History of English Law*, London: Methuen, 1903.

5. Byron K. & Elliott, *William F. A treatise on the Law of Evidence*, Indianapolis: The Bobbs-Merrill Co., 1904 - 1905.

6. CF. W. Sholdsworth, *Select Essays in Anglo-American Legal History*, Boston: Little, Brown and Company, 1907.

7. Coke, E., *Thefourth Part of the Institutes of the laws of England: Concerning the Jurisdiction of Courts*, London: W. Lee and D. Parkman, 1644.

8. David R. Owen & Michael C. Tolley, *Courts of Admiralty in Colonial America, the Maryland Experience*, 1634 - 1776, Carolina Academic Press, 1995.

9. David W. Robertson, *Admiralty and Federalism: History and Analysis of Problems of Federal-State Relations in the Maritime Law of the United States 193*, Sunderland: Foundation Press, 1970.

10. Dorothy S. & Editor Towle, *Records of the Vice-Admiralty Court of Rhode Island, 1716 - 1752*, New York: Kraus Reprint Corp., 1936.

11. Erastus Benedict, *The American Admiralty*, New York: Banks, Gould & Co., 1850.

12. Edgar Tremlett Fell, *Recent Problems in Admiralty Jurisdiction*, Whitefish: Kessinger Publishing Ⅱc, 1922.

13. E. S. Roscoe, *Admiralty Jurisdiction and Practiceof the High Court of Justice*, London: Stevens and Sons, 1920.

14. F. L. Cheyette, *The Sovereign and the Pirates, 1322*, Speculum, v. 45, Oxford: Oxford University Press, 1970.

15. Frederic Rockwell Sanborn, *Origins of the Early English Maritime and Commercial Law*, New York: The Century Co., 1930.

16. Grant Gilmore & Charles L. Black, JR., *The Law of Admiralty* (2nd ed.), Sunderland: Foundation Press, 1975.

17. Hale and Fleetwood on Admiralty Jurisdiction, *Edited for the Selden Society by M. J. Prichard*, D. E. C. Yale, London: Selden Society, 1993.

18. H. Bourguignon, *Sir William Scott, Lord Stowell, Judge of the High Court of Admiralty*, Cambridge: Cambridge University Press, 1987.

19. Helen J. Crump, *Colonial Admiralty Jurisdiction in the Seventeenth Century*, London: the Royal Empire Society by Longmans, Green, 1931.

20. Henry J. Bourguignon, *The First Federal Court: The Federal Appellate Prize Court of the American Revolution, 1775 – 1787*, Philadelphia: Amer Philosophical Society, 1977.

21. John Adams, *Admiralty Notebook*, in Microfilms of the Papers of John Adams, pt. Ⅲ, reel 184.

22. John Doyleong, *The Nature and Significance of the Conflict between Common Law and Vice Admiralty Courts in Massachusetts*, 1705 – 1730.

23. Kevin Arlyck, *Forged by War: The Federal Courts and Foreign Affairs in the Age of Revolution*, PhD Diss., New York University, 2014.

24. Morton J. Horwitz, *The Transformation of American Law*, 1780 – 1860, Cambridge, Mass: Harvard University Press, 1938.

25. Records of Admiralty, *Massachusetts*, Ⅱ, 106 – 107*b*, Boston: Colonial Society of Massachusetts, 1991.

26. R. Morris, *Select Cases of the Mayor's Court of New York*, 1674 – 1784, Newyork: American Historical Association, 1935.

27. RG Marsden, *Select Pleas in the Court of Admiralty*, Vol. 1, London: Selden Society, 1894.

28. Story, *Address Delivered Before the Suffolk Bar*, 1821 in Miscellaneous Writings, Boston: Freeman & Bolles, 1829.

29. Steven L. Snell, *Courts of Admiralty and the Common Law, Origins of the American Experiment in Concurrent Jurisdiction*, Durham: Carolina Academic Press, 2017.

30. Shaunnagh Dorsett & Shaun McVeigh, *Jurisdiction*, Newyork: Routledge, 2012.

31. Sir Travers Twiss Q. C., *BlackBook of the Admirahy*(1871 – 1876), London: Selden Society, 1985.

32. *The Federalist* No. 48, Vol. 1 (J. Madison) (M. Walter Dunne ed.), Newyork: American Booksellers Association, 1901.

33. Theophilus Parsons, *a Treatise on Maritime Law Including the Law of Shipping; the Law of Marine Insurance; and the Law and Practice of Admiralty*, Boston: Little, Brown, 1859.

34. T. Barrow, *Trade and Empire: The British Customs Service in Colonial America*, 1660 - 1775, Cambridge, Mass.: Harvard University Press, 1967.

35. T. Plucknett, *A Concise History of the Common Law* (*5th ed.*), Boston: Little, Brown, 1956.

36. Theodore M. Etting, *Admiralty Jurisdiction in America*, Philadelphia: Rees Welsh & Co., 1879.

37. Willan, Thomas & Stuart, *River navigation in England*, 1600 - 1750, London: F. Cass, 1964.

38. David W. Robertson, Steven F Friedell & Michael F. Sturley, *Admiralty and Maritime Law in the United States*, Carolina Academic Press, 2001.

七、外文案例类

1. Scollay v. Dunn, Quincy 74(1763).

2. Warder v. La Belle Creole, 1 Pet. Adm. 31(1792).

3. Penhallow v. Doane, 3 Dallas, 378(1798).

4. Church v. Hubbart, 2 Cranch, 187(U. S. 1804).

5. E. g., Black v. The Louisiana, 3 F. Cas. 503(C. C. D. Pa. 1804).

6. William Mason v. Ship Blaireau, 6 U. S. (2 Cranch) 240(1804).

7. Carson v. Blazer, 2 Binn. 475(1810).

8. De Lovio v. Boit, 7 F. Cas. 418, 1997 A. M. C. 550(1815).

9. M'Culloch v. Maryland, 17 U. S. 316(1819).

10. The general smith, 17 U. S. (1 wheat.) 438(1819).

11. Cohens v. Virginia, 6 Wheat. 264(U. S. 1821).

12. Harden v. Gordon, 11 F. Cas. 480, 2000 AMC 893(1823).

13. Gibbons v. Ogden, 22 U. S. (9 Wheat) 1(1824).

14. The S. B. Thomas Jefferson, 10 Wheaton, 428, 23 U. S. 428(1825).

15. Ramsay v. Allegre, 25 U. S. 611(1827).

16. Am. Ins. Co. v. Canter, 1 F. Cas. 664(1829).

17. Reed v. Canfield, 20 F. Cas. 426, 20 F. Cas. 426(C. C. D. Mass. 1832).

18. The S. B. Orleans v. Phoebus,36 U. S. 175,36 U. S. (11 Peters)175(1837).

19. Swift v. Tyson,41 U. S. (16 Pet.) 1(1842).

20. Waring v. Clarke,46 U. S. 456(1847).

21. New Jersey Steam Navigation Co. v. Merchants' Bank of Boston,47 U. S. 344(1848).

22. The Genesee Chief v. Fitzhugh,12 How. 443(U. S. 1851).

23. Propeller Genesee Chief v. Fitzhugh,53 U. S. 443(1851).

24. Minturn v. Maynard,58 U. S. 477,58U. S. (17How.)477(1854).

25. In Gloucester Ins. Co. v. Younger,10 F. Cas. 498(C. C. D. Mass. 1855).

26. People's Ferry Co. of Boston v. Beers,20 How. 393,15 L. Ed. 961(1857).

27. Jackson v. S. B. Magnolia,61 U. S. 296(1857).

28. The Jefferson,61 U. S. 393(1857).

29. Philadelphia,W. & B. R. Co. v. Philadelphia & Havre de Grace,64 U. S. 209 (1859).

30. Maguire v. Card(The Goliah),21 HOW. 250 – 251(U. S. 1859).

31. Cutting v. Seabury,6 F. Cas. 1083,1084(D. Mass. 1860).

32. Steamer St. Lawrence,66 U. S. 522,66 U. S. (1 Black) 522(1861).

33. The Commerce (Commercial Transp. Co. v. Fitzhugh), 1Black 574 (U. S. 1862).

34. The Sea Gull,21 F. Cas. 909(1865).

35. Plymouth,70 U. S. 20(1865).

36. Hine v. Trevor,71 U. S. 555(1866).

37. Moses Taylor,4 Wall. 411(U. S. 1867).

38. The Highland Light, 12 F. Cas. 138, 12 F. Cas. 138 (No. 6477) (D. Md. 1867).

39. Belfast,74 U. S. 624(1868).

40. The Daniel Ball,77 U. S. (10 Wall.) 557(1870).

41. Ins. Co. v. Dunham,1997 A. M. C. 2394,20 L. Ed. 90,11 Wall. 1(1870).

42. The General Cass,10 F. Cas. 169(1871).

43. Atlee v. Packet Co. ,88 U. S. 389(1874).

44. The Montello,87 U. S. (20 Wall.) 430,441(1874).

45. The Lottawanna,88 U. S. 558(1874).

46. Thomassen v. Whitwell,9 Ben. 113,23 F. Cas. 1003(1877).

47. Endner v. Greco,D. C. ,3 F. 411(1880).

48. U. S. v. Burlington & Henderson Ferry Co. ,21 red. 331(1884).

49. The Belgenland,114 U. S. 355(1885).

50. Harrisburg,119 U. S. 199,7 S. Ct. 140,30 L. Ed. 358(1886).

51. Butler v. Boston & S. S. S. Co. 130 U. S. 527,32 L. ed. 1017(1889).

52. Chubb v. Hamburg-American Packet Co. ,39 F. 431(E. D. N. Y. 1889).

53. Butler v. Boston & S. S. S. Co. ,130 U. S. 527(1889).

54. The Max Morris,137 U. S. 1(1890).

55. Re Garnett,141 U. S. 1,14,35 L. ed. 631(1891)

56. Belden v. Chase,150 U. S. 674(1893).

57. Bolden v. Jensen,70 Fed. 505(D. C. Wash. 1895).

58. Robertson v. Baldwin,165 U. S. 275,17 S. Ct. 326,41 L. Ed. 715(1896).

59. Workman v. New York,179 U. S. 552,45 L. ed. 314(1899).

60. Murray v. Chicago & N. W. R. Co. ,92 F. 868(1899).

61. Leovy v. United States,177 U. S. 621(1900).

62. Western Union Tel. Co. v. Call Publishing Co. ,181 U. S. 92(1900).

63. The Falls of Keltie,114 Fed. 357(D. C. Wash. 1902).

64. Campbell v. H. Hackfeld & Co. ,125 F. 696125 F. 696(9th Cir. 1903).

65. The Osceola,189 U. S. 158,2000 AMC 1207(1903).

66. Blackheath,195 U. S. 361(1904).

67. The Almvick,132 Fed. 117(S. D. N. Y. 1904).

68. The Neck,138 Fed. 144(W. D. Wash. 1905).

69. The Bound Brook,146 Fed. 160(Mass. 1906).

70. The Hamilton,207 U. S. 398(1907).

71. The Troy,208 U. S. 321(1908).

72. The Phoenix Construction Co. v. Steamer Poughkeepsie, 212 U. S. 558 (1908).

73. The Samuel Little,221 F. 308(2d Cir. 1915).

74. The Epsom,227 Fed. 158(W. D. Wash. 1915).

75. The Buena Ventura,District Court,S. D. N. Y. 243 Fed. 797(Mass. 1916).

76. Latta & Terry Const Co. v. British Steamship "Raithmoor",241 U. S. 166

(1916).

77. Southern Pac. Co. v. Jensen,244 U. S. 205(1917).

78. Chelentis v. Luckenbach S. S. Co. ,247 U. S. 372(1918).

79. Knickerbocker Ice Co. v. Stewart,253 U. S. 149(1919).

80. Reinhardt v. Newport Flying Serv. Corp. , 232 N. Y. 115, 133 N. E. 371 (1921).

81. Western Fuel v. Garcia,42 S. Ct. 89,257 U. S. 233(1921).

82. Ex parte United States,257 U. S. 419(1922).

83. The City of Norwich,279 F. 687(2d Cir. 1922).

84. Grant Smith-Porter Ship Co. v. Rohde,642 S. Ct. 157,257 U. S. 469(1922).

85. Red Cross Line v. Atlantic Fruit Co. ,264 U. S. 109(1924).

86. Fireman's Fund Ins. Co. v. City of Monterey,6 F. 2d 893(N. D. Cal. 1925).

87. Doullut & Williams Co. v. United States,268 U. S. 33(1925).

88. The Panoil,266 U. S. 433(925).

89. International Stevedoring Co. v. Haverty,272 U. S. 50,272 U. S. 50(1926).

90. United States v. Holt State Bank,270 U. S. 49,56(1926).

91. Robins Dry Dock & Repair Co. v. Flint,275 U. S. 303(1927).

92. The Montezuma,19 F. 2d 355(2nd Cir. 1927).

93. T. Smith & Son,Inc. v. Taylor,276 U. S. 179(1928).

94. In re Pennsylvania R. R. ,48 F. 2d 559(2d Cir. 1931).

95. New State Ice Co. v. Liebmann,285U. S. 262(1932).

96. Bainbridge v. Merchants & Miners Transp. Co. ,287 U. S. 278(1932).

97. The Thomas Barum,293 U. S. 21,43(1934).

98. United States v. Northwest Air Service,Inc. ,80 F. 2d 804(9th Cir. 1935).

99. The Admiral Peoples,295 U. S. 649(1935).

100. Minnie v. Port Huron Terminal Co. ,295 U. S. 647(1935).

101. Erie R. R. Co. v. Tompkins,304 U. S. 64(1938).

102. Mahnich v. Southern S. S. Co. ,321 U. S. 96(1944).

103. Caldarola v. Eckert,332 U. S. 157(1947).

104. Myers v. United States,81 F. Supp. 747(D. C. N. Y. 1949).

105. Swift & Co. Packers v. Compania Colombiana Del Caribe, S. A. ,339 U. S. 684(1950).

106. Warren v. United States,340 U. S. 523(1951).

107. Halcyon Lines v. Haenn Ship Ceiling & Refitting Corp. , 342 U. S. 282 (1951).

108. Wilburn Boat Co. v. Fireman's Fund Ins. Co. ,74 S. Ct. 674(1954).

109. Le Master v. Chandler,50 Wash. 2d 71,309 P. 2d 384(1957).

110. Federal Maritime Board vs. Isbrandtsen and Japan-Atlantic & Gulf Freight Conference,1957 AMC 813(1957).

111. Kermarec v. Compagnie,358 U. S. 625(1958).

112. States Marine Lines,Inc. v. The Kokei Maru,180 F. Supp. 255(1959).

113. Offshore Co. v. Robison,266 F. 2d 769(1959).

114. Romero v. International Terminal Operating Co. ,358 U. S. 354(1959).

115. The Tungus v. Skovgaard,358 U. S. 588,1959 AMC 813(1959).

116. Hess v. U. S. ,361 U. S. 314(1960).

117. Kossick v. United Fruit Co. ,365 U. S. 731(1961).

118. McGuire v. New York,192 F. Supp. 866(S. D. N. Y. 1961).

119. Theall vs. Sam Carline,Inc. ,241 F. Supp. 748(D. C. LA,1963).

120. Fitzgerald v. United States Lines Co. ,374 U. S. 16(1963).

121. King v. Testerman,214 F. Supp. 335(E. D. Tenn. 1963).

122. Weinstein v. Eastern Airlines,Inc. ,316 F. 2d 758(3d Cir. 1963).

123. Hastings v. Mann,340 F. 2d 910(4th Cir. 1965).

124. Davis v. City of Jacksonville Beach,251 F. Supp. 327(M. D. Fla. 1965).

125. Gypsum Carrier,Inc. vs. Hendelsman,307 F. 2d 525(5th Cir. 1965).

126. Horton v. J. & J. Aircraft,Inc. ,257 F. Supp. 120(S. D. Fla. 1966).

127. Chapman v. City of Grosse Pointe Farms,385 F. 2d 962(6th Cir. 1967).

128. Rowland v. Christian,69 Cal. 2d 108(1968).

129. Maryland Tuna Corp. v. The MS Benares,429F. 2d307(2nd Cir. 1970).

130. Moragne v. States Marine Lines,Inc. ,398 U. S. 380(1970).

131. Wreyford v. Arnold,82 N. M. 156,477 P. 2d 332(Ct. App. 1970).

132. Victory Carriers,Inc. v. Law,404 U. S. 202(1971).

133. Peytavin v. Government Employees Ins. Co. , 453 F. 2d 1121 (5th Cir. 1972).

134. Sea-Land Servs. v. Gaudet,414 U. S. 573(1973).

135. Pipe & Constr. Co. v. Utah,414 U. S. 538(1973).

136. Maryland,Dep't of Natural Resources v. Amerada Hess Corp. ,356 F. Supp. 975(D. Md. 1973).

137. Luna v. Star of India,356 F. Supp. 59(S. D. Cal. 1973).

138. Jiles v. Federal Barge Lines,Inc. ,365 F. Supp. 1225(E. D. La. 1973).

139. Sea-Land Services v. Gaudet,414 U. S. 573,1973 AMC2572(1974).

140. United States v. Reliable Transfer Co. , 421 U. S. 397, 1975AMC541 (1975).

141. Griffith v. Wheeling Pittsburgh Steel Corp. ,521 F. 2d 31,36,1975 AMC 2527,2532(3d Cir. 1975).

142. Mobil Oil Corp. v. Higginbotham,436 U. S. 618(1978).

143. Alcoa S. S. Co. v. M/V Nordic Regent,49 U. S. L. W. 3251(1980).

144. Alcoa Steamship Co. v. M/V Nordic Regent,et al. ,1980 A. M. C. 309(2d Cir. 1980).

145. Alcoa S. S. Co. v. M/V Nordic Regent,49 U. S. L. W. 3744(1981).

146. Beltran v. Myers,451 U. S. 625(1981).

147. Texas Industries,Inc. v. Radcliff Materials,Inc. ,451 U. S. 630(1981).

148. Burks v. Am. River Transp. Co. ,679 F. 2d 69,75,1983 AMC 2208(5th Cir. 1982).

149. Sistrunk v. Circle Bar Drilling Co. ,770 F. 2d 455(1985).

150. Offshore Logistics, Inc. v. Tallentire, 477 U. S. 207, 1986 AMC 2113 (1986).

151. E. River S. S. Corp. v. Transamerica Delaval, 476 U. S. 858, 1986 AMC 2027(1986).

152. Miles v. Apex Marine Corp. ,498 U. S. 19(1990).

153. Sisson v. Ruby,497 U. S. 358,110 S. Ct. 2892,111 L. Ed. 2d 292(1990).

154. Miles v. Apex Marine Corp. ,494 U. S. 1003,111 S. Ct. 317(1990).

155. Southwest Marine, Inc. v. Gizoni, 112 S. Ct. 486, 491, 1992 AMC 311 (1991).

156. McDermott Int'l,Inc. v. Wilander,498 U. S. 337(1991).

157. Wahlstrom v. Kawasaki Heavy Indus. ,4 F. 3d 1084(1993).

158. Walker ex rel. Trahan v. Braus,861 F. Supp. 527(E. D. La. 1994).

159. Newhouse v. United States,844 F. Supp. 1389(D. Nev. 1994).

160. Ballard Shipping Co. v. Beach Shellfish,32 F. 3d 623(1st Cir. 1994).

161. American Dredging Co. v. Miller,510 U. S. 443(1994).

162. Rush v. Casino Magic Corporation,744 So. 2d 761,766(Miss. 1999).

163. Ammar v. United States,342 F. 3d 133,146,2003 AMC 2451(2d Cir. 2003).

164. Lozman v. City of Riviera Beach113 S. Ct. 715,2013 ANIC 1(2013).

八、英文法规类

1. Longshoremen's and Harbor Workers Act,33U. S. C. Sec. 901et seq.

2. 61U. S. 393(1857).

3. 44 STAT. 1424(1927),33 U. S. C. A. § §901 –950(Supp. 1935).

4. Act of June 5,1920,ch. 250, §33,41 Stat. 1004,46 U. S. C. §688(1970).

5. Act of June 19,1948,ch. 526,62 Stat. 496,46 U. S. C. §740(1970).

6. Seaman's Act,Pub. L. No. 63 –302,ch. 153,38 Stat. 1164(1915).

7. Act of June 5,1920,ch. 250, §33,41 Stat. 988,1007.

8. 46 U. S. C. §688(a)(Supp. 986).

9. Longshoremen's and Harbor Workers Act,33 U. S. C. Sec. 901 et seq.

10. 9 Stat. at L. 635. Rev. Stat. 4283 –4285,Comp. Stat. 1916, § §8021 –8023.

11. U. S. CONST. art. I, §8,cl. 3.

12. 46 U. S. C. § §761 –768(1982).

13. 28 U. S. C. §1333(1948).

14. 28 U. S. C. A. §41.

15. 28 U. S. C. A. §770.

16. 29 STAT. 635(1851).

17. Act of June 26,1884,23 Stat. at L. 57,chap. 121,Comp. Stat. 1916, § 8028.

18. U. S. CONST. art. Ⅲ, §2,cl. 1.

九、网址报刊类

1.《走近海员的工作和生活:艰辛与快乐相伴》,载人民网,http://society.people.com.cn/n1/2018/0625/c1008 –30081767 –3.html。

2. Federalism,载维基百科 2019 年 7 月 15 日,https://en.wikipedia.org/wiki/

Federalism#United_States。

3. 张颉:《海事法院享有刑事管辖权之必要性探析》,载中国法院网,http://tjhsfy.chinacourt.org/article/detail/2016/12/id/2391557.Shtml。

4. 罗东川:《直挂云帆济沧海——纪念我国海事法院成立30周年》,载中国法院网,https://www.chinacourt.org/article/detail/2014/09/id/1430591.shtml。

5.《设立铁路、水上运输审判庭》,载中国法院网,https://www.chinacourt.org/article/detail/2019/10/id/4581494.shtml。

6. 陈刚:《内河与海船船员权益保护机制一体化之思考》,载长江水运信息网2018年9月19日,http://www.cjsyw.com/hangyun/content.aspx? id=40550。

7. 海口海事法院:《海事司法在南海主权争议中的潜在价值和意义》,载《法制日报》2014年12月24日,第9版。

8. 罗书臻:《中国海事审判初步确立亚太海事司法中心地位》,载《人民法院报》2014年9月3日,第1版。

后　记

本书稿在博士论文的基础上修改而成。

在整理书稿时,过去的岁月恍然又来到眼前,那段难忘的岁月依然挥之难去。回首那段追梦之旅,分明是一段焦虑岁月:许多感慨压在心底,来不及叹息;一路上的诸般景色,没有心思琢磨;友朋和故交,更是疏于联系。记得本书稿写作之时,曾数次暗暗下定决心,等到以后有闲的时候,一定要把这段过往好好地回味一下,享受下那些被冷落的美好,嘲弄下曾经失措的自己,以补偿一下当年的“闲不忍”与“爱不能”。

春风道中,正是油菜花开的时节,我迎来了书稿的收尾阶段,可惜正值新冠肺炎疫情。惦念重疫区受苦的人们,每天都盼望疫情的结束,本书写作难言尽心。值得欣慰的是,在这段日子里,我和儿子朝夕相处,享受着匆忙人生难得出现的天伦之乐。小小人儿已经懂得逗乐,常让我忍俊不禁。我们这两个“大学生和小学生”之间的“语言战争”同时不断。聪明的孩子及其带来的童趣,给我博士三年的学习生涯带来了一段相对放松的时光。

又忆及海事工作10年之后,矢志选择读博的时候,懵懂早已褪去,长空搏击之心忽又燃起。我本科虽属于航海专业,但这并没有影响我攻克法学博士学位的信心。但与大家对我的积极观感不同,我走得并不从容。得知考博成绩时,我正在波涛汹涌的长江之上,随着颠簸的拖船摇摆。片刻的激动过后,我仿佛真的要漂离港湾,顿有

“单帆至大海、孤舟无所寄”之感。在收到老师的确认邮件之后，眼光开始向前，内心才稍为安宁。

之所以会焦虑，并不是完全基于对水平的不自信，而更多和年龄相关。我固执地以为，在这个日渐宽容的年代，关于年龄的偏见依然没有得到充分的重视。这虽然算不上认识错误，却让我在一定程度上低估了努力之于偏见的价值，尤其在这种偏见还只是基于想象的时候。这导致自己对前途的定位并不明确，将律师作为首选，以至于大量时间被错置，只瞩目于毕业小目标的实现，没有放在学术大目标的达成上。

入学前的暑期，我在北京琉璃厂古玩市场遭遇车祸，这构成了我博士生涯不甚协调的前奏曲。在住院医生强烈的手术建议之下，我最终选择了保守治疗。为了不耽误学习，我拄拐到学校报到，在校期间的生活由父亲照顾。博士一年很快就在紧张的课业中度过，期间便已开始了博士论文的选题。那段日子，真是活在无尽的迷惘之中！以上两事，让我深刻地认识到选择之艰难。至今每次看到美国诗歌《林中小路》，听到歌曲《无名小路》的时候，都禁不住深深感叹。

博二下学期，在访学资金资助下，我前往美国威廉玛丽学院访学。在美国的日子里，耐不住异国之景的撩拨，经常乘坐免费公交车到处游荡，见识了许多美好的风景，遇见了不少善意的人们。感谢斯蒂文森教授的帮助，让我开拓了研究视野。不少时候，图书馆似为我一人设，宽大落地窗外面的森林景色让人心旷神怡。博士论文主体就是在法学院的图书馆中完成的。记得许多次夜行詹姆斯路，被森林环绕的湖面片片波光，让我内心紧张，常有战场催征之感。

感谢导师何勤华教授！作为华政资历最深的老校长、校学术委员会主席，他学富五车，著作等身，是知名的法学家。资质平常如我者，能拜在他的门下，是个巨大的鼓励。何老师严于律己，却温润谦和，宽以待人。虽一向温言细语，却时常能感受到他的严厉。即便不曾受过他的责备，也总会感觉到推力在身。何老师颇有自由之风，对于我在本书选题上的迷茫，他提出不少建议，同时给我充分的选择空间。他的帮扶是我永远难忘的。

感谢华政法律史学科的教授们！在学习过程中，李秀清教授、苏彦新教授、王立民教授、龚汝富教授、陈颐教授、陈灵海教授、屈文生教授、于明老师、冷霞老师均给我了鼓励和帮助，只言片语，足以铭心，开启了我开眼看世界的全新视角。感谢我的博士同学们！置身于一个青春洋溢的群体之间，我仿佛发现了十年前的自己。聆听他们的困惑，感受他们的积极，多有共鸣，我会好好珍惜这些难得的缘分，他们的勤奋和笑脸将永驻我心间。

"我的家庭,我诞生的地方,有我许多童年的时光,那是后来我发誓离开的地方,也是现在眼泪归去的方向。"我要感谢我的父母,他们让我无后顾之忧,让我得以再次展开奢侈的学业。在华政,在威廉斯堡,都留下父亲奔忙的身影,还有母亲的牵挂。感谢我的姐姐和双胞胎哥哥,作为工科生的哥哥经常为我修改法律论文,我们一起走过童年和少年,又刚刚经历了一段同舟共济的艰难岁月,这段刻骨铭心的经历,教导我要永远珍惜相聚的时光。

感谢爱人,作为一名中级人民法院法官,她公务繁忙,难有闲暇。然而也是她,鼓励我志趣第一,任情择路,用柔弱之躯扛起了一个家,让我得以静坐在书斋之中。感谢她给了我一片天,不曾有一点埋怨。感谢经常催我跳绳锻炼身体的儿子,小家伙给了我许多欢笑,而就在此时,他正在对我撒娇呢!

所有欢笑伴着泪水度过,那一段日子我会永远记得。

2020 年 2 月 17 日,星期一

于家中

比 较 法 文 丛

- ○ 现代西方的政党、民主与法治
- ○ 民国《合作社法》的孕育与影响
- ○ 拉丁美洲国家民法典的变迁
- ○ 唐代刑部研究
- ○ 澳大利亚行政裁量司法审查研究
- ○ 解读约因：英美合同之效力基石
- ○ 战后美国国家安全法律制度研究
- ○ 论英国警察权的变迁
- ○ 英国租借时期威海卫法律制度研究
- ○ 英国慈善信托制度研究
- ○ 罪刑法定原则在近代中国
- ○ 比较法视野下的民事公益诉讼
- ○ 律简身份法考论：秦汉初期国家秩序中的身份
- ○ 先秦诸子政治法思想萌芽研究
- ○ 中国法律文化对东南亚的影响
- ○ 1947年宪法体制下的中央立法权研究
- ○ 现代日本人的法律生活
- ○ 英国租借期间威海卫法令汇编
- ○ 韩国法专题研究
- ○ 中华民国宪法史
- ○ 俄罗斯国家与法的历史
- ○ 中国古代佛教法初探
- ○ 走近文明的橱窗：清末官绅对日监狱考察研究
- ○ 全球警务机制研究
- ○ 生命法学论纲
- ○ 华洋共处与法律多元
- ○ 教会法原理
- ○ 英国证据法史
- ○ 法律翻译与法律移植
- ○ 近代契约华工法律
- ○ 近代华侨法律研究
- ○ 苏联法学教育研究
- ○ 文教与政教
- ○ 西法东来的样式：西班牙殖民时期的菲律宾法研究
- ○ 董康法学文选
- ○ 美国食品安全法制与伦理耦合研究（1906～1938年）
- ○ 英国议会政治
- ○ 自贡盐业契约研究
- ○ 彝族习惯法及调解机制研究
- ○ 慈善捐赠的世界图景——以罗马法、英美法、伊斯兰法为中心
- ○ “《现行律》民事有效部分”集解四种
- ○ 20世纪以来英美国家的古希腊法律史研究
- ○ 国际法视野下非物质文化遗产保护问题研究
- ○ 清代仓库律例研究
- ○ 瑞士法律史（第二版）
- ○ 近代华侨教育政策与法律研究
- ○ 英国家事审判制度研究——以2011年以来的改革为中心
- ○ 近现代中国城乡规划法律问题研究
- ○ 清朝广州十三行法制研究
- ● 美国海事司法管辖权之变迁研究（1789—1966）